बिहार में चुनाव

जाति, हिंसा और बूथ लूट

बिहार में चुनाव

जाति, हिंसा और बूथ लूट

श्रीकांत

वाणी
प्रकाशन

प्रकाशन के उत्कृष्टतम 61 वर्ष

vaniprakashan.com

सजिल्द पहला संस्करण : 2005
सजिल्द दूसरा संस्करण : 2024

वाणी प्रकाशन

4695, 21-ए, दरियागंज, नयी दिल्ली-110 002

फ़ोन : +91 11 23273167, 23275710

शाखाएँ

अशोक राजपथ, पटना-800 004, बिहार

कॉफ़ी हाउस कैम्पस, महात्मा गांधी मार्ग, प्रयागराज-211 001, उत्तर प्रदेश

महात्मा गांधी अन्तरराष्ट्रीय हिन्दी विश्वविद्यालय, वर्धा-442 001, महाराष्ट्र

36/ए, शेक्सपियर सरणी, रानी बिरला गर्ल्स कॉलेज के पास, कोलकाता-700 017, प. बंगाल

sales@vaniprakashan.in
vaniprakashan@gmail.com

Bihar Main Chunav Jaati, Hinsa Aur Buth Loot
by Srikant

ISBN : 978-93-5229-238-7
Politics

मूल्य : ₹ 500

सिटी प्रेस, दिल्ली-110 095 में मुद्रित

वाणी प्रकाशन का लोगो मक़बूल फ़िदा हुसेन की कूची से

भूमिका

बिहार में चुनाव के जरिए राजनीतिक प्रतिनिधित्व की प्रक्रिया करीब चौरासी साल पहले शुरू हुई। बिहार लेजिस्लेटिव कौंसिल के लिए पहला चुनाव 1920 में हुआ, हालांकि तब मताधिकार काफी सीमित था। पिछले चौरासी वर्षों में चुनावों के जरिए विभिन्न जातियों, वर्गों, सम्प्रदायों और तबकों की राजनीतिक शक्तियों ने अपना राजनीतिक दावा जताया है, अनेक सामाजिक-आर्थिक-राजनीतिक प्रक्रियाओं के जरिए समाज में वर्गों, जातियों और तबकों की पारस्परिक स्थितियों में जो परिवर्तन घटित होते रहे हैं, उन्होंने समय-समय पर चुनावों में भी अभिव्यक्ति पायी है।

प्रस्तुत पुस्तक चुनावों में अभिव्यक्त इन्हीं जातियों, वर्गों, तबकों, सम्प्रदायों के राजनीतिक संघर्षों और समीकरणों का और उनके बदलते स्वरूपों का दस्तावेज है। बिहार में पिछले चौरासी वर्षों के चुनावी इतिहास के, और उसके माध्यम से इस अवधि में होनेवाले सामाजिक-राजनीतिक परिवर्तनों के सर्वेक्षण का एक प्रयास है यह पुस्तक।

लोकतांत्रिक चुनाव प्रणाली की सकारात्मक भूमिका के बावजूद, इस पर अमल के दरम्यान इसकी कई गंभीर खामियां भी उभर कर आयी हैं। इनमें कुछ प्रमुख हैं : कालाधन-अपराध-राजनीति का जघन्य गठजोड़, बोगस मतदान, बूथ कब्जा और इससे सम्बधित चुनावी हिंसा, मतदान-प्रक्रिया में सत्तारूढ़ दलों का हस्तक्षेप, मतदाताओं की एक अच्छी-खासी आबादी की मतदान के प्रति उदासीनता, गैर-संजीदा उम्मीदवारों की भारी तादाद.... आदि। इन खामियों का निराकरण न सिर्फ प्रशासनिक और कानूनी सुधारों और कदमों की मांग करता है बल्कि सभी राजनीतिक शक्तियों का सक्रिय सहयोग भी इसके लिए अपेक्षित है। इस पुस्तक में हमने चुनावी गड़बड़ियों पर अपना अध्ययन खास तौर से केन्द्रित किया है, चूंकि पूरे देश में चुनावी हिंसा की सबसे अध्सिक घटनाएं बिहार में ही होती हैं।

यह पुस्तक चुनावी गड़बड़ियों के खिलाफ और उपयुक्त चुनावी सुधारों के पक्ष में सर्वानुमति विकसित करने के प्रयासों का एक हिस्सा बने - यही हमारी कामना है।

यह पुस्तक पूर्व प्रकाशित मेरी पुस्तक 'बिहार में चुनाव : जाति, बूथ-लूट और हिंसा' का ही परिवर्धित और संशेधित संस्करण है। मुझे आशा है कि बिहार के समाज

और राजनीति में दिलचस्पी रखनेवाले आम पाठकों और शोधकर्ताओं के जिए यह पुस्तक एक उपयोगी संदर्भ-ग्रंथ का काम करेगी।

इस पुस्तक की रचना में मुझे अपने परिजनों, अनेक मित्रों, चुनाव आयोग और अन्य प्रशासनिक अधिकारियों, विभिन्न संगठनों के नेताओं और कार्यकर्ताओं, विद्वानों, आदि का बहुमूल्य सहयोग प्राप्त हुआ। उनके प्रति मैं अ ाना आभार प्रकट करता हूं।

श्रीकान्त

1 जनवरी, 2005

अनुक्रम

चुनाव और जाति

जातियां जड़ इकाई नहीं

बिहार की राजनीति में जाति की महत्वपूर्ण भूमिका रही है। आज भी है। इसे कतई अस्वाभाविक नहीं कहा जा सकता। सैकड़ों वर्षों से जिस समाज का ताना-बाना जाति के इर्द-गिर्द बुना गया हो, जहां जाति सामाजिक संगठन का आधार रही हो, वहां राजनीति जाति के प्रभाव से भला अछूती कैसे रह सकती है?

समाज में पहचान की अनेक परतें होती हैं। इनमें एक सिरे पर यदि व्यक्ति के रूप में पहचान है तो दूसरे सिरे पर मानव मात्र के रूप में पहचान। पहचान के इन दो ध्रुवों के बीच कई परतें हैं - परिवार, कुल, पेशा, वर्ग, जाति, राष्ट्रीयता, सभ्यता, विचारधारा और पंथ। समाज में इन पहचानों के बीच संघर्ष और समन्वय चलता रहता है। फिर भी अपेक्षाकृत स्थायित्व की स्थिति में इन पहचानों में एक संतुलन बना रहता है और उथल-पुथल की स्थिति में यह संतुलन बिखर जाता है और तब व्यक्ति, परिवार, वर्ग, जाति, राष्ट्र, सभ्यता, विचारधारा और पंथ नयी परिस्थितियों में खुद को पुनर्परिभाषित करने की जरूरत महसूस करने लगते हैं। यहीं से इन इकाइयों के बीच नये संतुलन के लिए जद्दोजहद शुरू होती है। इस प्रक्रिया में पहचान की कुछ परतें विलुप्त हो जाती हैं और कुछ बिल्कुल नयी शक्ल में सामने आती हैं। पहचान की कुछ नयी परतों का प्रादुर्भाव भी होता है।

भारत में अंग्रजी शासन के आगमन और उसके परिणमस्वरूप हुए सामाजिक-आर्थिक-राजनीतिक-प्रशासनिक परिवर्तनों के कारण मुगलकालीन भारतीय समाज का आंतरिक संतुलन बिखरने लगा और प्रचलित जाति व्यवस्था में भी सुगबुगाहट शुरू हुई। प्रसंगवश यहां यह कहना जरूरी है कि जातियां इतिहास में जड़ इकाई नहीं रही हैं। जातियों और उनके बीच के समीकरण समय-समय पर बदलते रहते हैं। 'शक्ति और समृद्धि हर युग में बराबर, एक क्षेत्र से दूसरे क्षेत्र में बदलती रही है। कोई भी सदा इतिहास की उच्चतम चोटी पर नहीं बैठा रहा है।' [1]

जातीय संघर्ष और संतुलन के बीच जनमा बिहार

औपनिवेशिककाल में बिहार में जातीय स्थिति मोटे तौर पर इस प्रकार थी - अंग्रेजों की अधीनता में नौकरशाही पर मुख्य रूप से बंगाली, कायस्थों और मुसलमानों का

अभिजात तबका काबिज था, जमींदारी मुख्यत: भूमिहारों, राजपूतों, ब्राह्मणों और कायस्थों के हाथों में थी, भूमिहार, राजपूत, और ब्राह्मण जातियों का एक अच्छा-खासा हिस्सा दखलकारी रैयत भी था। मध्यवर्ती और दलित जातियों की आबादी मुख्यत: बटाईदार और कारीगर थी। शेष दलित, अछूत और बंधुआ मजदूर थे।

अंग्रजों ने नयी प्रशासनिक व्यवस्था कायम की और इस व्यवस्था में दाखिले की पूर्व शर्त थी अंग्रेजी भाषा। अंग्रेजी में शिक्षा-दीक्षा के जरिये विभिन्न जातियों में आधुनिक मध्यवर्ग का उदय हुआ। मुख्यत: इसी मध्यवर्ग ने नयी स्थितियों में अपनी-अपनी जातियों की बागडोर संभाली और जातियों के बीच नये सामाजिक संबंधों के जद्दोजहद की नींव रखी। परंपरागत रूप से शिक्षा और प्रशासन से जुड़े रहने के कारण कायस्थ जाति इस नयी व्यवस्था से सबसे अधिक लाभान्वित हुई और उसमें सबसे पहले आधुनिक मध्यवर्ग का जन्म हुआ। उसी मध्यवर्ग ने औपनिवेशिककाल में सबसे पहले जाति संगठन की नींव रखी। इसके बाद जातीय पहचान का प्रश्न स्वभावत: प्रशासनिक पुनर्गठन की मांग के साथ जुड़ गया। प्रशासन में बंगाली प्रभुत्व के खिलाफ बिहारी कायस्थों और मुसलमानों की लड़ाई अंतत: एक पृथक प्रांत के रूप में बिहार के गठन की लड़ाई में बदल गयी। और इस तरह 1 अप्रैल 1912 को बंगाल के पुनर्गठन से देश के नक्शे में बिहार को नये राज्य की पहचान मिली। बिहार तो अलग हो गया, लेकिन उड़िया भाषा के लोगों के साथ न्याय नहीं हुआ। उड़ीसा को करीब 23 वर्षों तक अनावश्यक रूप से बिहार के साथ बांध कर रखा गया।

चूंकि कायस्थ मुख्यत: प्रशासन में थे, इसीलिए उनकी पहचान प्रशासनिक पुनर्गठन की मांग के रूप में मुखरित हुई। लेकिन, कृषक जातियों की पहचान तो सामंती जमींदारी प्रथा के कमजोर होने और टूटने से जुड़ी थी। इसलिए इन जातियों का उत्थान किसान आंदोलन और स्वातंत्र्योत्तर जमींदारी उन्मूलन और भूमिसुधारों से जुड़ी परिघटना है। स्वतंत्रता आंदोलन के दौरान इन आंतरिक संघर्षों पर कुछ हद तक अंकुश लगा रहा, लेकिन स्वतंत्रता के बाद ये संघर्ष खुल कर सामने आने लगे।

नवगठित बिहार की आबादी 3.8 करोड़ थी और प्रदेश का क्षेत्रफल 1,11,809 वर्गमील था। आबादी के लिहाज से बिहार देश का चौथा राज्य था और क्षेत्रफल के लिहाज से सातवां। 1911 की जनगणना के हिसाब से राज्य में 205 जातियां-जनजातियां निवास करती थीं। 1931 की जनगणना के अनुसार राज्य में सबसे अधिक आबादी ग्वालों की थी - करीब 34.5 लाख। बाकी आबादी में संथाल 17 लाख, ब्रह्मण 21 लाख, कोईरी 13 लाख, चमार 13 लाख, दुसाध 13 लाख, राजपूत 12 लाख, तेली 12 लाख, जुलाहा करीब 10 लाख, बाभन 10 लाख, उरांव 6.4 लाख, भुइयां 6.2 लाख, मुण्डा 5.5। लाख। कायस्थ आबादी के लिहाज से कम सिर्फ ढाई लाख होने के बावजूद शिक्षा, सरकारी नौकरी, वकालत, राजनीति में सबसे आगे थे। मुसलमानों की संख्या राज्य में 4,284,306 थी।

बिहार की आबादी में विभिन्न जाति समूहों तथा समुदायों का प्रतिशत

जाति समूह	प्रतिशत
ब्राह्मण	4.7
राजपूत	4.2
भूमिहार	2.9
कायस्थ	1.2
यादव	11.0
कोईरी	4.1
कुर्मी	3.6
बंनिया	0.6
तेली	2.8
अति पिछड़ी जातियां	
धानुक	1.8
कहार	1.7
कान्हू	1.6
मल्लाह	1.5
ततमा	1.6
नाई	1.4
लोहार	1.3
कुम्हार	1.3
बढ़ई	1.3
एक प्रतिशत से कम आबादी वाली जातियां	१६.०
अनुसूचित जातियां	14.1
अनुसूचित जनजातियां	9.1
मुस्लिम	12.5

(स्रोतः ब्लेअर 1979 पृष्ठ- 5)

श्रेष्ठता की पहचान बनाम जातीय संगठन का निर्माण

बींसवी सदी के आरंभ में विभिन्न जातीय संगठन की नींव पड़ चुकी थी। 1887 में कायस्थों के लखनऊ सम्मेलन के बाद 1889 में पटना में प्रधान भूमिहार महासभा

का निर्माण हुआ। 1896 में राजपूत सभा, 1907 में मारवाड़ी युवजन सभा, 1911 में गोप जातीय सभा, कुर्मी सभा, केवट सभा, 1913 में कुशवाहा सभा। इसके साथ केसरवानी सभा, सोनार सभा, आदि जाति संगठनों का निर्माण हो चुका था।[2]

इन जाति संगठनों का निर्माण जातीय सुधार और शिक्षा-दीक्षा के उद्देश्य से किया गया था। यों इन संगठनों के निर्माण में अंग्रेजों के कुछ तत्कालीन प्रशासनिक कारण भी जिम्मेवार थे। अंग्रेजों ने कुछ जातियों को अपराधी घोषित कर दिया था, तो कुछ जातियों को नौकरियों से वंचित कर दिया था।

परम्परागत कृषि समाज में ब्राह्मणों और कुछेक विवादों के बावजूद राजपूतों की श्रेष्ठता समाज द्वारा स्वीकृत थी। उन्हें इसके लिए किसी सामाजिक आंदोलन का सहारा नहीं लेना पड़ा। लेकिन उच्च जातियों के रूप में आज सामाजिक स्वीकृति प्राप्त कायस्थों और भूमिहारों के साथ ऐसी बात नहीं थी। इन दो जातियों को - बुकानन के शब्दों में, उनमें से एक 'पेनमैन' था और दूसरा 'जमींदार वर्ग' - अपनी श्रेष्ठता स्थापित करने के लिए जातीय आंदोलन का रास्ता अख्तियार करना पड़ा और उन्हें 20 वीं शताब्दी के आरंभिक वर्षों में कामयाबी मिली। कायस्थों का विरोध शूद्रों की श्रेणी में रखे जाने के खिलाफ था और भूमिहारों का विरोध ब्राह्मण न माने जाने के खिलाफ। इनमें एक पर श्रेष्ठता की मुहर कोर्ट से लगी और दूसरे की श्रेष्ठता की पहचान जनगणना में बाभन के साथ भूमिहार ब्राह्मण शब्द के जुड़ने से हुई।[3]

यह कहने की जरूरत नहीं कि बिहार के प्रायः सभी प्रतिष्ठित नेता - सच्चिदानंद सिन्हा, डा. राजेन्द्र प्रसाद, सर गणेश दत्त, स्वामी सहजानंद, दरभंगा महाराज रामेश्वर सिंह, अनुग्रह नारायण सिन्हा, श्री कृष्ण सिंह आदि नेता अपने-अपने जातीय संगठनों से जुड़े हुए थे। बंगाली वर्चस्व के खिलाफ तब के सबसे शिक्षित समुदायों - कायस्थों और मुसलमानों - ने आवाज बुलंद की। कुल मिलाकर बीसवीं शताब्दी के तीन दशक कायस्थों के लिए स्वर्णिम काल था। अंग्रेजों के आगमन के समय (1760 के दशक में) राजा रामनारायण, राजा सिताब राय, राजा कल्याण सिंह जैसे लोग इस जाति के संरक्षक थे। 19वीं सदी के उत्तरार्द्ध में आरा के हरबंश सहाय थे जो बंगाल लेजिस्लेटिव कौंसिल (1882) के लिए मनोनीत किये जानेवाले पहले बिहारी थे। आगे चलकर, जयप्रकाश लाल, महेश नारायण, डा.सच्चिदनान्द सिन्हा, राजा राजेश्वरी प्रसाद, डा. राजेन्द्र प्रसाद, रामनवमी प्रसाद, ब्रजकिशोर प्रसाद आदि नेताओं तथा गणमान्य व्यक्तियों ने भी जातिवाद का विरोध करने के बावजूद जाति संरक्षण में भूमिका निभाई।

कायस्थों के बाद जातीय गोलबंदी के लिहाज से भूमिहार ब्राह्मणों के उदय पर नजर डालना अधिक समीचीन होगा। इस जाति के कई बड़े जमींदार थे, कई जिलों में दखलकारी रैयतों की बड़ी संख्या इस जाति से आती थी। बिहार में इस जाति के अभ्युत्थान में दो धाराएं क्रियाशील थीं। एक का प्रतिनिधित्व सर गणेशदत्त करते थे और दूसरे का स्वामी सहजानंद। एक आधुनिक मध्यवर्ग के प्रतिनिधि थे और उसी के अनुरूप

अंग्रेजी शिक्षा और संवैधानिक माध्यमों पर जोर देते थे। दूसरे भूमिहारों के अंदर सामाजिक सुधार से शुरू करनेवाले अग्रणी किसान नेता बने। इसीलिए भूमिहार रैयतों में उनके प्रति विशेष आकर्षण था। बिहार की राजनीति में भूमिहार ब्राह्मणों का उत्थान इन दो धाराओं का सम्मिलित प्रतिफलन है।

उच्च जातियों के आंदोलन से अलग पिछड़ों के जाति संगठनों की अपनी मांगें थीं। आर्य समाज के कामकाज के चलते पिछड़े समुदायों – यादव, कुर्मी, कोईरी, दुसाध, चमार और अन्य पिछड़ी जातियों के बीच जनेऊ आंदोलन की धूम मची। पिछड़े समुदाय शिक्षा–दीक्षा, बेगारी, जाति–लगान के खिलाफ आंदोलन चला रहे थे और अपने नाम के आगे 'सिंह' लगा कर क्षत्रियत्व ग्रहण कर रहे थे। पिछड़ों के क्षत्रियत्व ग्रहण करने की दिलचस्प कथा का विवरण रेणु के 'मैला आंचल' और सतीनाथ भादुड़ी के 'ढोढ़ाय चरित मानस' नामक उपन्यासों में मिलता है। हालांकि पिछड़ों के क्षत्रियत्व ग्रहण के खिलाफ हमले भी हो रहे थे।

हाथी टोला और लाखोचक में सभाओं पर किये गये हमलों के बावजूद पिछड़ों के जाति संगठनों का अभियान नहीं रुका और तीस के दशक में पिछड़ी जातियों का पहला राजनीतिक मंच – 'त्रिवेणी संघ' – बना।

राजनीति की जमीन पर जात की फसल

बंगाल प्रेसिडेंसी से बिहार को अलग किये जाने के बाद बिहार लेजिस्लेटिव कौंसिल का गठन हुआ। इसे लेफ्टिनेंट गवर्नर का कौंसिल कहा जाता था। कौंसिल के 43 सदस्यों में अधिसंख्य राजा, महाराजा और जमींदार थे। बिहार में इन्हीं राजा बहादुरों और खान बहादुरों के साथ राज्य में प्रारंभिक राजनीति शुरू हुई। बिहार के पहले कौंसिल में महाराजा बहादुर रामेश्वर सिंह, महाराजा बैकुंठनाथ झा, फखरुद्दीन खान बहादुर, ब्रजकिशोर प्रसाद जैसे लोग थे। राज्य में तब कांग्रेस की गतिविधियां शुरू हो गयी थीं। कांग्रेस के पच्चीसवें अधिवेशन (इलाहाबाद) में बिहार से जाने वाले प्रतिनिधियों की संख्या 39 थी। इन सदस्यों में भी अधिकांश हिंदू द्विज थे – 11 कायस्थ, 5 ब्राह्मण, 3 भूमिहार, 3 राजपूत, 3 खत्री, 4 यादव, 2 बंगाली, 1 बनिया और 5 मुसलमान। अधिवेशन में जो चार यादव चुने गये, वे मधेपुरा के जमींदार परिवार से आते थे।

बिहार के मुख्य सचिव ने 1917 में भारत सरकार को लिखा – 'लेजिस्लेटिव कौंसिल के हिंदू सदस्यों में द्विजों का प्रभुत्व है। इनमें अधिकांश वकील हैं। वास्तव में वे वकील नहीं, जमींदार हैं। दूसरे शब्दों में, वे आबादी के छोटे और खास समुदायों का प्रतिनिधित्व करते हैं।'

कौंसिल में चुने गये सदस्य बिहारी समाज के एक या दो वर्गों का प्रतिनिधित्व करते थे। राज्य की बहुसंख्यक जनता और आबादी के साथ उनकी वास्तविक सहानुभूति नहीं थी। उनका मुख्य उद्देश्य अपने को संगठित करना और अपने वर्गों का प्रतिनिधित्व करना था, जिनसे वे आते थे।

कौंसिल में 'एक्स-ऑफिशियो' सदस्यों की भरमार होती थी। कुल 43 सदस्यों में चार मनोनीत होते थे। उनमें एक जमींदार, एक उड़िया क्रिश्चियन, एक बंगाली और एक छोटानागपुर के आदिवासी। लेकिन सुधारों के तहत नयी व्यवस्था हुई, तो कौंसिल के लिए 76 सीटें तय की गयीं। सुधारों के तहत पहली बार कुल नौ सीटें आरक्षित की गयीं, जिनमें दो सीटें 'डिप्रेस्ड क्लास' के लिए और दो सीटें आदिवासियों के लिए आरक्षित की गयीं, लेकिन नामजद व्यक्तियों का दलित या आदिवासी होना जरूरी नहीं था। इस कानून के लागू किये जाने के कई बरस बाद तक अंग्रेजी सरकार को दलित सदस्य नहीं मिला। दलित कोटे में भेजे जाने वाले पहले सदस्य विश्वनाथ कर थे। एक सीट स्थायी रूप से राज्य में रहने वाले बंगाली, एक सीट क्रिश्चियन, एंग्लो इंडियन और एक सीट उद्योग से जुड़े सदस्य के लिए निर्धारित किया गया। सीटें 43 से बढ़कर 76 हो गयीं।

सीमित मताधिकार के आधार पर राज्य के कौंसिल के लिए चुनाव की प्रक्रिया शुरू हुई। राज्य में मतदाताओं की कुल संख्या 3,74,812 थी, जो कुल पुरुष आबादी का मात्र सवा दो प्रतिशत और वयस्क पुरुष आबादी का साढ़े चार प्रतिशत थी। उस वक्त (1912-1926) महिलाओं को वोट देने का अधिकार नहीं था। उच्च लगान वाले चार जिलों में सालाना 64 रुपया, छह जिलों में 48 रुपया और निम्न लगान वाले नौ जिलों में सालाना सोलह रुपया लगान देने वाले रैयतों को वोट देने का अधिकार मिला। मोटा-मोटी 15 एकड़ औसत जमीन रखने वाले रैयत निर्वाचक बने।

1920 में कौंसिल के लिए पहला चुनाव हुआ। कौंसिल में जाने के सवाल पर कांग्रेस 'नो चेंजर्स' और 'प्रो चेंजर्स' के बीच बंट गयी। 'प्रो चेंजर्स' देशबंधु चितरंजन दास के नेतृत्व में 'स्वराज पार्टी' गठित कर चुनाव लड़ रहे थे। पहले चुनाव में तो नहीं, लेकिन 1923 में दोनों धड़ों के बीच समझौता हो गया कि कांग्रेस स्वराज पार्टी के उम्मीदवारों का विरोध नहीं करेगी, बल्कि चुनावों में तटस्थ रहेगी। कौंसिल के दूसरे चुनाव अर्थात् नवम्बर 1923 में सम्पन्न चुनावों में, स्वराज पार्टी केंद्रीय विधानसभा की कुल बारह सीटों में से आठ पर तथा प्रांतीय कौंसिल की कुल 76 सीटों में से बारह पर विजयी रही। 1926 आते-आते लगभग सभी कांग्रेसी कौंसिल के पक्षधर हो गये। कुछ कांग्रेसियों ने 'इंडिपेंडेंट कांग्रेस पार्टी' का भी गठन कर लिया था और उन्होंने सरकारी और स्वराजी दोनों उम्मीदवारों के खिलाफ अपने उम्मीदवार खड़े किये थे।

बहरहाल, चुनाव लड़नेवालों में पिछड़े और दलितों की संख्या नहीं के बराबर थी। महाराजा बहादुर, खान बहादुर और जमींदार ही चुनाव लड़ रहे थे। पटना जिला में गुरुसहाय लाल, मिथिलाशरण सिंह और दासू सिंह (तीनों कुर्मी) तथा भागलपुर में भुवनेश्वरी प्रसाद मंडल (यादव) जैसे पिछड़ी जाति के जमींदार और वकील ही चुनाव लड़ सकते थे।

कौंसिल के पहले चुनाव में उत्तरी चंपारण से एक दलित - राम लाल चमार - के चुनाव लड़ने का रिकार्ड मिलता है। कौंसिल का चुनाव लड़ने वाले इस दलित प्रत्याशी ने चुनाव में ११ रुपया चार आना खर्च किया था और हार गया था। इस तरह गांधी की कर्मभूमि चम्पारण और बिहार में पहली बार एक दलित चुनाव मैदान में उतरा था। बिहार में सत्तर के दशक में मुख्यमंत्री बनने वाले सरदार हरिहर सिंह और कृष्णवल्लभ सहाय जैसे लोग इस प्रथम चुनाव में हार गये थे।

कौंसिल चुनावों में उम्मीदवारों ने चुनाव खर्च का जो ब्योरा दिया, उसके अनुसार एक उम्मीदवार का औसत चुनाव खर्च 1920 में 325 रुपये, 1923 में 550 रुपये और 1926 में 1140 रुपये था। उन दिनों चुनाव खर्च की कोई सीमा निर्धारित नहीं थी। तब गुरुदेव प्रसाद शाही जैसे लोग ही थे, जिन्होंने 8694 रुपये खर्च किये। 1920 और 1923 के चुनावों में क्रमशः 150 लाख और 135 लाख रुपये खर्च हुए (कौंसिल वाद-विवाद, 18 मार्च 1924, पृष्ठ 1185-1197)। बीसवीं सदी के प्रथम कौंसिल चुनाव के पूर्व ही सामाजिक हलचल बढ़ गयी थी। 'स्वामी विद्यानंद रैयतों को संगठित कर रहे थे। दरभंगा महाराज के खिलाफ आंदोलन चला रहे थे। उनकी सभाओं में गाना के पहले 'अंधेर नगरी चौपट राजा' नाटक का मंचन होता था। सभाओं में रैयतों को सावधान करते हुए कहा जाता कि वे कौंसिल के चुनाव में प्रतिनिधियों को चुनने में सावधानी बरतें। चूंकि मतदाताओं में भारी संख्या रैयतों की थी, इसलिए चुनाव प्रचार में उम्मीदवारों के लिए रैयतों का पक्ष लेना जरूरी हो गया था।' [4]

1920 में स्वामी विद्यानंद की किसान सभा के चार उम्मीदवार कौंसिल में निर्वाचित हो चुके थे। अकेली सबसे बड़ी जाति होने के कारण ग्वालों से समर्थन की मांग की गयी थी और जमींदार के खिलाफ रैयतों के हक का समर्थन किया गया था। 1924 में जिला बोर्डों के चुनाव में बिहार प्रदेश के 18 जिला बोर्डों में से 14 पर स्वराज पार्टी का कब्जा हो गया। 1926 के कौंसिल चुनाव में स्वराजियों को 76 में 34 सीटें मिलीं और 1930 के जिला बोर्ड के चुनाव में उसके कुल 112 सदस्य विजयी हुए।

चुनावों में जाति का बोलबाला था। पहले चुनाव में बाभन, बाभन से वोट देने की अपील करते और राजपूत, राजपूत से, वकील अपने मुवक्किलों से और जमींदार अपनी रैयतों से। चुनाव में पिछड़ी जाति के मतदाताओं को यह भी झूठा आश्वासन दिया जा रहा था कि अगर उन्हें वोट देंगे, तो उनको ऊंची जाति में शामिल करा लिया जायेगा। जमींदार नेता रैयतों को झूठा आश्वासन दे रहे थे। साथ ही साथ हिन्दुओं और मुसलमानों के बीच साम्प्रदायिकता के आधार पर वोट मांगे जा रहे थे। चुनाव में डा. मूंजे, पंडित मदन मोहन मालवीय और पंडित मोतीलाल नेहरू ने बिहार का दौरा किया था। सभी पार्टियों के उम्मीदवार महात्मा गांधी के नाम पर वोट मांग रहे थे। 'मोतीलाल नेहरू के खिलाफ व्यक्तिगत आक्षेप किया गया था। कहीं-कहीं भद्दे कार्टून बनाये गये थे।' [5]

चुनावों में जाति का असर कैसा था? बकौल सहजानंद, '1926 के कौंसिल के चुनाव

में कांग्रेसी नेताओं का जातिवाद उभर कर सामने आ गया। बिहार के उस चुनाव में जो अनर्थ हुए वे कभी भूलने के नहीं हैं। कांग्रेस में गुटबंदी थी और प्रमुख लोग भीतर ही भीतर जात-पात की बात करते थे। खुलकर सामने नहीं आ सकते थे। उक्त चुनाव ही नहीं, उसके बाद आज तक जितने भी चुनाव हुए हैं, उन सबों के बारे में कह सकता हूं - गुस्ताखी माफ हो - कि अधिकांश बिहारी राष्ट्रवादी नेता जातिवादी हैं।'[6]

राहुल सांकृत्यायन कौंसिल के चुनाव के दिन गोपालगंज के भोरे व कटेया थानों में थे। राहुल जी कहते हैं- 'स्वामी सहजानंद उस वक्त भूमिहारों के प्रबल समर्थक और सम्माननीय नेता थे, अभी भी जातीय पक्ष का उनके ऊपर असर था। हम दोनों परस्पर विरोधी कैंपों में काम करते थे किन्तु उनकी प्रतिभा, उनकी कर्मठता देखकर इतने संकुचित क्षेत्र में उनका काम करना मुझे पसंद न लगता था, यह इसलिए कि भीतर से मैं उनका प्रशंसक था।'[7]

बिहार प्रदेश कांग्रेस में जाति आधार पर खींच-तान प्रारंभ से ही चलती रही थी। कांग्रेसी नेताओं की जातीयता के किस्से और कहानियां खूब चर्चित थीं। कांग्रेस ने घोषित तौर पर पहला चुनाव 'कौंसिल आर्फ स्टेट' का लड़ा। श्रीकृष्ण सिंह, अनुग्रह नारायण सिंह, महेंद्र प्रसाद (राजेंद्र प्रसाद के भाई) और मुस्लिम क्षेत्र से शाह मुहम्मद जुबेर प्रत्याशी बने। श्रीकृष्ण सिंह को छोड़कर अन्य तीनों प्रत्याशी जीते। श्रीकृष्ण सिंह दरभंगा महाराज रामेश्वर सिंह के खिलाफ खड़े थे। कौंसिल ऑफ स्टेट के चुनाव में श्री बाबू की हार को उनकी जाति के लोगों ने अपनी पराजय समझा, जिसका वीभत्स रूप कौंसिल के लिए कांग्रेस की ओर से उम्मीदवारों के चुनाव में स्पष्ट दृष्टिगोचर हुआ। 'जालेश्वर बाबू को हराकर भी जब इसकी प्रतिक्रिया शांत नहीं हुई, तब गया जिला बोर्ड को जब्त कराने में सफलता प्राप्त कर मुझ जैसे जातीयता से दूर रहनेवाले व्यक्ति (अनुग्रहनारायण सिंह) को शिकार बनाया गया।[8]

कौंसिल के चुनाव में मौलाना मजहर-उल-हक और सच्चिदानंद सिन्हा के पराजित होने का मामला भी बिहार की राजनीति में खूब चर्चित रहा। 'रामगढ़ कांग्रेस के प्रतिनिधियों के चुनाव के मौके पर प्रांतीय कांग्रेस कमिटी की राजनीति बहुत नीचे उतर आयी है। वहां कायस्थ और भूमिहारों की गुटबंदी चलती रहती थी। बेईमानी-ईमानदारी चाहे जैसे भी हो, अपने-अपने गुट के ज्यादा प्रतिनिधियों को भेजने की कोशिश थी। श्रीकृष्ण बाबू का पलड़ा भारी रहा और मथुरा बाबू, कृष्णवल्लभ सहाय, वृंदा बाबू जैसे कर्मठ कांग्रेसी भी कार्यकारिणी में नहीं आये - यह हार राजेंद्र बाबू की थी।'[9]

द्विज प्रभुओं का कब्जा

बिहार कौंसिल में मुख्यतः जमींदार, वकील, राजनीतिज्ञ, खान मलिक, पदाधिकारी और महाजन शामिल थे। प्रथम तीन चुनावों में पेशेवर राजनीतिज्ञों की संख्या में धीरे-धीरे इजाफा हुआ। लेकिन कौंसिल की सामाजिक बनावट में कोई परिवर्तन नहीं

हुआ। कौंसिल पर द्विज प्रभुओं का कब्जा था और यही उसकी पहचान भी थी। वैसे, कौंसिल के पहले चुनाव में बंगालियों की संख्या 10 थी, 1923 के चुनाव में उनकी संख्या घट कर 4 हो गयी। इसी तरह जहां 1920 में पेशेवर राजनीतिज्ञों की संख्या सिर्फ 2 थी, वह 1926 में बढ़कर 21 हो गयी।

	वर्ग / पेशा	1920	1923	1926
1.	जमींदार	38	30	27
2.	वकील	30	25	22
3.	राजनीतिज्ञ	2	9	21
4.	अंग्रेज प्लांटर्स	2	2	1
5.	लैंड एजेंट्स	1	4	1
6.	खान मालिक	2	2	2
7.	पदाधिकारी	–	2	1
8.	व्यवसायी	–	1	2
	कुल	**76**	**76**	**76**

बिहार उड़ीसा के विशेष अधिकारी मिस्टर जे हब्बाक ने इंडियन स्टेट्युटरी कमीशन के सचिव को पांच जातियों – बाभन, वैद्य, राजपूत, ब्राह्मण और कायस्थ की राज्य में आबादी और विधान परिषद में उनकी उपस्थिति का एक ब्योरा भेजा। उसका सार यह था कि ये पांच जातियां कुल आबादी का महज 13 प्रतिशत हैं, लेकिन परिषद के निर्वाचित सदस्यों का 65 प्रतिशत इन्हीं जातियों के लोगों का है। और अगर सिर्फ हिन्दू निर्वाचित सदस्यों में प्रतिशत निकाला जाये, तो वह होगा 90 प्रतिशत।

यह थी कौंसिल की सामाजिक बनावट। ऊपरी स्तर पर जहां प्रभुत्वशाली जातियों का कब्जा था, निचले निकायों पर भी उन्हीं जातियों का कब्जा बरकरार था। 1926 के चुनावों के बाद 1927 में जिला बोर्डों के चुनाव ने तो गांवों में राजनीतिक हलचल मचा कर रख दी थी। पंटना में बाभन और कुर्मी टकरा रहे थे, तो दरभंगा, मुजफ्फरपुर में बाभन और राजपूत, कहीं राजपूत और कायस्थों के बीच टक्कर थी, तो कहीं ब्राह्मणों के बीच। चुनावी टक्करों के बीच नये समीकरण भी बन रहे थे। 'बोर्ड का चुनाव समाप्त हुआ। कांग्रेस विरोधी उम्मीदवारों की विजय हुई और सबसे सोचनीय बात यह हुई कि बोर्ड की दलबंदी भूमिहार, राजपूत, कायस्थ आदि जातियों के नाम मर हो गयी। मेरे लिए यह सबसे अप्रिय बात थी।' [10]

राज्य के जिला बोर्डों और म्युनिसपलिटियों में इक्के-दुक्के पिछड़ी जाति के सदस्य पहुंच पाते थे। कौंसिल के 1922 में डिप्रेस्ड कास्ट को प्रतिनिधित्व देने का प्रस्ताव पास किये जाने के बावजूद इनके प्रतिनिधि दिखाई नहीं पड़ते थे। दलित जातियों से सरकार

को 'स्यूटेबल प्रतिनिधि' नहीं मिल रहे थे। कौंसिल से लेकर जिला बोर्डों तक अंग्रेज, ईसाई और उच्च जाति के लोग दलितों के नाम पर मनोनीत किये गये। 1927 के जिला बोर्डों के 354 चुने गये प्रतिनिधियों में जहां ऊंची जाति के 236 सदस्य थे, वहीं पिछड़ी जाति के सदस्यों की संख्या 39 थी। उनमें भूमिहार 75, राजपूत 68, ब्राह्मण 52, कायस्थ 41, कुर्मी 13, यादव 7, कोईरी 1, बनिया 18 थे। मुसलमानों की संख्या 30 और आदिवासियों की संख्या 15 थी। दलित सिरे से गायब थे। बोर्ड में चुने गये इन सदस्यों का वर्ग-आधार क्या था? इनमें 154 जमींदार, 70 खुशहाल काश्तकार, 62 वकील, 13 दीवान, 14 नौकरी पेशा, व्यवसायी, 7 महंथ और 4 सूदखोर थे।

कौंसिल और नीचे के बोर्डों तक में ऊंची और पिछड़ी जातियों की यही एक जैसी स्थिति थी। दस वर्षो के अंतराल में होने वाली जनगणना से जातियों की संख्या का पता चला, तब पिछड़ों को अपनी ताकत का एहसास हुआ। तब जाकर उन्होंने जाति संगठनों के माध्यम से अपनी आर्थिक-राजनीतिक मांगें पेश कीं। यों इन जाति संगठनों और बहुसंख्यक आबादी के हाशिये पर होने को लेकर अंग्रेज अधिकारियों के बीच कम चर्चा नहीं होती थी।

भारत में पश्चिमी देशों की तर्ज पर स्थानीय निर्वाचन क्षेत्र बनाये जाने की बाबत राज्य का मुख्य सचिव (1917) कहता है - 'यह जातीय क्षेत्रवाद केवल हिन्दुओं में नहीं बल्कि मुसलमानों में भी है। उदाहरण के लिए, धुनिया और जोलाहा, सैयद नहीं हो सकते हैं। जैसा कि कायस्थ दुसाधों से भिन्न हैं। अगर दुसाध या यादव उस क्षेत्र के नागरिक हैं, तो उनका प्रतिनिधित्व होना चाहिए था, लेकिन उस क्षेत्र का प्रतिनिधि कायस्थ हो जाता था। तात्पर्य यह कि उस क्षेत्र से रहने वाला क्षेत्र का प्रतिनिधि बताता था लेकिन उस क्षेत्र में रहनेवाली पिछड़ी जातियों का प्रतिनिधित्व नहीं कर पाता था। ....और ये जातियां प्रतिनिधित्व नहीं चाहतीं, यह कहना पूर्णतः गलत है। याद रखा जाना चाहिए कि पिछड़ी और दलित जातियां ही जातीय पंचायतों को जिंदा रखे हुए हैं, न कि ऊंची जातियां - जैसा कि गोप और कुर्मियों की जातीय सभाएं थीं। उन पिछड़ी जातियों में जातीय जागृति है और प्रतिनिधित्व करने के बीज हैं।[11]

लगभग 85 वर्षों बाद बिहार की राजनीति में जातीय प्रतिनिधित्व का यह क्रम उलटा! बीसवीं सदी के आरंभ में हाशिये पर रहने वाली पिछड़ी और दलित जातियां 21वीं सदी के आरंभ में (सन् 2000 के तुरंत पहले) राजनीतिक रंगमंच के केंद्र में आयीं। यहां यह याद रखा जाना चाहिए कि जिस वक्त मुख्य सचिव उक्त टिप्पणी लिख रहा था, तब प्रशासन और राजनीति में कायस्थों और अशराफ मुसलमानों का जोर था। मुख्य सचिव की चिंता से जुड़े राजनीतिक प्रतिनिधित्व के पहलू वाजिब थे लेकिन उसके चिंतन की धुरी थी - अंग्रेजी राज को टिकाये रखना।

बहरहाल, उसी दौरान 1917 में महात्मा गांधी के चम्पारण आगमन और 1920 के असहयोग आंदोलन ने बिहार में नयी हलचल पैदा कर दी थी। आंदोलन की

नयी शक्तियां उभर रही थीं। महात्मा गांधी और शौकत अली के दौरे हो रहे थे। राज्य में शराबबंदी आंदोलन का ऐसा दौर शुरू हुआ, जिसमें आम लोग मैदान में उतर पड़े थे। बिहार में 1928 में किसान सभा का गठन हुआ और राज्य में नये तरह का किसान आंदोलन शुरू हो गया था।

'अगड़ा बनाम अगड़ा' संघर्ष में पिछड़ों की सगबुगाहट

बिहार की राजनीति में तीन दशकों तक कायस्थों का वर्चस्व रहा। बिहार प्रदेश कांग्रेस कार्यकारिणी समिति में सबसे अधिक 53.85 प्रतिशत लोग इसी जाति के थे। कायस्थों के इस राजनीतिकं एकाधिकार को तीस के दशक में चुनौती मिलने लगी। पिछड़ी जातियों से नहीं, बल्कि अन्य अगड़ी जातियों से। बिहार प्रदेश कांग्रेस कार्यकारिणी समिति में 1934-37 तक ब्राह्मणों की संख्या एक प्रतिशत भी नहीं थी। राजनीतिक और सामाजिक हलचलों के बीच शिक्षित भूमिहार-राजपूतों और ब्राह्मणों का समुदाय आगे बढ़ने लगा और कायस्थ पीछे धकेले जाने लगे। भूमिहार और राजपूत कांग्रेस कमिटी में क्रमशः 15.38 और 7.70 प्रतिशत थे। 1947 आते-आते इनका औसत 14.28 और 35.71 प्रतिशत हुआ। कायस्थों का औसत घटकर 21.43 प्रतिशत हो गया। पिछड़ी जातियों का कांग्रेस कमिटी में प्रतिनिधित्व नहीं के बराबर था - 1936 में सिर्फ 7.70 और 1937-47 के बीच भी पिछड़ों का प्रतिनिधित्व हाशिये पर रहा।

तीस का दशक बिहार की राजनीति में बहुत महत्वपूर्ण रहा - खास कर दलितों और पिछड़ों में राजनीतिक प्रतिनिधित्व और शिक्षा-दीक्षा के प्रति सर्वथा नयी चेतना पनपने के लिहाज से। 1931 में सोशलिस्ट पार्टी बनी। सविनय अवज्ञा आंदोलन के साथ बिहार में 1932 में अस्पृस्यता विरोधी आंदोलन शुरू हुआ। 1933-34 में गांधी के 'हरिजन' दौर के कार्यक्रम ने दलित और पिछड़ी जातियों में नये राजनीतिक सशक्तीकरण के बीज बोये। पूना पैक्ट के बाद हरिजनों के लिए सीटों के आरक्षण की घोषणा की गयी। बिहार में मंदिर प्रवेश का आंदोलन शुरू हुआ। गांधी जब दौरे पर आये - देवघर और बक्सर में पंडों ने उनका विरोध किया। कहा गया कि गांधी हिन्दू धर्म का नाश कर रहे हैं। 30 मई, 1933 को करगहर थाना के गरवे गांव (पुराना शाहाबाद जिला) में पिछड़ों के पहले संगठन - त्रिवेणी संध - का गठन हुआ। शोषित वर्ग जैसे संगठन अस्तित्व में आये। 1934 में कांग्रेस सोशलिस्ट पार्टी का गठन अखिल भारतीय स्तर पर हुआ। जमींदारों की यूनाइटेड पार्टी का गठन इसी दौर में हुआ। इसी दौर में ब्रिटिश शासन की ओर से 'ह्वाइट पेपर' भी सामने आया। 1937 आते-आते खेत मजदूरों का संगठन बन गया। इसके पहले जगजीवन राम की डिप्रेस्ड क्लास ने लीग का गठन कर लिया था। 1938 में आदिवासी महासभा बनी। ये सभी राजनीतिक संगठन थे। सो जातीय पहचान को संगठित कर अपनी श्रेष्ठता कायम करने में उलझी द्विज नीति अब ब्रिटिश हुकूमत के तहत सत्ता में अपनी हिस्सेदारी को पुख्ता करने की रणनीति में तब्दील होने लगी और बिहार की राजनीति नयी करवट लेने

के लिए सुगबुगाने लगी।

राजनीति के विकास के पहले दौर में बंगाल प्रेसिडंसी से अलग होने के बाद से बिहार कौंसिल में 'नौकरियों' का मुद्दा छाया रहता था। सवाल पूछे जाते थे कि नौकरियों में कितने बिहारी हैं अथवा मुसलमान कितने हैं? कितने बिहारी हैं और गैरबिहारी कितने? बाद में पूछा जाने लगा कि किस जाति के कितने हैं? साथ में यह भी पूछा जाने लगा कि हरिजन कितने हैं? पढ़ाई-लिखाई में कौन जाति कहां खड़ी है? बाबू स्वयंवर दास तो पिछड़ों को नौकरियों में सुविधा देने के लिए एक गैरसरकारी प्रस्ताव ही ले आये। हालांकि उसे वापस ले लिया गया लेकिन स्वयंवर दास और मिथिलाशरण सिंह जैसे लोगों ने नौकरियों में जातीय एकाधिकार की चर्चा की और पिछडों को आरक्षण देने की मांग को बहस के दायरे में ला दिया। इसके पहले बिहार के यादव नेताओं ने इस संबंध में 1928 में ही साइमन कमीशन को ज्ञापन दिया था।

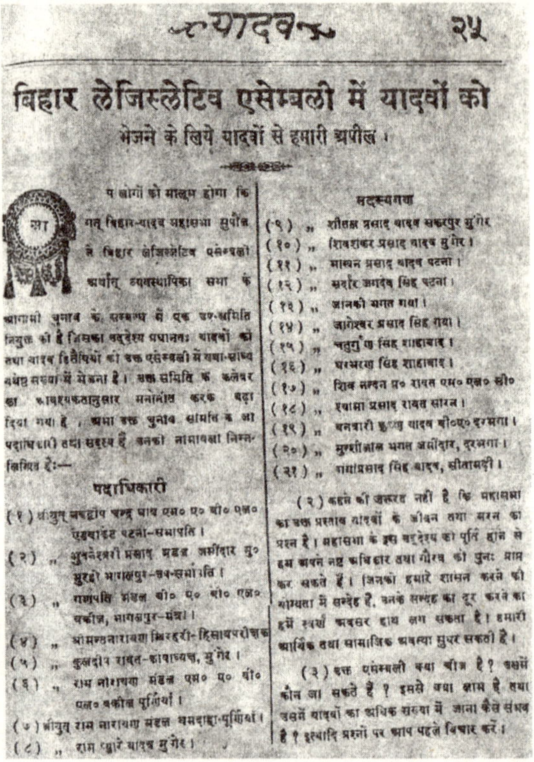

यादव २५

बिहार लेजिस्लेटिव एसेम्बली में यादवों को
भेजने के लिये यादवों से हमारी अपील।

आप लोगों को मालूम होगा कि गत् बिहार-यादव महासभा मुंगेर ने बिहार लेजिस्लेटिव एसेम्बली अर्थात् व्यवस्थापिका सभा के आगामी चुनाव के सम्बन्ध में एक उप-समिति नियुक्त की है जिसका उद्देश्य प्रधानतः यादवों को तथा यादव हितैषियों को उक्त एसेम्बली में यथा-साध्य यथेष्ठ संख्या में भेजना है। उक्त समिति के कलेवर को आवश्यकतानुसार मनोनीत करके बढ़ा दिया गया है। अभी उक्त चुनाव समिति के जो पदाधिकारी तथा सदस्य हैं उनकी नामावली निम्नलिखित है:—

पदाधिकारी

(१) श्रीयुत् नवद्वीप चन्द्र राय एम० ए० बी० एल० एडवोकेट पटना–सभापति।
(२) „ भुवनेश्वरी प्रसाद मंडल जमींदार मु० मुरहो भागलपुर–उप-सभापति।
(३) „ गणपति मंडल बी० ए० बी० एल० वकील, भागलपुर–मंत्री।
(४) „ श्रीमन्नारायण मिरदहा–हिसाबपरीक्षक
(५) „ कुलदीप राउत–कोषाध्यक्ष, मुंगेर।
(६) „ राम नारायण मंडल एम० ए० बी० एल० वकील पूर्णियां।
(७) श्रीयुत् राम नारायण मंडल धमदाहा-पूर्णियां।
(८) „ राम प्यारे यादव मुंगेर।

सदस्यगण

(९) „ शीतल प्रसाद यादव सफरपुर मुंगेर
(१०) „ शिवशंकर प्रसाद यादव मुंगेर।
(११) „ माखन प्रसाद यादव पटना।
(१२) „ सरदार जगदेव सिंह पटना।
(१३) „ जानकी भगत गया।
(१४) „ जागेश्वर प्रसाद सिंह गया।
(१५) „ चतुर्गुण सिंह शाहाबाद।
(१६) „ धरअरख सिंह शाहाबाद।
(१७) „ शिव नन्दन प्र० रावत एम० एल० सी०
(१८) „ श्यामा प्रसाद रावत सारन।
(१९) „ बनवारी कृष्ण यादव बी०ए० दरभंगा।
(२०) „ मुन्शीलाल भगत जमींदार, दरभंगा।
(२१) „ गंगाप्रसाद सिंह यादव, सीतामढ़ी।

(२) कहने की जरूरत नहीं है कि महासभा का उक्त प्रस्ताव यादवों के जीवन तथा मरन का प्रश्न है। महासभा के इस उद्देश्य की पूर्ति होने से हम अपने नष्ट अधिकार तथा गौरव को पुनः प्राप्त कर सकते हैं। जिनको हमारे शासन करने की योग्यता में सन्देह है, उनके सन्देह को दूर करने का हमें स्वर्ण अवसर हाथ लग सकता है। हमारी आर्थिक तथा सामाजिक अवस्था सुधर सकती है।

(३) उक्त एसेम्बली क्या चीज है? उसमें कौन जा सकते हैं? इससे क्या काम है तथा उसमें यादवों का अधिक संख्या में जाना कैसे संभव है? इत्यादि प्रश्नों पर आप पहले विचार करें।

चुनावी राजनीति में जातियों के आधार पर जगह बनाने के सिसिलसिले में यहां दो 'अपीलों' (देखें अपील - 1 और अपील - 2) का उल्लेख प्रासंगिक होगा। 1937 के चुनाव के ठीक पहले 'यादव महासभा' ने बिहार लेजिस्लेटिव असेंजली में यादवों को भेजने के लिए एक अपील जारी की। यह अपील गणपति मंडल ने लिखी। उन्होंने 'चुनाव' को जीवन-मरण का प्रश्न करार देते हुए लिखा - 'केवल गोप-गोप करने से काम नहीं चलेगा। ..... अहीर सभा आधे चावल की खिचड़ी अलग पका कर अपना काम अच्छी तरह नहीं कर सकती है। कोयरी, कुर्मी, कमार, बढ़ई, कुम्हार, कहार, कानू, गोढ़ी, गंगोता आदि पिछड़ी जातियों तथा अहीर जाति की सम्मिलित सभा हर थाने, हर प्रांत में स्थापित करनी चाहिए। पिछड़ी जाति संघ के प्रचार की अत्यंत आवश्यकता है। ' ('यादव', वर्ष

-12, अंक 3-4, काशी, अश्विन कृष्ण शुक्ल पक्ष, 1993)

दूसरी ओर कांग्रेस के तमाम बड़े नेताओं ने असेंबली चुनाव के लिए एक अपील जारी की। पर्चे की शक्ल में प्रकाशित उस अपील में कहा गया कि कांग्रेस बड़े-छोटे, अमीर-गरीब सभी जातियों, वर्गों और समाजों की संस्था है। पर्चा कांग्रेस के प्रत्याशियों के पक्ष में जारी की गयी थी। अपील जारी करने वाले नेताओं में राज्य के तमाम कांग्रेसी दिग्गज - डा. राजेंद्र प्रसाद, स्वामी सहजानंद, ब्रजकिशोर प्रसाद, श्रीकृष्ण सिंह, अनुग्रहनारायण सिंह, सैयद महमूद, रामनारायण सिंह, अब्दुल बारी, बलदेव सहाय, विपिन बिहारी वर्मा, बदरीनाथ वर्मा, रामदयालु सिन्हा, और मथुरा प्रसाद - शामिल थे लेकिन उनमें पिछड़ी जाति का कोई नेता नहीं था! (पर्चा स्रोत - राज्य अभिलेखागार)

बहरहाल, नये संगठनों के बनने के बाद से नयी मांगों और सुधारों का नया दौर शुरू हुआ। 1932 में सरकार ने पूना पैक्ट के बाद मुल्क में दलितों के लिए सीटें आरक्षित कर दी। हालांकि 'बिहार मताधिकार समिति' ने कहा कि दलितों को विशेष प्रतिनिधित्व देने की कोई जरूरत नहीं है। बिहार के दलितों की शिकायतें दक्षिण भारत की तरह नहीं हैं। इसी तरह जब 'ह्वाइट पेपर' सामने आया, तो जमींदारों ने इसका विरोध किया। जमींदारों ने एक पर्चा छपवा कर वितरित किया - 'जमींदारों के सिर पर विपत्ति का पहाड़।' पर्चे में जमींदारों को संगठित होने की अपील की गयी। पर्चे में यह चिंता व्यक्त की

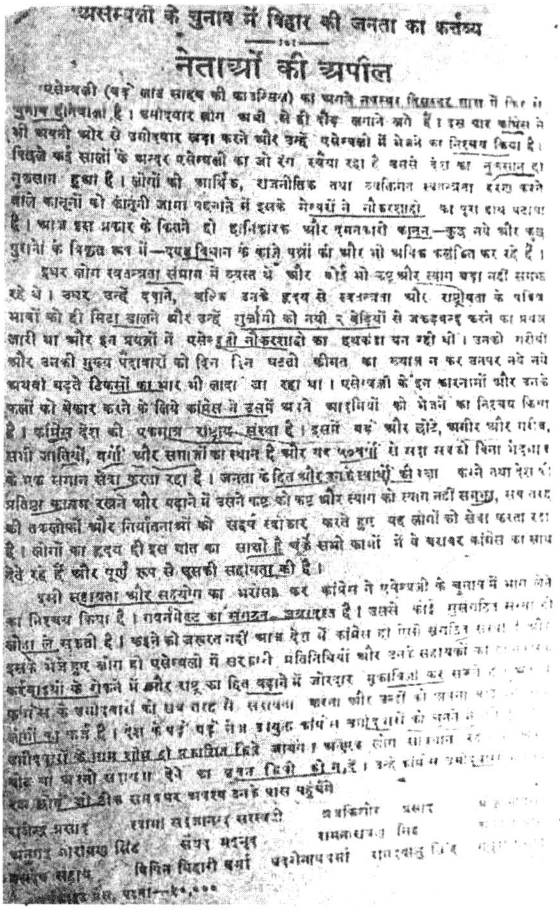
असेम्बली के चुनाव में बिहार की जनता का कर्तव्य

नेताओं की अपील

गयी थी कि अब घर-घर को वोट देने का अधिकार मिल जायेगा। उसमें चिंता यह भी थी कि कांग्रेस सोशलिस्ट दल जोर पकड़ रहा है और जाहिर है कि जमींदारी प्रथा उठा देना ही उसका पहला ध्येय होगा।' [12]

गवर्नमेंट ऑफ इंडिया एक्ट, 1935 को 1 अप्रैल 1937 से लागू किया गया। नये विधान के अनुसार सीटों का आबंटन हुआ। बिहार में प्रांतीय विधानसभा के लिए कुल 152 सीटें निश्चित की गयीं। सामान्य सीट 86, दलितों के लिए 15, आदिवासियों के लिए 7, मुसलमानों के लिए 40, एक सीट मुस्लिम महिलाओं के लिए और 3 सीट हिन्दू महिलाओं के लिए , एंग्लो इंडियन के लिए 1, यूरोपियन के लिए 2, भारतीय ईसाई के लिए 1, व्यापार उद्योग और माइनिंग से जुड़े प्रतिनिधियों के लिए 4, जमींदारों के लिए 4, मजदूर वर्ग के प्रतिनिधियों के लिए 3, तथा विश्वविद्यलय के लिए एक सीट आवंटित की गयी।

बिहार में जब चुनाव की घोषणा हुई, तब कांग्रेस में दो धाराओं का संघर्ष शुरू हो गया। गांधीवादी समाजवादी और गांधीवादी कांग्रेसी चुनाव में भाग लेने के सवाल पर दो छोर पर खड़े थे। 17 मार्च 1937 को बिहार प्रदेश कांग्रेस कमिटी में डॉ. राजेंद्र प्रसाद ने जब चुनाव में भाग लेने से संबंधित प्रस्ताव पेश किया, तो वामपंथी रुझान वाले नेताओं के साथ उनकी गरमा-गरम बहस छिड़ गयी। जयप्रकाश नारायण ने कहा कि यह चुनाव आजादी की लड़ाई को कमजोर करेगा, जबकि स्वामी सहजानंद ने 'प्रस्ताव को कांग्रेस की सुधारवादी मानसिकता से विश्वासघात करने वाला बताया। कांग्रेस के लोग मंत्री बनने के बाद लिबरल से भी निकृष्ट साबित होंगे।' (सर्चलाइट 20, मार्च 1937)

'यह सवाल पहली बार नहीं उठा। कौंसिल में भाग लेने के सवाल पर इसी तरह का विवाद हुआ था। कुछ लोग, जो सत्याग्रह बंद करने के विरोधी नहीं भी थे, कौंसिल में भाग लेने के विरुद्ध थे। बहुत गरमा-गरम बहस के बाद प्रस्ताव स्वीकृत हुआ। इस विरोध में अधिक भाग उन लोगों का था, जिन्होंने कांग्रेस सोशलिस्ट पार्टी बनायी।' [13]

तीस के दशक के उस दौर में हुई बहस की गर्मी आज भी चुनाव के सवाल पर धुर कम्युनिस्टों के बीच जारी बहस में नजर आती है, जो आजाद भारत की 50-55 साल की संसदीय राजनीति में निहित द्वंद्व को रेखांकित करती है। आज भी चुनाव के वक्त बिहार के कई इलाकों में 'चुनाव धोखा है' जैसे नारे सफेद दीवारों पर लाल रंग में उभर आते हैं।

1937 के चुनाव की तैयारियां शुरू हुईं, तो फिर कांग्रेसी नेताओं को जाति से टकराना पड़ा - 'उम्मीदवारों को चुनने में हमें इस बात का ध्यान रखना पड़ा कि कौन किस जाति का है। कांग्रेस के लिए यह कोई संतोष की बात नहीं थी, पर परिस्थिति के कारण हम इससे अलग नहीं रह सकते थे। इस सूबे के लिए दुख और शर्म की बात है कि नामजदगी में जाति के उम्मीदवार के चुने जाने की संभावना अधिक है। यह

भी देखना पड़ा कि यदि अमुक उम्मीदवार को हम नाजजद नहीं करते तो इसका उस जाति के लोगों पर बुरा असर पड़ेगा ही, चुनाव के लिए भी बुरा होगा।' [14]

उम्मीदवारों के चयन में गुटबाजी और टकराव बढ़ गया। कांग्रेस पहले ही राजपूत, कायस्थ, भूमिहार गुटों में बंट चुकी थी। स्वामी सहजानंद के खांटी लोगों – धनराज शर्मा, किशोरी प्रसन्न सिंह और यमुना कार्यी को टिकट नहीं मिला। स्वामी जी ने क्षुब्ध होकर कांग्रेस कार्यकारिणी से इस्तीफा दे दिया। डॉ. राजेंद्र प्रसाद ने स्वामी जी को मनाया। यमुना कार्यी को तो टिकट मिल गया, पर किशोरी प्रसन्न सिंह व धनराज शर्मा का टिकट कट गया। हालांकि इस घटना के बहुत दिनों बाद किशोरी प्रसन्न सिंह ने लिखा – 'हाजीपुर सबडिवीजन में मैं और दीप बाबू स्वाभाविक उम्मीदवार होते। पर उस समय तक कांग्रेस संगठन में वैचारिक फरकाव साफ हो चला था। मैं बिहार कांग्रेस सोशलिस्ट पार्टी का महामंत्री था। भू-व्यवस्था के प्रश्न पर स्वतंत्र रहने की प्रार्थना और मांग की थी। राजेंद्र बाबू की अध्यक्षता में बिहार कांग्रेस कमिटी ने इस प्रश्न पर हमसे सफाई सुनी, पर उनके लिए यह छूट देना संभव न हो सका। मैंने उम्मीदवार बनने से इंकार कर दिया। उस क्षेत्र से सत्येंद्र बाबू के श्वसुर रामेश्वर प्रसाद सिंह उम्मीदवार बनाये गये।' [15]

कांग्रेस के अंदर जहां गुटों में टकराव जारी था, वहीं पिछड़ों के संगठन 'त्रिवेणी संघ' के शाहाबाद जिला अध्यक्ष गोचरण सिंह ने कांग्रेस नेताओं के साथ टिकट के लिए बातचीत की। 'पहले कहा गया कि योग्य व्यक्तियों को लिया जायेगा। जब इन लोगों ने योग्य व्यक्तियों को ढूंढ़ना शुरू किया तो कहा गया कि खद्दरधारी होना चाहिए। जब खद्दरधारी सामने लाये गये, तो कहा गया जेल यात्रा कर चुका हो। जब ऐसे भी आने लगे तो किसी को झिड़क दिया जाता था कि वहां साग-भंटा बोना है, तो किसी को कहा जाता कि वहां भैंस दुहना है? तो किसी को व्यंग्य मारा जाता कि वहां भेड़ें चरानी है?' [१६]

1937 के चुनाव में त्रिवेणी संघ ने नवद्वीपचंद्र घोष, गणपति मंडल, दासू सिंह, तपसीराम महतो, नंदकिशोर सिंह, यदुनंदन महतो को प्रत्याशी बनाया, पर उन्हें पराजय का मुंह देखना पड़ा। शाहाबाद में त्रिवेणी संघ के प्रत्याशियों को पांच हजार मत मिले।

उस चुनाव में कांग्रेस ने 152 सीटों में से 99 सीटें जीतीं। कोएलिशन पार्टी को 22, मुस्लिम इंडिपेंडेंट पार्टी को 20, नो पार्टी (निर्दलीय) को 6, अहरार पार्टी को 3, मुस्लिम लीग को 2 सीटें मिलीं। 21 प्रत्याशी निर्विरोध जीते। निर्विरोध जीतने वालों में जगजीवन राम, सुखाड़ी पासी, रामबसावन रविदास, बालगोविंद भगत, शिवनंदन पासवान, केश्वर पासवान, राजेश्वर प्रसाद, नारायण सिन्हा, रघुनंदन प्रसाद, विनोदानंद झा, कारू दुसाध, मुहम्मद सफी, शेख फजलुर रहमान, शारदा कुमारी देवी, अनीस इमाम, ए.एम. हैमन, इ.सी. डायनबी, जे. रिचमंड, डब्ल्यू.एस. मिरिक, एस. ए. राबर्ट और हरेंद्र बहादुर चंद्र शामिल थे।

चुनाव 22 और 29 जनवरी 1937 को हुआ। डॉ अम्बेडकर के अनुसार, '1937 के चुनाव में 74 प्रत्याशियों की जमानत जब्त हुई। इस चुनाव में पिछड़ी जाति के

इक्के-दुक्के सदस्य ही विधान सभा में पहुंच सके। कांग्रेस के टिकट पर विधानसभा में पहुंचने वालों में 56 जमींदार, 14 वकील, 4 डाक्टर, 6 व्यापारी, 3 कर्मचारी थे। इनमें ब्राह्मण थे 31 और गैरब्राह्मण उच्च जाति हिन्दू थे 39 ।'[17]

चुनाव के बाद कांग्रेस ने गवर्नर के सामने सरकार बनाने के लिए कुछ शर्तें रखी थीं कि गर्वनर इस बात का वायदा करें कि जो विशेष अधिकार उन्हें विधान द्वारा दिये गये हैं, उनका व्यवहार वह नहीं करेंगे, बल्कि सभी मामलों में मंत्रियों से सलाह करेंगे। गवर्नर ने कांग्रेस की शर्तें नहीं मानी। कांग्रेस ने सरकार बनाने से इंकार कर दिया। तब गवर्नर ने इंडिपेंडेंट पार्टी के नेता मो. यूनुस को आमंत्रित किया और बिहार में पहली अंतरिम सरकार 3 अप्रैल, 1937 को बनी। यह अंतरिम सरकार तीन महीना बीस दिन चली। मो. यूनुस ने 20 जुलाई, 1937 को इस्तीफा दे दिया। इस सरकार में अब्दुल वहाब खान को राजस्व मंत्री, कुमार अजित प्रताप सिंह देव को स्थानीय स्वशासन मंत्री, गुरुसहाय लाल को नदी विकास मंत्री बनाया गया था। मो. यूनुस के इस्तीफे के बाद श्री कृष्ण सिंह के नेतृत्व में 20 जुलाई, 1937 को ही नयी सरकार बनी। यह सरकार 31 अक्तूबर 1939 तक चली।

उस वक्त बिहार के प्रीमियर बनने और मंत्री बनने के लिए भी कम मारी-मारी नहीं हुई। प्रीमियर (उस वक्त मुख्यमंत्री को प्रीमियर कहा जाता था) के लिए श्रीकृष्ण सिंह और अनुग्रह नारायण सिंह का नाम उनके समर्थकों ने उछाला। आखिरकार राजेंद्र प्रसाद को नेता पद के चयन के लिए अधिकृत किया गया। नेता पद के दावेदारों - श्रीकृष्ण सिंह, अनुग्रह नारायण सिंह और रामदयालु सिन्हा को प्रांतीय कार्य समिति की बैठक से अलग रहने को कहा गया। राजेंद्र प्रसाद ने विधायकों से बातचीत शुरू की, पर रामदयालु सिंह वहीं जा कर जम गये। इस पर राजपूत और कायस्थ गुट के नेताओं ने विरोध किया। जीमूतवाहन सेन ने तो राजेंद्र प्रसाद को ही मुख्यमंत्री बना देने का प्रस्ताव रखा। मुख्यमंत्री पद के एक अन्य दावेदार डा. सैयद महमूद ने अनुग्रह नारायण सिंह को उलाहना दी - 'जब लीडर नहीं चुने गये तब क्यों न मुझे इस पद के पाने में मदद की।'[18] मौलाना अबुल कलाम आजाद को भी इस बात का दुख था कि सैयद महमूद नेता नहीं चुने गये। डॉ. राजेंद्र प्रसाद पर वह खफा थे - 'डॉ. राजेंद्र प्रसाद ने वही भूमिका अदा की जो सरदार पटेल ने बम्बई में की थी।'[19]

मुख्यमंत्री पद के दावेदारों के चयन के बाद मंत्रियों के चयन को लेकर भी उठा-पटक हुई। जगलाल चौधरी और जगजीवन राम के बीच मामला फंस गया। मामला गांधी जी तक गया। अंत में तय हुआ कि जगलाल चौधरी मंत्री बनेंगे और जगजीवन राम पार्लियामेंटरी सेक्रेटरी। 1937 में गठित उस कांग्रेसी मंत्रिमंडल में चार मंत्री बनाये गये। रामदयालु सिंह विधानसभा अध्यक्ष चुने गये। 52 प्रतिशत आबादीवाली पिछड़ी जातियों से कोई मंत्री नहीं बनाया जा सका। शिवनंदन मंडल को संसदीय सचिव बनने में जरूर कामयाबी मिली। श्री कृष्ण सिंह सरकार लगभग 27 महीनों तक चली। उस

दौरान सरकार को मुख्य रूप से किसान आंदोलन, आरक्षण, राजबंदियों की रिहाई जैसे मामलों से टकराना पड़ा। उस चुनाव के बरसों बाद 1946 में विधानसभा के चुनाव हुए,तब भी कांग्रेस को उन्हीं सवालों से रू-ब-रू होना पड़ा -- जातिवाद, गुटबंदी और राजनीतिक उठा-पटक। सो परिणाम में कोई खास फर्क नहीं पड़ा। कांग्रेस ने 76 स्थानों में 18 राजपूत, 15 भूमिहार ब्राह्मण और 13 कायस्थों को टिकट दिया लेकिन इस बार पिछड़ी जाति के 8 सदस्यों को टिकट मिला।

आजादी के बाद 'अगड़ा बनाम अगड़ा' का पहला घमासान

बिहार में हुए 1951-52 में पहले चुनाव में खूब घमासान हुआ। टिकट बंटवारे को लेकर श्री बाबू और अनुग्रह बाबू आमने-सामने थे। पंडित नेहरू ने दोनों नेताओं को दिल्ली तलब किया। टिकट बंटवारे को लेकर सिन्हा लायब्रेरी में बैठक भी हुई। प्रसिद्ध कवि रामदयाल पांडेय ने कांग्रेस की बैठक पर एक रिपोर्ट 'योगी' में लिखी- 'महुआ बाजार में कांग्रेसी उम्मीदवारों का निर्णय। पैरवी और टंडइली का जोर, महिलाओं की उपेक्षा। जनतंत्र की नींव में जातीयता और दलबंदी का नंगा नाच।' [20]

'पहले विधानसभा के लिए होने वाले इस चुनाव के लिए शाहाबाद, चम्पारण, संथालपरगना, सारण, पलामू इत्यादि जिलों के लिए दो-दो सूचियां पेश की गयीं। तिरहुत में सिर्फ मुजफ्फरपुर जिला कांग्रेस पर श्रीबाबू के समर्थकों का अधिकार है। सारण, चम्पारण, दरभंगा में अनुग्रह बाबू का। भागलपुर कमिशनरी में सिर्फ मुंगेर और पूर्णिया कांग्रेस पर श्रीबाबू के दल का कब्जा है।' [21]

1952 के चुनाव में बिहार की राजनीतिक पहचान बदल गयी! बिहार के स्वनामधन्य नेता श्रीबाबू और अनुग्रह नारायण सिंह बिहारी राजनीति के दो धुरी बन गये और कांग्रेस - दो धुरियों का एक वृत्त! राजेंद्र बाबू बड़े नेता थे, लेकिन वे राष्ट्रपति बन गये थे और जयप्रकाश नारायण सोशलिस्ट पार्टी में थे। राजनीति में कायस्थ जाति की जो ताकत बीस के दशक में थी, वह अब नहीं रही। कायस्थ जाति हाशिये पर चली गयी। प्रदेश कांग्रेस कार्यकारिणी समिति में कृष्णवल्लभ सहाय का जातिगत प्रतिनिधित्व मात्र 5.26 प्रतिशत पहुंच गया था।

और तो और, श्रीकृष्ण सिंह गुट ने कृष्णवल्लभ सहाय को अपनी तरफ मिला लिया और अपना प्रतिनिधि चुन लिया। सहाय के साथ बैठकर उसने पटना और संथालपरगना के प्रत्याशियों की सूची तैयार कर दी। इधर अनुग्रह नारायण सिंह के साथ मिल कर जयप्रकाश नारायण भी ऐसे प्रयास में शामिल हुए। बाद में श्रीकृष्ण सिंह और जयप्रकाश नारायण के बीच आरोप-प्रत्यारोप का भी दौर चला, जिसमें जयप्रकाश नारायण ने श्रीबाबू के मुख्यमंत्रित्व वाले राज को 'भूमिहार राज' की संज्ञा दी। [22]

पाला बदलने का ट्रेंड : बागियों की पौ बारह

आजाद भारत की उस प्रथम चुनावी गहमा-गहमी में भी पिछड़ी जातियां हाशिए पर थीं। राहुल सांस्कृत्यापन ने लिखा है कि वे बिहार और उत्तर प्रदेश में बड़ी जाति से ऊब कर विद्रोह की बातें कर रही थीं। छूत-अछूत मिलाकर पिछड़ी जातियों की आबादी सैकड़े 70-80 प्रतिशत है। उनके सतर्क हो जाने पर निश्चय ही 'ब्राह्मण-क्षत्री-लाला' के अगुआपन के लिए कोई संभावना नहीं रह जाती है...। कांग्रेस के 'ब्राह्मण-क्षत्री-लाला' पंचायत चुनाव के समय घबड़ा गये थे। उनके पैरों तले की धरती खिसकती मालूम हुई थी। उस समय वे शायद भूल गये थे कि शत्रु की शक्ति को शत्रु की छूट से धता बताया जा सकता है। ....चुनाव के समय उन्होंने ऐसा ही किया। शोषित नेताओं में जिनको अधिक प्रतिभाशाली देखा, उन्हें कांग्रेस का टिकट दे दिया गया। वे (शोषित नेता) दो बैलों की जोड़ी की जय मनाने लगे। चुनाव के बाद दो-चार पालियामेंट्री सेकेट्री बना देने भर से उनका काम निकल गया।[23] बाद में 90 के दशक तक कांग्रेस बिहार की चुनावी राजनीति में इसी रणनीति को आजमाती रही।

बहरहाल, उसी दौरान टिकट बंटवारे की सरगर्मी के बीच 'पाला बदलने' का खेल शुरू हुआ! शाहाबाद कांग्रेस के एक नेता हरगोविन्द मिश्र ने डा. अनुग्रहनारायण सिंह का गुट छोड़ दिया और वे श्रीबाबू के साथ हो गये। टिकट वितरण को लेकर दोनों गुटों के बीच भारी कटुता पैदा हो गयी। स्थानीय अखबारों में दोनों गुटों के कई नेताओं के इस्तीफा देने और टिकट वापस लौटाने की बात भी छपी। प्रदेश कांग्रेस अध्यक्ष प्रजापति मिश्र द्वारा टिकट लौटाने की बात उभर कर सामने आयी।

'योगी' की रिपोर्ट के अनुसार कांग्रेस में 75 प्रतिशत सीटों को लेकर मतभेद हुआ, तो कांग्रेस चुनाव अभियान समिति के अध्यक्ष लक्ष्मीनारायण सुधांशु को मतभेद दूर करने की जिम्मेवारी सौंपी गयी। उन्होंने प्रत्येक जिले की सूची तैयार की। कांग्रेस की सूची को 'हुंकार' ने धोखे की टट्टी बताया - प्रदेश चुनाव समिति ने गुटभक्ति को ही प्रथम स्थान दिया, योग्यता और ईमानदारी को खटाई में डाल दिया। नेहरू सिद्धान्त का गला दबोचा गया। राज्य में धर्म विरोधी साम्प्रदायिकता की कौन कहे, जातीयता को ही कांग्रेस ने अपनी नामजदगी का आधार बनाया![24]

कांग्रेस की सूची जारी हुई, तो प्रदेश भर में बावेला मच गया। तीस कांग्रेसी विद्रोहियों ने शाहाबाद, दरभंगा, चम्पारण, मुंगेर और पलामू जिलों में पर्चा दाखिल कर दिया। दरभंगा जिला में झंझारपुर नगर कांग्रेस कमेटी के सभी सदस्यों ने अपना इस्तीफा दे दिया और कांग्रेसी प्रत्याशी कपिलेश्वर झा के विरुद्ध झंझारपुर नगर कांग्रेस कमेटी के अध्यक्ष रत्नेश्वर मिश्र को चुनाव मैदान में उतार दिया। प्रांतीय कांग्रेस समिति के सदस्य राजेंद्रनारायण चौधरी तो अपनी ही चाची जनककिशोरी देवी के खिलाफ हरलाखी के चुनावी मैदान में उतर गये। दरभंगा में बारह लोग बागी बनकर उतरे।

समस्तीपुर में लोकसभा के प्रत्याशी सत्यनारायण सिंह के खिलाफ बुजुर्ग कांग्रेसी रामप्रसाद शर्मा मैदान मे उतर गये। शाहाबाद के पूर्व कांग्रेस अध्यक्ष सूरजनाथ चौबे ने अपने समर्थकों के साथ इस्तीफा दे दिया। उधर ध्वजा प्रसाद साहू ने एक बयान जारी कर कांग्रेस की 'महाभ्रष्टता' का पर्दाफाश किया। दासू सिंह को टिकट नहीं मिल सका। पटना नगर जिला कांग्रेस कमेटी अध्यक्ष रामलक्ष्मण शर्मा भी कार्यसमिति भंग कर पूर्वी पटनासिटी क्षेत्र से मैदान में उतर गये। बिहार के चुनाव मैदान में कुल 1600 प्रत्याशी थे। दोनों गुटों के लड़ाकू नेताओं ने भी रंग दिखाया और कांग्रेस के तीन बड़े नेता पराजित हो गये। पराजित होने वाले नेता थे – विनोदानंद झा, अब्दुल कयूम अंसारी और देवशरण सिंह। पिछड़ों की राजनीति में तब सक्रिय इंजीनियर आर.बी. सिंह ने कहा – 'इस चुनाव (1952) में मैंने देखा कि जातीयता और गुट के नाम पर नंगा तांडव किया गया। अब्दुल कयूम अंसारी कांग्रेस के प्रत्याशी थे और बसावन सिंह सोशलिस्ट पार्टी के प्रत्याशी, पर कांग्रेस के एक गुट ने गुप्त रूप से श्री अंसारी का विरोध किया। फलस्वरूप इस चुनाव में श्री अंसारी हार गये।'[25] कांग्रेसी नेता अनुग्रहनारायण सिंह के अनुसार, 'सुना गया कि भागलपुर के सियाराम सिंह ने श्री सहाय के संकेत पर विनोदा जी को उलझन में डालने के लिए उनके विरोधी उम्मीदवार को छिपे रुस्तम सहायता पहुंचायी थी।'[26]

यही हाल देवशरण सिंह के साथ भी हुआ। देवशरण सिंह को हरवाने में अनुग्रह नारायण सिंह का नाम आया। 'बिहार के दोनों गुटों के नेताओं और उनके पिछलग्गुओं ने एक दूसरे पर जिस प्रकार कीचड़ उछाले, वह प्रांत के इतिहास में अपना कलंकपूर्ण स्थान बना ही चुका है।'[27]

आजादी के बाद के इस प्रथम विधानसभा चुनाव में बिहार में कांग्रेस के 223 प्रत्याशी विजयी हुए और सोशलिस्ट पार्टी को सिर्फ 24 सीटें मिलीं। वैसे, लोकसभा के चुनाव में भी कांग्रेस के 45 प्रत्याशी जीते लेकिन चुनाव परिणाम आने के बाद बिहारी मंत्री बनने-बनाने के लिए केंद्रीय स्तर पर भी कम बवाल नहीं हुआ।

दसअसल, 1937 से 1952 तक श्री कृष्ण सिंह के खिलाफ अनुग्रहनारायण सिंह कतई खुलकर खड़े नहीं हो सके। नये मंत्रिमंडल का गठन हुआ और उसमें दो नये चेहरे – महेश प्रसाद सिंह और दीपनारायण सिंह – शामिल किये गये। हारे हुए तीन नेताओं – विनोदानंद झा, अब्दुल कयूम अंसारी और देवशरण सिंह – के स्थान पर हरिनाथ मिश्र, मुहम्मद शफी और शिवनंदन मंडल को लिया गया। जगलाल चौधरी के स्थान पर भोला पासवान शास्त्री लाये गये।[28]

श्रीकृष्ण सिंह के नेतृत्व में गठित मंत्रिमंडल के सदस्यों की संख्या सोलह थी। उनमें तीन उप मंत्री थे। हारने के बाद भी देवनारायण सिंह को मंत्रिमंडल में शामिल कर लिया गया। मंत्रिमंडल में शिवनंदन प्रसाद मंडल (यादव), वीरचंद पटेल (कुर्मी) और देवशरण सिंह (कुर्मी) मंत्री बने। पटेल उप मंत्री बनाए गये।

चुनाव के एक ही साल बाद हुए फतुहा उपचुनाव की बानगी दिलचस्प है –

'ऊपर-ऊपर से सिद्धांत का जामा और नीचे-नीचे जातीयता का आधार! कांग्रेस के उम्मीदवार कुर्मी हैं। ... पार्टी के उम्मीदवार यादव। इस क्षेत्र में इन्हीं दो जातियों का बोलबाला है और दोनों जातियां जम कर लड़ रही हैं। भूमिहार साथ दे रहे हैं कुर्मियों का, क्योंकि यह कुर्मी मिनिस्टर, श्री बाबू की पार्टी का है। राजपूत समझते हैं कि श्रीबाबू की पार्टी ने अनुग्रह बाबू को तंग किया है। अतः वे लोग यादव को मिला कर एक सबक सिखाना चाहते हैं।' [29]

श्रीकृष्ण सिंह के मंत्रिमंडल में महेश प्रसाद सिंह के शामिल किये जाने के एक साल बाद श्रीकृष्ण सिंह ने कृष्णवल्लभ सहाय को अपना उत्तराधिकारी घोषित किया। फलतः श्री सहाय और महेश प्रसाद सिंह के बीच टकराव बढ़ा। महेश प्रसाद सिंह ने मुख्यमंत्री श्रीकृष्ण सिंह के इर्दगिर्द रहनेवाले अन्य जातियों के नेताओं और स्वतंत्र विचार रखनेवाले भूमिहारों को अलग किया और 'भूमिहारवाद' के तहत योजनाबद्ध ढंग से ललितेश्वर प्रसाद शाही, सियाराम सिंह, कृष्णकांत सिंह, धनराज शर्मा जैसे नेताओं का 'हार्ड कोर' बनाया। उसने सारंगधर सिंह, राम विनोद सिंह, श्याभा प्रसाद सिंह, सरदार हरिहर सिंह, जानकीनंदन सिंह जैसे नेताओं को हाशिये पर ढकेल दिया। मंत्रिमंडल के गठन के एक साल बाद 1953 में श्रीकृष्ण सिंह के साथ रहनेवाले गैरभूमिहार नेताओं को मुख्यमंत्री की लॉबी छोड़नी पड़ी। इन नेताओं ने महेश प्रसाद सिंह के खिलाफ मोर्चा खोला और कांग्रेस आलाकमान को लंबा ज्ञापन भेजा। 'चूंकि रामचरित्र सिंह स्वाजातीय होते हुए भी महेश बाबू की जाति-प्रवृत्ति के विरोधी थे, इसलिए इन्हें गिराने के लिए राज्य कांग्रेस के अध्यक्ष नंद कुमार सिंह को हथकंडा बनाया गया। इस प्रकार महेश-के.बी. सहाय का द्वंद्व विभिन्न कैंपों में प्रकट होकर शनैः-शनैः उग्र रूप धारण करने लगा। [30]

1957 के चुनाव में भी गुटबंदी, नेताओं के बीच उखाड़ने-पछाड़ने का कांग्रेसी दौर थमा नहीं। दरअसल 1937 के चुनाव से जो जातिगत गुटबंदी शुरू हुई वह 1957 के चुनाव के समय तक सत्ता-राजनीति में छीना-झपटी का मुख्य आधार बन गयी। बड़े-बड़े स्वनामधन्य नेता जातीय संगठनों के संरक्षक बन गये।

उस चुनाव में जातीय टकराव अपने चरम पर पहुंच गया! महेश प्रसाद सिंह और कृष्ण वल्लभ सहाय के बीच की लड़ाई ने तीखा रूप धारण कर लिया। रामचरित्र सिंह, सरदार हरिहर सिंह और जानकीनंदन सिंह को टिकट नहीं मिला! दिलचस्प बात यह हुई कि कृष्णवल्लभ सहाय और महेश प्रसाद सिंह दोनों चुनाव हार गये। दोनों नेताओं ने चुनाव में एक दूसरे के खिलाफ कमान थाम ली थी।

कांग्रेस में गुटों की लड़ाई का यह आलम था - 'कांग्रेस पार्टी के नेता के चुनाव में क्या-क्या नहीं हुआ! श्रीबाबू और अनुग्रह बाबू में चालीस वर्षों की दोस्ती थी। दोनों ऐसे लड़े कि कुत्ते भी मात। कौन-कौन से कुकर्म नहीं किये गये। लाखों रुपये बंटे। सदस्यों की चोरी हुई। कुछ बिचारे पिट भी गये। दिल्ली से लोग आये। शांत कहां तक करते। आग लगा कर चले गये।' [31]

1957 के चुनाव में कांग्रेस की सीटें 1952 की तुलना में घट कर विधानसभा में 210 तथा लोकसभा में 41 हो गयी।

दरअसल, बात यह थी कि श्री कृष्ण सिंह और अनुग्रह नारायण सिंह के बीच पहली बार नेता पद के चुनाव की खुली टक्कर हुई! अब तक अनुग्रहनारायण सिंह ने कभी खुली चुनौती नहीं दी थी। यह पहला मौका था। के.बी. सहाय ने पाला बदल लिया था। वे अबकी अनुग्रहनारायण सिंह के साथ थे। मंत्रिमंडल का गठन हुआ। नौ केबिनेट और 15 उप मंत्री बनाए गये। वीरचंद पटेल को कैबिनेट मंत्री बनाया गया। सहदेव महतो (कोइरी), देव नारायण यादव और दारोगा प्रसाद राय उपमंत्री बनाये गये। मंत्रिमंडल के गठन के बाद श्री कृष्ण सिंह ने हारे हुए नेता महेश प्रसाद सिंह को खादी बोर्ड का अध्यक्ष बना दिया। जय प्रकाश नारायण ने श्री कृष्ण सिंह को पत्र लिखा – 'महेश बाबू खादी बोर्ड के अध्यक्ष बना दिये गये। उन्हें सरकारी बंगला दे दिया गया। बाद में वे प्रदेश कांग्रेस कमेटी के खजांची भी बना दिये गये। पर अपनी तमाम सेवाओं के बावजूद के. बी. सहाय को कुछ नहीं मिला।' [32]

जयप्रकाश नारायण और श्रीकृष्ण सिंह के बीच का पत्र व्यवहार काफी चर्चित रहा। 1957 में दो नेताओं के बीच का यह पत्र-व्यवहार बिहार की राजनीति के चेहरे पर निरंतर गहराते दाग-धब्बों को खोलता है। जयप्रकाश नारायण ने लिखा – 'डा. अनुग्रहनारायण सिन्हा राजपूत नेता के रूप में जाने जाते हैं।' उन्होंने हालांकि यह भी लिखा कि श्रीबाबू और अनुग्रह बाबू की आपसी प्रतिद्वंद्विता व्यक्ति की थी, सैद्धान्तिक नहीं। इस जातीय तनाव का कुप्रभाव गांव स्तर तक पहुंचता था। कांग्रेस हाईकमान द्वारा कराई गई एक जांच से भी यही पता चला था। श्री बाबू को जे.पी. ने लिखा – 'आप मुझसे बेहतर जानते हैं कि बिहार की राजनीति कितना नीचे गिर चुकी है और कितना भ्रष्टाचार पनप चुका है। आप और अनुग्रह बाबू के बीच प्रतिद्वंद्विता के कारण राज्य में जातीयता ने खतरनाक स्वरूप ग्रहण कर लिया है।' [33]

आजादी के बाद के दो चुनावों पर नजर डालने से कुछ निष्कर्ष स्पष्ट नजर आते हैं – 1. दस सालों में कांग्रेस का ग्राफ गिर गया था और बिहार में सोशलिस्टों का कुछ-कुछ 'पिछड़ा' आधार बनने लगा था। पहले चुनाव में सोशलिस्ट पार्टी की करारी हार से आहत जयप्रकाश नारायण सर्वोदयी हो गये। 2. प्राय: सभी राष्ट्रवादी नेताओं के जातिवादी चेहरे बेपर्दा हो गये। सहजानंद सरस्वती ने 1926 के कौंसिल के चुनाव के समय ही कहा था कि बिहार के अधिसंख्य राष्ट्रवादी नेता जातिवादी हैं। हालांकि जातियां समाज की जड़ इकाई नहीं रहीं। पाला बदलने, मोल-तोल करने और अपने को टिकाए रखने के लिए जातिगत आधारों का इस्तेमाल खुले तौर पर होता रहा। जातिगत पहचान बनाने और उसके राजनीतिक इस्तेमाल का जो सिलसिला बीसवीं सदी में शुरू हुआ, उसका द्विजवादी चरम विकृत रूप 50 के दशक में दिखने लगा। 3. सोशलिस्ट पार्टी और त्रिवेणी संघ से पिछड़ों के बीच शुरू राजनीतिक हलचल ने उनमें सत्ता की

हिस्सेदारी की भूख को जगाया! 'पिछड़ा पावे सौ में साठ' का नारा बुलंद हुआ। परिणामत: कांग्रेस में भी पिछड़े नेताओं की पूछ धीरे-धीरे बढ़ने लगी। दलित और मुसलमान के लिए राजनीति में भागीदारी का रास्ता कुछ और खुला।

यूं डा. अनुग्रहनारायण सिंह की श्रीकृष्ण सिंह को चुनौती ज्यादा दिन नहीं चली। 5 जुलाई 1957 को अनुग्रहनारायण सिंह की मृत्यु हो गयी। फिर भी राजपूत नेता के. बी. सहाय को अपना नेता स्वीकार करने के लिए तैयार नहीं थे। यों कायस्थ गुट ने राजपूतों और भूमिहारों के बीच के सत्ता-संघर्ष में काफी महत्वपूर्ण भूमिका अदा की। इस गुट की निष्ठा सुविधानुसार कभी इस जाति और कभी उस जाति के पक्ष में बदलती रही। शुरू में कायस्थों को भूमिहारों का विश्वासपात्र माना जाता था। पर जब 1957 में राजपूतों ने भूमिहारों के एकछत्र राज्य को चुनौती दी तो के.बी. सहाय ने पैंतरा बदला। वह सदल-बल राजपूत गुट की ओर खिंच गये। डा. अनुग्रहनारायण की मृत्यु के बाद जब राजपूत गुट सहाय को नेता मानने के लिए तैयार नहीं हुआ, तो डा. अनुग्रहनारायण सिन्हा के पुत्र सत्येंद्रनारायण सिन्हा उर्फ छोटे साहब को लाया गया।[34]

गुटों की राजनीति अपनी गति से चल ही रही थी कि श्रीकृष्ण सिंह का निधन हो गया। वह 1961 का साल था और फरवरी में कांग्रेस के नये विधायक दल के नेता का चुनाव हुआ। भूमिहार विरोधी शक्तियां विनोदानंद झा के नेतृत्व में गोलबंद हुईं और उन्होंने महेश प्रसाद सिन्हा को पराजित किया। बिहार की राजनीति में पहली बार एक ब्राह्मण मुख्यमंत्री बना। दिलचस्प तथ्य यह भी है कि प्रदेश कांग्रेस राज्य कार्यकारिणी में 1938 तक एक भी ब्राह्मण नहीं था! यह पहला मौका था, जब राजपूत गुट को मजबूरी में स्वाभाविक साथी के रूप में एक ब्राह्मण की तलाश करनी पड़ी। 18 फरवरी, 1961 को विनोदानंद झा मुख्यमंत्री बने। झा मंत्रिमंडल में पिछड़े मंत्रियों की संख्या बढ़कर चार हो गयी और पिछड़े वर्ग के चार लोग पार्लियामेंट्री सेक्रेट्री बनाये गये। वीरचंद पटेल कैबिनेट मंत्री और दारोगा प्रसाद राय, देवनारायण यादव एवं सहदेव महतो उप मंत्री तथा प्रभावती गुप्ता, सुमित्रा देवी, लाल सिंह त्यागी एवं वैद्यनाथ महतो पार्लियामेंट्री सेक्रेट्री बनाये गये।

झा मंत्रिमंडल में नौ कैबिनेट मंत्री, पंद्रह उप मंत्री और दस पालियर्मिंट्री सेक्रेट्री थे। इनमें छह दलित थे। मंत्रिमंडल और पार्लियामेंट्री सेक्रेट्री के चयन को देखने से इस बात का पता चलता है कि सभी जातीय समुदायों को आनुपातिक प्रतिनिधित्व देने के लिहाज से यह पहला बड़ा प्रयास था। यानी अपने को सत्ता में टिकाए रखने के लिए पिछड़ी जातियों की बढ़ती ताकत को सहलाने-फुसलाने और साथ लेकर चलने की द्विज राजनीति का यह पहला और बड़ा संकेत था। वैसे, 'पिछड़े समुदाय' के नेतृत्व को साथ लेकर चलने का यह संकेत बिहार में सत्ता पर कब्जा के लिए 1952 के चुनाव से जारी 'अगड़ा बनाम अगड़ा' के जातिगत संघर्ष की रणनीति का ही हिस्सा था। यह स्पष्ट था

कि सत्ता के लिए आपस में लड़ते हुए द्विज राजनीति के अलमबरदारों को बिहार की राजनीति में 'पिछड़ावाद' की धमकदार पदचाप सुनाई देने लगी थी और वे इसकी काट के लिए अपनी-अपनी रणनीति बनाने लगे थे।

1962 में तीसरा आम चुनाव हुआ। कांग्रेस की सीटें और घट कर 195 हो गयी। 50 सीटें स्वतंत्र पार्टी और 36 सीटें सोशलिस्ट और प्रजा सोशलिस्ट पार्टियों को मिलीं। पिछले चुनाव में कम्युनिस्टों ने 7 सीटों से अपना खाता खोला था। 1962 के चुनाव में उनकी संख्या 12 हो गयी।

विनोदानंद झा ने दूसरी बार 15 मार्च, 1962 को मुख्यमंत्री की गद्दी संभाली। के.बी. सहाय को पहले झा मंत्रिमंडल में शामिल नहीं किया गया था। इस मंत्रिमंडल में पिछड़े वर्ग के मंत्रियों की संख्या तीन थी और वीरचंद पटेल ही एकमात्र कैबिनेट मंत्री बनाये गये थे। तीन महीने बाद 29 जून को श्री सहाय को कैबिनेट में शामिल किया गया। उसके लगभग तीन महीने बाद आदिवासी नेता जयपाल सिंह को 3 सितम्बर को मंत्री बनाया गया।

ये सब कोशिशें झा मंत्रिमंडल को टिकाए रखने की थी, लेकिन कामराज योजना में श्री विनोदानंद झा को इस्तीफा दे देना पड़ा। वैसे, के.बी. सहाय और विनोदानंद झा के बीच पूरे एक साल तक 'द्वंद्व युद्ध' चलता रहा।

कामराज योजना लागू होते ही बिहार की राजनीति एक बार फिर गरमाई। पिछड़ों के नेता वीरचंद पटेल पहली बार खुलकर मैदान में आये। वीरचंद पटेल नेता पद के चुनाव के लिए कमर कस कर तैयार हो गये। कांग्रेस की राजनीति के लिए यह पहला मौका था, जब पिछड़ी जाति का कोई नेता विधायक दल नेता की दौड़ में शामिल हुआ था। इधर के. बी. सहाय तो पहले से तैयार बैठे थे - अगड़ों के विभिन्न गुटों में जारी वर्चस्व की जातिगत होड़ में अपनी गोटी बिठाने में माहिर पुराने खिलाड़ी की तरह!

'उस वक्त मैथिल शक्ति और भूमिहार शक्ति ने वीरचंद पटेल का साथ दिया, लेकिन राजपूत शक्ति ने वीरचंद पटेल का साथ न देकर कृष्णवल्लभ सहाय का साथ दिया। उन दिनों राजपूत शक्ति के प्रतीक पुरुष सत्येंद्र नारायण सिंह थे और वीरचंद पटेल उनके पक्के आदमी थे। उन दिनों छोटे साहब का जुमला बहुत मशहूर हुआ था - अपना घर जला कर आया हूं।[35] यानी साफ था कि सत्येंद्र नारायण सिंह ने वीरू बाबू का साथ न देने को 'अपना घर' जलाने की संज्ञा दी।

सत्येंद्र नारायण सिंह का समर्थन नहीं मिलने के कारण वीरचंद पटेल को पराजित होना ही था। वे पराजित हुए लेकिन नेता पद की दावेदारी के लिए उनके खड़े होने का असर यह हुआ कि 20 सदस्यीय मंत्रिमंडल में पिछड़ी जाति के तीन सदस्य कैबिनेट और एक राज्य मंत्री बनाये गये। हार के बावजूद वीरचंद पटेल को मंत्रिमंडल में स्थान मिला! अब तक ऐसा नहीं हुआ था। बीरचंद पटेल सहित रामलखन सिंह यादव और श्रीमती सुमित्रा देवी को कैबिनेट मंत्री का पद मिला और सहदेव महतो राज्य मंत्री बनाये गये।

दूसरी बात यह हुई कि 'त्रिवेणी संघ' के जमाने से शुरू हुए सामाजिक संघर्ष ने

1963 में राजनीतिक आकार ग्रहण किया। 'कांग्रेस के अंदर आ रहे इन बदलावों का सीधा संबंध बाहर सामाजिक-आर्थिक-राजनीतिक क्षेत्र में आ रहे बदलावों से था। पिछड़ी जातियों के खुशहाल एवं मध्यम तबके के किसान विपक्षी सोशलिस्ट पार्टियों का आधार बन रहे थे। उन जातियों पर कांग्रेस का प्रभाव तो था, लेकिन उन्होंने कांग्रेस के साथ कभी अपनापन महसूस नहीं किया था! कांग्रेस से अलग होने के बाद सोशलिस्टों ने वैकल्पिक शक्ति खड़ा करने में उन्हीं समुदायों को अपना आधार बनाया। [36]

गैरकांग्रेसवाद की मोड़ पर पिछड़ावाद की अलग राह

1967 के चुनाव के समय कांग्रेस के अंदर चार गुट सक्रिय थे - कृष्णबल्लभ सहाय गुट, महामाया प्रसाद सिन्हा गुट, विनोदानंद झा गुट और रामगढ़ के राजा कामाख्या नारायण का गुट। विरोध में समाजवादी पार्टियां - संसोपा और प्रसोपा, भाकपा, माकपा और जनसंघ सक्रिय थीं। राजा रामगढ़ के साथ मिलकर महामाया प्रसाद सिन्हा ने जनक्रांति दल की स्थापना की।

1967-1969 भारी उथल-पुथल और तनाव का दौर था। बिहार पर अकाल की काली छाया थी और चुनाव के पहले की राजनीति कांग्रेस के खिलाफ केंद्रित हो रही थी। महंगाई बेतहाशा बढ़ गयी थी और ग्रामीण क्षेत्रों में तनाव व असंतोष बढ़ रहा था। 1965 से ही स्थितियों के खराब होने का संकेत मिलने लगा था। द्विज राजनीति की गुटबंदी में फंसे कांग्रेसी नेता गाफिल थे।

1967 में चौथा आम चुनाव हुआ, तो राजनीतिक परिणाम सामने आ गया। कांग्रेस को भारी धक्का लगा। आजादी के बाद पंद्रह साल तक एकछत्र राज करनेवाली कांग्रेस के विधायकों की संख्या घटकर 128 हो गयी और डा. लोहिया की पार्टी संसोपा को 68 तथा प्रसोपा को 18 सीटें मिलीं! जनसंघ ने भी पहली बार अपनी सीटों की संख्या तीन से बढ़ा कर 26 कर ली। भाकपा को 24 और माकपा को तीन सीटें मिलीं। अखिल भारतीय झारखंड पार्टी को नौ सीटें मिलीं।

जाति की धुरी पर नाचनेवाली सत्ता-राजनीति की दृष्टि से 1967 के चुनाव का सबसे उल्लेखनीय पहलू यह रहा कि पहचान की 'परिधि' के बजाय 'केंद्र' ही बदल गया - सत्ता-राजनीति को पहचानने का 'मुहावरा ही बदल गया!' लोहिया की पार्टी संसोपा की अलग पहचान बनी। बिहार में लोहिया की 'जाति नीति' की सफलता ने 'परिधि' पर बंटी-बिखरी पड़ी पिछड़ी जातियों को पिछड़ावाद के सूत्र में बांधकर उन्हें सत्ता-राजनीति का 'केंद्र' बना दिया। ऐसा केंद्र जिसे आज राष्ट्रीय स्तर पर बनती-बिगड़ती 'गठबंधन' सरकारों की सत्ता-राजनीति' के प्रस्थान बिंदु के रूप में पहचाना जा सकता है।

1967 में कर्पूरी ठाकुर, रामानंद तिवारी, बसावन सिंह आदि समाजवादी नेता गैरकांग्रेसवाद की जमीन पर पिछड़ावाद की राजनीति के बीहड़ रास्तों से सत्ता की मंजिल तक पहुंचानेवाले आकर्षक मील के पत्थर बने। ऐसे मील-पत्थर, जिन्होंने तमाम पिछड़े

समुदायों को साथ चलने को प्रेरित किया, साथ चलने के लिए विभिन्न पिछड़े समुदायों को आपसी विवाद व विरोध की बीच भी समझौता-समन्वय के लिए बाध्य किया। सो पहली बार बिहार विधानसभा में पिछड़ों की एकमुश्त संख्या 82 हो गयी। उनमें भी यादवों की संख्या सर्वाधिक 37 थी! उसी चुनाव के बाद, पहली बार पिछड़ी जाति का कोई सदस्य विधानसभा का अध्यक्ष बना। विधाानसभा में अध्यक्ष की ऊंची कुर्सी पर आसीन होनेवाले वह प्रथम 'पिछड़ा' थे - धनिकलाल मंडल।

यूं उस चुनाव में किसी पार्टी को स्पष्ट बहुमत नहीं मिला। कांग्रेस विरोधी गैरकांग्रेसी दलों में संसोपा ही ऐसी पार्टी थी, जिसके पास सबसे अधिक 68 विधायक थे। विधायकों की संख्या के हिसाब से सबसे बड़ी पार्टी होने के बावजूद कांग्रेस 'पटुआई' हुई थी और समाजवादियों की सक्रियता बढ़ गयी थी। उन्होंने बिहार में गैरकांग्रेसी सरकार बनाने की तैयारी की। उसके लिए 33 सूत्री कार्यक्रम का मसविदा तैयार हुआ और सरकार बनाने के लिए पांच पार्टियां सामने आयीं। ये पार्टिया थीं - संसोपा, प्रसोपा, जनसंघ, भारतीय क्रांति दल और भाकपा। तब बिहार में बनी पहली गैरकांग्रेसी संविद सरकार, जिसके नेता यानी मुख्यमंत्री बने महामाया प्रसाद सिन्हा और कर्पूरी ठाकुर को उप मुख्यमंत्री बनाया गया।

मंत्री बने दल-बदलू

	मंत्री	राज्यमंत्री	उपमंत्री	कुल
गैरकांग्रेसी सरकार में दल-बदलू	10	6	-	16
कांग्रेस या कां. समर्थित दल-बदलू	19	16	3	38
कुल दल - बदलू जोड़	29	22	3	54

(महामाया प्रसाद सिन्हा, बी. पी. मंडल और भोला पासवान शास्त्री की सरकारों में बने दल-बदलू मंत्री)

चुनाव परिणाम से यह साफ था कि बिहार में राजनीतिक नेतृत्व के लिए अगड़ा बनाम अगड़ा का संघर्ष पतन के उस कगार पर था, जिसे एक धक्का देने भर की जरूरत थी लेकिन पिछड़ावाद की उस राजनीतिक ताकत का प्रकटीकरण नहीं हुआ था जो बरसों से सत्ता पर काबिज अगड़ावाद को सिर्फ अपने बलबूते 'धकिया' देता। इसके लिए ऐसे उदार अगड़ों की बैशाखीनुमा मदद जरूरी थी जो पिछड़ावाद की राजनीति को एक तरफ अपने पैरों पर खड़े हो सकने की मोहलत और दूसरी तरफ उसके ताकतवर बनने के लिए उस 'पॉवर' टॉनिक का स्वाद चखने का मौका दें, जिसका पहला घूंट कड़वा लगता है लेकिन दूसरा-तीसरा घूंट नशा जैसा मजा देने लगता है। हां, इसके लिए गैरकांग्रेसवाद की रणनीति बनानेवाले लोहिया जैसे नेताओं को यह

एहसास हो चुका था कि कांग्रेस पावर का टॉनिक पीकर इस कदर नशे में है कि नशा खुद नाश का कारण बन जाता है। पिछड़ावाद को उस टॉनिक का स्वाद जरूरी था लेकिन नशे से बचना भी जरूरी था। पहली संविद सरकार में कांग्रेस से निकलकर जनक्रांति दल बनानेवाले महामाया प्रसाद सिन्हा के मुख्यमंत्री बनने और कर्पूरी ठाकुर के उपमुख्यमंत्री बनने को इसी परिप्रेक्ष्य में समझा जा सकता है।

महामाया मंत्रिमंडल में सोलह कैबिनेट मंत्री और 17 राज्य मंत्री बनाए गये। उनमें पिछड़ी जाति के 5 कैबिनेट और 5 राज्य मंत्री बनाये गये - कर्पूरी ठाकुर, रामदेव महतो, बिंदेश्वरी प्रसाद मंडल, भोला प्रसाद सिंह और प्रेमलता राय कैबिनेट तथा उपेन्द्र नाथ वर्मा, मोहन लाल गुप्ता, बी.पी. जवाहर, श्यामसुंदर और विष्णुधारी लाल राज्यमंत्री! ऐसा पहली बार हुआ था।

'महामाया सरकार, जिसे संयुक्त विधायक दल की सरकार कहा जाता है, को कुल 164 विधायकों का समर्थन प्राप्त था। बिहार में यह पहला गैरकांग्रेसी मंत्रिमंडल 5 मार्च 1967 को सत्तारूढ़ हुआ। डा. राममनोहर लोहिया तो कर्पूरी ठाकुर को ही मुख्यमंत्री बनाने के पक्ष में थे, लेकिन उच्च जाति के नेताओं का एक हिस्सा उसके खिलाफ था।[37]

बिहार की पहली गैरकांग्रेसी संविद सरकार मात्र दस माह ही चल पायी! सरकार में शामिल बिन्देश्वरी प्रसाद मंडल को लेकर संसोपा में विवाद था। डा. लोहिया चाहते थे कि श्री मंडल लोकसभा में ही रहें, बिहार सरकार में मंत्री पद छोड़ें, लेकिन श्री मंडल इसके लिए तैयार नहीं हुए! जब उनके कार्यकाल के छह माह में दस दिन शेष रह गये, तभी उन्होंने संसोपा तथा अन्य पार्टियों के असंतुष्ट विधायकों को फोड़ लिया! उनके इस अभियान में जगदेव प्रसाद ने साथ दिया। जगदेव प्रसाद को इस बात का क्षोभ था कि उन्हें मंत्री नहीं बनाया गया और उनसे 'दब' उपेंद्रनाथ वर्मा को मंत्री बनाया गया!

25 अगस्त को शोषित दल की स्थापना हुई और बी. पी.मंडल ने 26 अगस्त को महामाया मंत्रिमंडल से इस्तीफा दे दिया। वह विधान सभा और विधान परिषद, किसी के सदस्य नहीं थे, लेकिन मंत्री बने थे। शोषित दल की स्थापना और उसके तुरंत बाद उनके इस्तीफे से संविद सरकार अस्थिर हो गयी। तो कांग्रेस ने भी एक पार्टी वर्चस्व की नीति त्याग कर संविद सरकार के स्थान पर 'संयुक्त सरकार' बनाने के लिए 'गोटी फिट' करना शुरू कर दिया। लेकिन दीगर बात यह भी थी कि संविद सरकार ने पिछले कांग्रेस शासन के दौरान हुए भ्रष्टाचार की जांच कराने का फैसला किया था। उसने अय्यर कमिशन भी बहाल कर दिया था। कांग्रेस की बेचैनी का यह भी एक प्रमुख कारण था।

बिहार की राजनीति में यही वह दौर था, जब दल बदल का खेल शुरू हुआ। शोषित दल का गठन होते ही बी.पी. मंडल ने दावा किया कि उनके साथ 25 विधायक हैं। उनका दावा था कि इन सदस्यों में 18 संसोपा, 4 जनक्रांति दल, 2 जनसंघ और एक प्रसोपा का सदस्य है। लेकिन वास्तव में संयुक्त सोशलिस्ट पार्टी छोड़ने वाले विधायकों की संख्या दस थी, जिसमें चार यादव, 3 कोईरी, 1 अनुसूचित जाति, 1 मुसलमान और एक ऊंची जाति का विधायक था।[38]

बहरहाल, 1967-77 के दौर ने बिहार की राजनीति में भयानक उथल-पुथल मचा दिया। उसी दौर में राजनीति में 'दलबदल' का नया ट्रेंड स्थापित हुआ। 1967-69 के बीच मात्र दो वर्षो के दौरान छह सरकारें बनीं और उनका विघटन हुआ! महामाया प्रसाद सिन्हा की सरकार के पतन के बाद 28 जनवरी, 1968 को सतीश प्रसाद सिंह की सरकार बनी। पांच दिन की यह सरकार बी.पी. मंडल के मुख्यमंत्री बनने की राह खोलने के लिए थी। जब बी. पी. मंडल विधान परिषद के सदस्य बने तो, शोषित दल की 'असली सरकार' उनके नेतृत्व में 1 फरवरी 1968 को बनी। बी.पी. मंडल के 36 सदस्यीय मंत्रिमंडल में मुख्यमंत्री सहित लगभग आधे लोग पिछड़ी जाति के थे।

हालांकि इस सरकार का पतन भी जल्दी हो गया। कांग्रेस की ओर से संयुक्त सरकार बनाने के लिए गोटी बिछाने ने रंग दिखाया। कांगेस ने 22 फरवरी, 1968 को 'दलित' नेता भोला पासवान शास्त्री को मुख्यमंत्री बनाकर बिहार की सत्ता पर पुनः कब्जा करने की कोशिश की। शास्त्री बिहार के पहले दलित मुख्यमंत्री बने, जो अपनी सरकार को महज 95 दिनों तक चला सके। 29 जून 1968 को बिहार में राष्ट्रपति शासन लागू हो गया। बिहार में पहली बार लागू राष्ट्रपति शासन के दौरान ही मध्यावधि चुनाव हुआ।

लेकिन 1969 के चुनाव में भी किसी एक दल को बहुमत नहीं मिला। कांग्रेस की स्थिति सुधरने के बजाय कुछ और बिगड़ी। उसकी सीटों की संख्या 128 से घट कर 118 हो गयी। हालांकि 26 फरवरी,69 को कांग्रेस के नेता हरिहर प्रसाद सिंह के नेतृत्व में सरकार बनी। लेकिन 'राजा रामगढ़' को मंत्रिमंडल में शामिल करने के सवाल पर कांग्रेस में शुरू में ही तीखा विवाद उठ गया। दारोगा प्रसाद राय इसके मुखर विरोधी थे। वह मंत्रिमंडल में शामिल नहीं हुए। उसी दौर में कांग्रेस का विभाजन हुआ। कांग्रेस के दिग्गज नेता - सत्येंद्र नारायण सिंह, के.बी. सहाय और महेश प्रसाद सिंह अपने पुराने मतभेदों को भूल कर संगठन कांग्रेस के साथ हो लिये। 'अधिकांश भूमिहार नेता संगठन कांग्रेस के पक्ष में चले गये.... । सत्येंद्र नारायण सिन्हा के साथ रामसुभग सिंह भी संगठन कांग्रेस में चले गये। संगठन कांग्रेस के झंडे के नीचे इन गुटों ने कंधे-से-कंधा मिला लिया!' [39]

जल्दी ही हरिहर सिंह सरकार का पतन हो गया। उसके बाद भोला पासवान शास्त्री (22 जून 1969), दारोगा प्रसाद राय (16 फरवरी 1970), कर्पूरी ठाकुर (22 दिसम्बर 1970) और फिर भोला पासवान शास्त्री की सरकार (जून 1971) बनी। ये सरकारें भी नहीं चल सकीं। सरकारें बदलती रहीं और पुनः चुनाव का माहौल बनने लगा। इसी बीच मार्च 1971 में लोकसभा का चुनाव हुआ और इंदिरा कांग्रेस को 39 सीटें मिलीं। नयी कांग्रेस के टिकट पर छह यादव खड़े हुए और सभी जीत गये।

लोकसभा चुनाव के बाद 1972 में विधानसभा का चुनाव हुआ। केदार पांडेय ने 19 मार्च 1972 को सत्ता की बागडोर संभाली। केदार पांडेय को आलाकमान के निर्देश पर मुख्यमंत्री बनाया गया। कांग्रेस में अंदर-ही-अंदर गुटबंदी थी। केदार पांडेय सात मंत्रियों को

हटाना चाहते थे, लेकिन उन्होंने इस्तीफा नहीं दिया तो केदार पांडेय ने मंत्रिमंडल को भंग कर दिया और 28 अप्रैल 1973 को पुनः मंत्रिमंडल का गठन किया। दिलचस्प यह कि शपथग्रहण के दिन 'नाटक' हुआ। अनेक विधायक मंत्री बनने के लिए तैयार नहीं थे। मानमनौव्वल के बाद विधायक मंत्री बनने को राजी हुए। लेकिन गुटबंदी का आलम यह था कि जून महीने में 24 मंत्रियों ने केदार पांडेय के प्रति अपना अविश्वास जताया। ऐसे में 'दिल्ली' को श्री पांडेय को हटाना पड़ा और 2 जुलाई 1973 को अब्दुल गफूर को मुख्यमंत्री बनाया गया। श्री गफूर राज्य के पहले अल्पसंख्यक मुख्यमंत्री थे।

लोकसभा 1952–2004

जाति	1952	1957	1962	1967	1971	1977	1980	1984	1989	1991	1996	1998	1999	2004
यादव	1	2	6	7	9	8	5	8	10	13	13	8	8	12
कुर्मी	3	2	2	1	2	1	1	–	3	5	2	3	3	1
कोइरी	1	–	–	–	1	3	4	1	4	4	3	5	4	1
बनिया	1	1	3	4	3	1	1	2	–	1	2	3	1	1
कहार	–	–	–	1	–	1	–	–	–	–	–	–	–	–
नाई	–	–	–	–	–	1	–	–	–	–	–	–	–	–
धानुक	–	–	–	–	–	1	1	–	–	1	–	1	2	–
नोनिया	–	–	–	–	–	–	–	1	1	–	–	–	–	–
मल्लाह	–	–	–	–	–	–	–	–	–	–	1	–	–	–
विश्वकर्मा	–	–	–	–	–	–	–	–	–	–	1	–	–	–
निषाद	–	–	–	–	–	–	–	–	–	–	–	1	1	–
जोड़	6	5	11	13	15	16	12	12	18	24	24	24	19	15
भूमिहार	8	7	8	5	7	4	5	5	3	4	2	2	6	4
ब्राह्मण	6	4	6	9	10	6	7	8	4	1	4	3	4	2
राजपूत	12	13	10	7	4	8	10	9	8	4	6	6	6	7
कायस्थ	4	4	–	2	–	3	–	1	3	1	1	2	2	–
जोड़	30	28	24	24	21	21	22	23	18	10	13	13	18	13
हरिजन	7	7	8	7	7	8	8	8	8	8	8	8	8	7
आदिवासी	6	7	5	5	5	5	5	5	5	5	5	5	5	–
मुसलमान	3	3	2	2	3	2	5	6	3	6	4	6	3	4
ईसाई	–	–	–	–	–	1	1	–	1	1	1	1	1	1
बंगाली	3	3	3	2	2	1	1	–	1	–	–	–	–	–
कुल जोड़	55	53	53	53	53	54	54	54	54	54	54	54	54	40

विधानसभा 1967-2000 में शूद्र और सवर्ण

जाति	1967	1969	1972	1977	1980	1985	1990	1995	2000
यादव	37	47	35	51	46	47	63	86	64
कुर्मी	14	12	20	21	20	12	12	13	12
कोइरी	13	13	8	6	12	18	18	27	22
बनिया	13	16	8	10	13	9	18	18	12
जोड़ (क)	77	88	71	88	91	86	111	144	110
निम्न शूद्र									
कहार	1	–	1	–	–	–	1	3	1
धानुक	2	–	1	–	–	–	–	1	2
ततमा	1	–	–	–	–	–	–	–	1
नाई	1	1	1	1	1	1	–	1	1
मल्लाह	–	2	1	–	2	2	2	1	4
भांट	–	–	1	–	–	–	–	–	–
खरवार	–	1	1	1	–	–	1	1	–
नोनिया	–	–	–	1	2	–	1	2	1
बढ़ई	–	–	–	1	–	–	–	–	–
गंगोता	–	–	–	–	–	–	1	2	1
केवट	–	–	–	–	–	–	–	4	–
रजवार	–	–	–	–	–	–	–	1	–
पनेरी	–	1	–	–	–	–	–	–	–
जोड़ (ख)	5	5	6	4	5	3	6	16	11
जोड़ (क+ख)	82	93	77	92	96	89	117	160	121
ब्राह्मण	32	28	39	20	37	30	27	9	8
भूमिहार	36	36	44	40	39	38	34	18	19
राजपूत	54	50	48	55	38	46	41	22	26
कायस्थ	11	8	5	9	6	4	3	7	3
जोड़ (ग)	133	122	136	124	120	118	105	56	56

बिहार में 1967-72 के बीच राजनीतिक अस्थिरता का दौर रहा। 1967 में संयुक्त सोशलिस्ट पार्टी को सरकार के पतन के बाद 72 के विधानसभा चुनावों तक नौ सरकारें बनीं! सोशलिस्ट पार्टी के टूट से बनी बी.पी. मंडल की पहली पिछड़ी जातियों की सरकार इसी दौर में बनी! महामाया प्रसाद सिन्हा, सतीश प्रसाद सिंह, बी.पी. मंडल, भोला पासवान शास्त्री, दारोगा प्रसाद राय, कर्पूरी ठाकुर तथा पुनः भोला पासवान शास्त्री की

सरकारे बनीं! नौ सरकारों में पांच और नौ दिन चलने वाली सरकारें भी शामिल हैं। भोला पासवान शास्त्री तीन बार मुख्यमंत्री बने!

उथल-पुथल के इस दौर में सामाजिक परिवर्तन के संकेत मिलने शुरू हो गये थे। यह संकेत राजनीति और समाज में पिछड़ा उभार के रूप में चिन्हित हुआ। कांग्रेस राजनीतिक व सामाजिक स्तर पर कमजोर हुई। सत्ता पर कब्जा करने और कायम रखने के लिए उसका ब्राह्मण-दलित-मुसलमान के त्रिकोण में सुरक्षित 'वोट बैंक' का दिवाला पिटने लगा था। स्वतंत्रता आंदोलन में अर्जित 'पुण्य' की उसकी 'माया' चुक रही थी। उसके समानांतर सामाजवादी शक्तियों का राजनीतिक विकास और विस्तार हो रहा था। संगठन कांग्रेस, लोकतांतिक कांग्रेस जैसे संगठन अस्तित्व में आ गये थे, जो कांग्रेस के खंडित चरित्र के प्रमाण जैसे थे। कांग्रेस में एक तरफ ब्राह्मण, भूमिहार और राजपूत लॉबियों की आपसी प्रतिद्वंद्विता बढ़ गयी थी और दूसरी तरफ उसके पिछड़े आधारों का क्षरण हो रहा था।

नक्सल आंदोलन : दलित-पिछड़े बने संघर्ष के नायक

राजनीतिक अस्थिरता व पिछड़ा उभार के इस दौर में बिहार में नक्सली उभार की धमक सुनाई पड़ने लगी। नक्सली आंदोलन ने बिहार के दबे और सताये हुए समुदायों को आकर्षित किया। आंदोलन के पहले चरण में मुसहरी, सूर्यगढ़ा, संथालपरगना में नक्सलवादी सक्रिय हुए!

नक्सली आंदोलन के पहले दौर में 10 सितम्बर 1967 को शाहाबाद के पीरो थाना के नारायणपुर गांव में नक्सलवादियों की पहली बैठक हुई, जिसमें सत्यनारायण सिंह के अतिरिक्त तूफान चंद्र जोश, उमाधर सिंह, चंद्रमणि शर्मा, शिवशंकर पहाड़ी, श्रीमन्नारायण झा, सरदार गुरूबख्श सिंह, जितेंद्र शर्मा व बी.के. आजाद शामिल हुए। इस बैठक में कलकत्ता से भाग लेने के लिए सुशील राय चौधरी भी आये थे। [40]

शाहाबाद में आयोजित इस बैठक के दो वर्षों बाद 1969 को चारु मजुमदार ने बिहार के शाहाबाद जिले के गांवों का दौरा किया। उसके बाद पार्टी का राज्य सम्मेलन 27-28 फरवरी 1970 को कुदरा के नाथूपुर (अब रोहतास जिला में) में सम्पन्न हुआ। इस सम्मेलन में चारु मजुमदार शामिल हुए। सम्मेलन में सात सदस्यीय राज्य समिति का पुनर्गठन किया गया। चारु मजुमदार ने 'वर्ग दुश्मन के सफाये' के लिए भूमिहीन मजदूरों को गुरिल्ला दस्तों के रूप में संगठित करने की रणनीति पर बल दिया। [41]

1967 के बाद के तीन-चार वर्षो तक भारत की कम्युनिस्ट पार्टी (मार्क्सवादी-लेनिनवादी) ने पूर्णिया, दरभंगा, भागलपुर, मुंगेर तथा दक्षिण बिहार के हजारीबाग, पलामू आदि जिलों में काम-काज फैलाने की कोशिश की, लेकिन उसे कोई उल्लेखनीय सफलता नहीं मिली! [42]

लेकिन नक्सलवादियों के बिहार में पांव पसारने की आहट ने तत्कालीन कांग्रेसी सत्ताधीशों के कान खड़े कर दिये थे। तत्कालीन मुख्यमंत्री दारोगा प्रसाद राय ने स्वीकार किया कि उत्तर बिहार में नक्सलवादी गतिविधियां बढ़ती जा रही हैं। कानू सन्याल के समर्थकों ने मुसहरी प्रखंड को अपना अड्डा बनाया किन्तु जयप्रकाश नारायण के प्रयत्नों के कारण वे उखड़ गये। 'मुख्यमंत्री ने कहा कि पिछले पंद्रह दिनों में नक्सलवादियों द्वारा चार हत्याएं की गयी, जबकि जनवरी 1970 से अगस्त 1970 तक 30 हत्याएं हुईं। नक्सलवादी गतिविधियों के कारण मुंगेर, मुजफ्फरपुर, दरभंगा, सिंहभूम, चम्पारण, जमशेदपुर, पटना, रांची, गया, सहरसा, हजारीबाग में 945 व्यक्ति गिरफ्तार किये गये। [43]

1971 आते-आते सोन अंचल में नक्सली बयार का असर दिखाई पड़ने लगा। स्थानीय स्तर पर उत्पीड़ित समुदायों से सैकड़ों लोग खड़े हो गये। जगदीश प्रसाद (मास्टर साहब), बूटन राम, रामनरेश राम, रामेश्वर अहीर, नारायण कवि, गणेशी राम, विरदा मांझी सहित अनेकों अनाम दलित-पिछड़े कार्यकर्ता जमीनी संघर्ष के लिए स्थानीय नेतृत्व की कतार में आ गये। दिलचस्प बात यह है कि सत्यनारायण सिंह शाहाबाद के ही रहने वाले थे - धमार गांव के। लेकिन उनके रहते पार्टी में कार्यकर्ताओं की फौज नहीं पैदा हो सकी। उनके किनारे होते ही स्थानीय दलित-पिछड़ा नेतृत्व उभरा तो भोजपुर और सोनपट्टी में नयी आंधी आ गयी।

चालीस के दशक में त्रिवेणी संघ का गढ़ और साठ के दशक का समाजवादियों का केंद्र - शाहाबाद - सत्तर के दशक में नक्सलवाद के केंद्र में तब्दील हो गया। स्थानीय स्तर का दलित नेतृत्व सहार थाना के एकवारी गांव से उभरा और भोजपुर की धरती पर अपनी पहचान बना गया। भोजपुर में नक्सली उभार के पहले जगदीश मास्टर साहब ने 'हरिजनिस्तान' की मांग लेकर जिला मुख्यालय आरा में 14 अप्रैल, 70 को अम्बेडकर दिवस के अवसर पर जुलूस निकाला। वस्तुतः मास्टर साहब और राम नरेश राम 'पार्टी' को ढूंढ़ने कलकत्ता गये थे। तभी भोजपुर में भाकपा (मार्क्सवादी-लेनिनवादी) की स्थापना हुई! मास्टर साहब पार्टी की स्थापना से मात्र दस माह ही जिंदा रह सके। बिहिया बाजार में वह मारे गये। (मास्टर साहब का जन्म 10-12-35 को हुआ था और मृत्यु हुई 10-12-72 को। जिस दिन और महीने में जन्म, उसी दिन-महीने में मृत्यु!) [44]

1971 के बाद बहुत ही अल्प समय में भोजपुर के सहार, संदेश, पीरो, जगदीशपुर, गड़हनी के गांव सुगबुगाने लगे। गांवों में जमीन दखल, सामाजिक अत्याचार के खिलाफ दलित- पिछड़े गोलबंद होने लगे। भूस्वामियों पर हमले की शुरुआत हुई। दुसाध, मुसहर, चमार, ग्वाला कोइरी जैसी जातियों ने संघर्ष की कमान थामी। दलितों-हरिजनों के 'दखिनवारी' टोले राजनीति के केंद्र बन गये।

भोजपुर नक्सलवादी आंदोलन के प्रथम चरण में 23 जनवरी, 1971 को सहार

के एकवारी में हत्या हुई। उस दिन शिवपूजन सिंह (भूमिहार) की लाश सोन के किनारे मिली। वह जमींदारों का लठैत था। हत्या के इस मामले में जगदीश महतो, रामेश्वर अहीर, सिंहासन चमार, भिखरी कहार तथा महाराज महतो अभियुक्त बनाये गये। जगदीश मास्टर व रामेश्वर महतो भूमिगत हो गये। 30 मार्च, 71 को एकवारी के ही जगदीश सिंह मारे गये, 16 जून 71 को दुधेश्वर सिंह पर हमला हुआ लेकिन वह बच गये। इसके पूर्व एकवारी स्कूल में आग लगा दी गयी। नक्सलवादियों ने गड़हनी डाकबंगले पर हमला बोल कर तीन रायफलें होमगार्ड के जवानों से लूट ली। 1975 तक एकवारी, आयर बड़गांव, चवरी, बकही, चिल्हौस, सोना टोला, बाबू बांध , बोरपा, वेरन, ऐयार-छपरा, दुल्लमचक बकरा, फुलाड़ी, संदेश, पोखहा जैसे गांव संघर्ष की आंच में तपने लगे। उन गांवों में अनजाने-अनचिन्हे नायक पैदा हुए, जो दलित-पिछड़े समुदायों से आये थे। पुलिस रिकार्ड में ऐसे लोगों की सूची लंबी होने लगी। गांवों में पुलिस कैंप बिठाया जाने लगा - अर्द्धसैनिक बल का गश्त शुरू हो गया। जमींदारों के घर व सार्वजनिक स्कूल पुलिस छावनियों में बदल गये। बहुआरा में नक्सलवादियों और जाट रेजिमेंट व सी.आर.पी. के बीच तीन दिनों की लड़ाई में कई जवानों की मौत हुई! [४५]

पुलिस से लड़ाई के साथ फर्जी मुठभेड़ों का सिलसिला भी शुरू हुआ। उसमें मारे जानेवाले अधिसंख्य नेता-कार्यकर्ता दलित-पिछड़े समुदायों के होते थे। उससे यह स्पष्ट हो गया कि अब तक जो दलित-पिछड़े सताये जा रहे थे, वे सशस्त्र प्रतिकार के लिए उठ खड़े हुए। भोजपुर जिला प्रशासन द्वारा तैयार किये गये चालीस 'हार्डकोर' नक्सलवादियों की सूची में 10 दुसाध, 7 चमार, 7 यादव, 1 तेली, 1 गड़ेरी, 2 मुसहर, तथा 11 अन्य हरिजन शामिल थे। आंदोलन के प्रारंभिक चरण में हिंसा, हमला और मुठभेड़ की बारह घटनाओं में प्रशासन द्वारा बनाये गये अभियुक्तों में 15 चमार, 10 दुसाध, 9 मुसहर, 13 कोइरी, 12 अहीर, 1 कहार, 1 मुस्लिम, 2 कुर्मी, व अन्य पांच शामिल थे। [४६]

और, उसी दौरान भोजपुर के ग्रामीण अंचलों में 'वोट-कोर्ट मुर्दाबाद' का नारा गूंज उठा। दूसरी तरफ 1971-72 में लोकसभा व विधानसभा का चुनाव हुआ। बंगला देश युद्ध के नाम पर कांग्रेस ने यह चुनाव जीता और बिहार में भी कांग्रेस की 'स्थायी' सरकार बनी! केदार पांडेय मुख्यमंत्री बने। लेकिन पार्टी नेतृत्व में वर्चस्व की लड़ाई थमी नहीं। समाधान के लिए पुनः पुराना फार्मूला दोहराया गया - ब्राह्मण की जगह मुसलमान को मुख्यमंत्री पद पर बिठाया गया। अब्दुल गफूर को राज्य की बागडोर सौंपी गयी। बिहार में सामाजिक राजनीति में शुरू विस्फोटक प्रक्रिया को 'लॉ एंड आर्डर' की समस्या मानते हुए कांग्रेस सरकार ने अपनी सत्ता-राजनीति को सामाजिक समीकरणों की उन्हीं पटरियों पर चलाना शुरू किया, जो घिस चुकी थीं।

बिहार आंदोलन : नेतृत्व में पिछड़ी जातियों की नयी पीढ़ी

इसलिए दो साल बीतते-बीतते केंद्र की सत्ता पर विराजमान इंदिरा गांधी के इशारे पर उठने-बैठने वाली बिहार कांग्रेस की स्थाई सरकार को 1974 में ऐतिहासिक 'छात्र आंदोलन' का सामना करना पड़ा। आंदोलन के दबाव के कारण अब्दुल गफूर को हटाया गया और उनके स्थान पर 11 जून 1974 को डा. जगन्नाथ मिश्र को प्रदेश का मुख्यमंत्री बनाया गया। लेकिन साल पूरा होते-होते पूरे देश का माहौल गरमा गया। गुजरात में छात्रों के नवनिर्माण आंदोलन के कारण कांग्रेस की चिमनभाई पटेल की 'भ्रष्ट सरकार' को जाना पड़ा। बिहार में 'गुजरात की जीत हमारी है, अब बिहार की बारी है' का नारा गूंजने लगा। आंदोलन के तहत जहां एक तरफ विपक्ष के विधायकों के इस्तीफे का कार्यक्रम चला, वहीं कांग्रेसी सरकार व शासन के खिलाफ धरना-प्रदर्शन के कार्यक्रमों से छात्र आंदोलन के जन आंदोलन में तब्दील होने की भूमिका बनने लगी। इसी दौर में जेपी ने इंदिरा की 'चुनाव की चुनौती' स्वीकार कर कांग्रेसी कुशासन से मुक्ति को आंदोलन के प्रथम राजनीतिक लक्ष्य के रूप में रेखांकित कर दिया। देश भर में पस्त पड़ी विपक्षी पार्टियों को बिहार आंदोलन के सहारे केंद्र की सत्ता पर निशाना साध सकने की संभावनाएं नजर आने लगीं। जेपी के नेतृत्व में 'संपूर्ण क्रांति' की घोषणा से सिर्फ बिहार और अन्य राज्यों की 'कठपुतली' कांग्रेसी सरकारों के खिलाफ नहीं बल्कि उन कठपुतलियों को नचानेवाली और 1971 के चुनाव में सिरतोड़ बहुमत पाकर केंद्र की सत्ता पर काबिज श्रीमती इंदिरा गांधी के नेतृत्व के खिलाफ आवाज बुलंद होने लगी। इसी बीच 1975 में इलाहाबाद हाइकोर्ट में श्रीमती इंदिरा गांधी के खिलाफ समाजवादी नेता राजनारायण के 'चुनाव में भ्रष्टाचार' से संबंधित केस ने आंदोलन की आग में घी का काम किया। 25 जून, 1975 को श्रीमती इंदिरा गांधी ने पूरे देश में इमरजेंसी की घोषणा कर दी।

महंगाई और भ्रष्टाचार आंदोलन का मुख्य मुद्दा था! चौहत्तर के बिहार आंदोलन ने राज्य में जारी सामाजिक आंदोलन की नक्सली प्रक्रिया को ढंक दिया, हालांकि आंदोलन ने व्यापक रूप से मध्यवर्ती जातियों के छात्र-युवाओं को राजनीतिक आंदोलन में उतार दिया। छात्र आंदोलन में कोई सामाजिक मुद्दा नहीं था। पिछड़ों के सशक्तीकरण का मुद्दा भी नहीं था। लेकिन मध्यवर्ती जातियां इसमें शिरकत कर रही थीं। छात्र आंदोलन के शुरुआती दौर में ही जे.पी भोजपुर गये। वहां उन्होंने नक्सलवादियों के आंदोलन को हिंसा-अहिंसा के दायरे से परे सामाजिक-राजनीतिक बदलाव के लिए बेचैन समाज की अभिव्यक्ति करार देते हुए नक्सलवादियों से 'शांतिपूर्ण' बिहार आंदोलन के लिए 'एक साल' का समय मांगा।

वस्तुतः हुआ यह कि सामाजिक प्रश्नों पर केंद्रित न होने के बावजूद इस आंदोलन ने समाज के अंदर शक्ति संतुलन में हो रहे बदलाव की प्रक्रिया को गति प्रदान की....। आंदोलन के दौरान पिछड़ी जातियों के बीच से नेतृत्व की स्वातंत्र्योत्तर पीढ़ी सामने आयी,

जिसने कालांतर में पुरानी पीढ़ी के नेताओं को धकेल कर पीछे कर दिया। 'इंडिया इज इंदिरा-इंदिरा इज इंडिया' में केंद्रित सवर्ण कांग्रेसी नेतृत्व न समाज में राजनीतिक शक्ति संतुलन में हो रहे इस बदलाव को पहचान पा रहा था और न नेतृत्व के लिए बेचैन नयी पीढ़ी की ताकत को। इंदिरा जी के पुत्र संजय गांधी के समक्ष नतमस्तक होकर तो उसने यह भी जाहिर कर दिया कि वह चुनौती भरे माहौल को पहचानने में कितना असमर्थ है!

1977 में इमर्जेन्सी हटी और चुनाव की घोषणा हुई तो 'लोकतंत्र बनाम तानाशाही' चुनाव का मुख्य मुद्दा बन गया।

चुनावी इतिहास में कांग्रेस को सबसे जबर्दस्त धक्का लगा बिहार में । 1977 के विधानसभा चुनाव में उसे मात्र 57 सीटें और 23.53 प्रतिशत वोट मिले। लोकसभा की 54 सीटों पर उसका कोई उम्मीदवार नहीं जीत सका। जनता पार्टी को 53 सीटें मिली और 64. 88 मत मिले। 1977 विधानसभा चुनावों का दिलचस्प पहलू यह रहा कि कांग्रेस के टिकट पर चुनाव जीतनेवालों में सबसे अधिक संख्या यादवों की थी। 10 यादव कांग्रेस के टिकट पर विजयी हुए। 57 विधायकों में 6 भूमिहार, 9 ब्राहमण, 7 राजपूत, 2 कुर्मी, 4 कोइरी तथा अन्य शामिल थे।

पिछड़ों के आरक्षण की पहली कीमत

1977 के चुनाव में कांग्रेस का बिहार से सफाया हो गया। इसके उलट जनता पार्टी को 214 सीटें मिलीं। 22 जून 1977 को कर्पूरी ठाकुर मुख्यमंत्री बने। कर्पूरी ठाकुर मंत्रिमंडल ने 9 मार्च 1978 को अपनी बैठक में 1 अप्रैल से राज्य में पिछड़ी जातियों के लिए नौकरियों में आरक्षण लागू करने का फैसला किया। इस निर्णय के तहत अन्य पिछड़ी जातियों को 8 प्रतिशत, अति पिछड़ी जातियों को 12 प्रतिशत, महिलाओं को 3 प्रतिशत तथा आर्थिक रूप से पिछड़े सवर्णों को 3 प्रतिशत आरक्षण दिया जाना था।

दरअसल 1970 में ही दारोगा राय की सरकार ने मुंगेरी लाल की अध्यक्षता में पिछड़ा वर्ग आयोग का गठन किया था, लेकिन उसकी अनुशंसाओं पर कांग्रेस पार्टी का द्विज नेतृत्व बैठा रहा। 1977 में सत्ता हाथ में आते ही कर्पूरी ठाकुर ने पिछड़ों के लिए आरक्षण की घोषणा कर दी। फिर क्या था! सरकार और पार्टी के अंदर और बाहर बरसों से दबे 'बैकवर्ड बनाम फॉरवर्ड' के बीज फूट पड़े। देखते-देखते बिहार में सदियों से जारी लेकिन अघोषित द्विज आरक्षण के समर्थक और कर्पूरी फार्मूला के तहत घोषित पिछड़ा आरक्षण के बीच जमकर संघर्ष छिड़ गया। आरक्षण के समर्थन और विरोध में गोलबंदी शुरू हुई। प्रदर्शन-जुलूस की बाढ़ आयी। पुलिस की लाठियां चलीं। जोर आजमाइश का सिलसिला शुरू हुआ। बसें जलने लगीं! जनता पार्टी के अंदर भी आरक्षण के समर्थन और विरोध की धाराएं टकराने की मुद्रा में आमने-सामने थीं। भाजपा व सिंडिकेट से आये नेताओं का एक हिस्सा तो आरक्षण के सख्त खिलाफ था। 'उनके (कर्पूरी ठाकुर) मुख्यमंत्रित्वकाल

में पिछड़ी जातियों को सम्मानजनक स्तर पर लाने के लिए जो विशेष अवसर या आरक्षण की सुविधा दी गयी, इसके कारण अधिकांश द्विज नाराज हो उठे। रामानन्द तिवारी और बसावन सिंह जैसे समाजवादी नेता भी हरिजन को आगे रखकर द्विज सरकार चलाना चाहते हैं। या यों कहा जाये कि कुछ अपवादों को छोड़कर समाजवादी गुट अब वर्तमान सत्ता संघर्ष में संसोपाई और प्रसोपाई में बंट गया है।' [47]

'आरक्षण की लड़ाई राजधानी से गांवों तक पहुंच गयी। ग्रामीण क्षेत्रों में तनाव पैदा हो गया। राज्य के अनेक गांवों में पिछड़ी जातियों और ऊंची जातियों की अलग-अलग होलियां गायी गयीं। ऊंची जातियों के लोगों ने उसके लिए कर्पूरी ठाकुर को कभी माफ नहीं किया और उन्हें उसकी भारी कीमत भी चुकानी पड़ी। [48]

कर्पूरी की सरकार 'पिछड़ों की सरकार' थी। उन्हें पार्टी के अंदर भूमिहार जाति का समर्थन प्राप्त था। पार्टी में गुटबंदी की वजह से कर्पूरी ठाकुर ने राजपूत लॉबी के काट में भूमिहार जाति के नेताओं को मिला कर रखा था। कर्पूरी ठाकुर ने 10 नवम्बर 1978 को पिछड़ों को नौकरियों में आरक्षण देने का फैसला किया। आरक्षण की अधिसूचना के साथ ही राज्य में तनाव पैदा हुआ। 'सवर्ण विधायकों का साथ' नहीं मिलने के कारण कर्पूरी ठाकुर विश्वासमत नहीं हासिल कर सके। 20 महीने में ही उन्हें इस्तीफा देना पड़ा, लेकिन वह बिहार की राजनीति में पिछड़ों के ऐसे नेता के रूप में स्थापित हो गये, जिन्होंने अगड़ों की बैसाखी पर पिछड़ों का राज चलाने की शर्त ठुकरा दी। कर्पूरी ठाकुर के हटने के बाद 30 अप्रैल 1979 को रामसुन्दर दास की सरकार बनी। उन्हें 'छोटे साहब' का समर्थन मिला। इसे 'अगड़ा लॉबी' की 'कठपुतली' सरकार माना गया। रामसुन्दर दास की सरकार दस माह चली। यह सरकार हरिजन सरकार जरूर थी, लेकिन कंधा दास का था, पर 'ट्रिगर' सवर्ण नेताओं के हाथ में था। 'कर्पूरी ठाकुर सरकार में 23 कैबिनेट मंत्री थे, जिसमें पिछड़ी समुदायों के नौ मंत्री थे- यादव तीन, कोईरी एक, बनिया दो। मुख्यमंत्री को मिलाकर पिछड़ों की संख्या दस थी। मंत्रिमंडल का 38 प्रतिशत हिस्सा पिछड़े समुदायों से बना था। कर्पूरी मंत्रिमंडल में ऊंची जाति के कैबिनेट मंत्रियों की संख्या सात थी- दो भूमिहार, एक ब्राह्मण, दो राजपूत तथा दो कायस्थ थे। अर्थात 29 प्रतिशत। रामसुन्दर दास ने कैबिनेट में उच्च जातियों के मंत्रियों की संख्या को 29 प्रतिशत से 50 प्रतिशत कर दिया और पिछड़े समुदायों के मंत्रियों के 38 प्रतिशत प्रतिनिधित्व को उलट कर 20 प्रतिशत कर दिया। रामसुन्दर दास मंत्रिमंडल में उन्नीस कैबिनेट मंत्री थे और मुख्यमंत्री सहित 20 । इस मंत्रिमंडल में दो भूमिहार, चार राजपूत, एक ब्राह्मण, व तीन कायस्थ थे। अर्थात पचास प्रतिशत कैबिनेट मंत्रियों के सदस्य ऊंची जाति के थे। शेष पचास प्रतिशत में तीन यादव, एक बंगाली, दो मुसलमान, एक बनिया, एक आदिवासी तथा दो हरिजन (मुख्यमंत्री समेत) थे।)

1977 में तमाम गैरकांग्रेसी विपक्षी दलों का 'जनता पार्टी' के नाम से हुआ जमघट बिहार सहित केंद्र की सत्ता पर काबिज हुआ लेकिन 1979 आते-आते बिखर गया। पिछड़ों को आरक्षण के फैसले से 'अस्थिर' सरकार से यह संकेत स्पष्ट होने लगा कि 1977 सत्ता

पर वर्चस्व की परंपरागत दृष्टि और रणनीति दोनों में परिवर्तन का नया मोड़ है। पिछड़ी जातियों ने जहां सत्ता पर उच्चजातियों के परंपरागत वर्चस्व को संख्याबल के आधार पर तोड़ना शुरू किया, वहीं अपने नेतृत्व के लिए उच्चजातियों के उस सहारे को चुनौती देने की रणनीति अपनायी। कमजोर पांवों को गतिशील और सक्रिय रखने के लिए बैसाखी का सहारा लिया लेकिन अपने पांवों पर चलने के लिए ऐसी बैसाखियों को छोड़ना ही बेहतर समझा , जो पांवों को सदा कमजोर रखें। भले ही इसके लिए शुरू में लंगड़ा कर चलना पड़े या तेजी से दौड़ने की इच्छा पर कुछ काबू रखना पड़े। आरक्षण के फैसले और उसके बाद कर्पूरी ठाकुर के इस्तीफे ने पिछड़ा राजनीति की इस दृष्टि और दिशा का संकेत कर दिया। और छात्र आंदोलन से निकले 'नयी पीढ़ी' के नये नेतृत्व ने 'त्याग के बल पर सेवा के लिए सत्ता हासिल करने' की परंपरागत सोच को ऐसे धक्के दिये कि पिछड़ी जातियों की पुरानी पीढ़ी के हाथ से नेतृत्व फिसलने लगा। पिछड़े समुदाय में भी पुराने नेताओं की साख खत्म होने लगी और नयी पीढ़ी के नये नेता सामने आने लगे। 'मंडल आयोग' के गठन से लेकर उसकी अनुशंसाओं को लागू होने तक की लंबित प्रक्रिया और उसके इस्तेमाल की राजनीति इसका सबसे बड़ा सबूत है।

मंडल आयोग का गठन

1977 में केंद्र की सत्ता पर काबिज देश की प्रथम गैरकांग्रेसी सरकार ने 'बैकवर्ड क्लासेज कमीशन' के गठन का फैसला किया। यह फैसला 'राष्ट्रीय राजनीति' में पिछड़ावाद की भावी भूमिका का पहला कदम था। तत्कालीन प्रधानमंत्री मोरारजी भाई देसाई ने बीपी मंडल की अध्यक्षता में उक्त आयोग के गठन की घोषणा 20 दिसंबर, 1978 को संसद में की। आयोग के गठन की अधिसूचना 1 जनवरी, 1979 को जारी की गयी। आयोग को एक वर्ष का समय दिया गया। आयोग ने अपना काम शुरू किया मार्च, 1979 से। तत्कालीन प्रधानमंत्री मोरारजी भाई देसाई ने 21 मार्च को उद्घाटन भाषण देकर आयोग के काम की विधिवत शुरुआत की घोषणा की।

लेकिन अगले 3 महीने में ही केंद्र की जनता पार्टी सरकार 'हिल' गयी। आयोग दिसबंर 1979 तक अपनी रिपोर्ट नहीं दे सका। 1980 में मध्यावधि चुनाव हुआ और इंदिरा कांग्रेस पुन: सत्ता में आयी। आयोग के कार्यकाल में तीन महीने का विस्तार किया गया। लेकिन तब तक बिहार सहित 9 राज्यों की विधानसभाएं भंग हो गयीं! राजनीतिक उठापटक और चुनाव के इस खेल का आयोग पर असर पड़ा। उसका कामकाज बाधित हुआ। आयोग को अपना कामकाज धीमा करना पड़ा। केंद्र की इंदिरा सरकार ने आयोग के कार्यकाल को तीन-तीन महीने के लिए दो बार बढ़ाया। अंतत: दिसंबर, 1980 में आयोग ने अपनी रिपोर्ट राष्ट्रपति को सौंपी। पांच सदस्यीय आयोग ने एक सदस्य की असहमति की टिप्पणी के साथ अपनी रिपोर्ट सौंपी। असहमति की टिप्पणी दर्ज करायी आयोग के पांच सदस्यों में शामिल एक मात्र दलित सदस्य एल. आर. नायक

ने। उनका मानना था कि अन्य पिछड़ों (ओबीसी) की राज्यवार सूची को दो भागों में बांट कर एक में मध्यवर्ती वर्गों और दूसरे में सबसे कमजोर पिछड़े वर्गों को शामिल किया जाय। लेकिन संविधान के अनुच्छेद 15 (4) और एक केस (बालाजी बनाम मैसूर राज्य) के सिलसिले में सर्वोच्च न्यायालय के फैसले के आलोक में आयोग के बाकी सदस्यों ने इस पर असहमति व्यक्त की। बहरहाल आयोग की रिपोर्ट पर 11 अगस्त, 1982 को बहस हुई।

इस बीच 1980 के विधानसभा चुनाव में बिहार में भी कांग्रेस के हाथ में सत्ता आयी। गुटबंदी और कलह से क्षत-विक्षत जनता पार्टी बिहार में भी अपदस्थ हुई। 8 जून 1980 को डा० जगन्नाथ मिश्र कांग्रेसी सरकार के मुख्यमंत्री बने। लेकिन तीन साल बीतते-बीतते उन्हें मुख्यमंत्री की गद्दी से उतरना पड़ा। 14 अगस्त 1983 को चंद्रशेखर सिंह मुख्यमंत्री बने। कांग्रेस के अंदर सवर्ण गुटबंदी का दौरदौरा रहा, जो 1985 के चुनाव के बाद अपने चरम पर पहुंच गया।

1985 के विधानसभा चुनाव में भी कांग्रेस को बहुमत मिला। वह सत्ता में लौटी। 12 मार्च 1985 को बिंदेश्वरी दुबे मुख्यमंत्री बने। लेकिन उन्हें लगभग तीन साल बाद जाना पड़ा। 14 फरवरी 1988 को भागवत झा आजाद मुख्यमंत्री बने। भागवत झा आजाद ने 'सहकारिता सम्राटों' के खिलाफ अभियान छेड़ा। उन्हें भी जल्दी जाना पड़ा। 11 मार्च 1989 को सत्येन्द्र नारायण सिन्हा को मुख्यमंत्री की गद्दी मिली। कांग्रेसी गुटबंदी के आगे उनकी भी नहीं चली तो फिर 6 दिसम्बर 1989 को मुख्यमंत्री के पद पर फिर जगन्नाथ मिश्र लाये गये।

कुल मिलाकर 1980 के दशक में कांग्रेसी राजनीतिक परिदृश्य यह था कि चुनाव के बाद बिहार की डगमग सत्ता को दो मुख्यमंत्रियों - डा. जगन्नाथ मिश्र और चंद्रशेखर सिंह - ने पांच साल तक खे लिया लेकिन 1985 के चुनाव के बाद पांच साल में चार-चार मुख्यमंत्रियों - बिंदेश्वरी दुबे, भागवत झा आजाद, सत्येंद्रनारायण सिंह और जगन्नाथ मिश्र - को बदलने के बावजूद कांग्रेस बिहार की सत्ता सहित अपने अस्तित्व को डावांडोल होने से नहीं बचा सकी। यह स्पष्ट दिख गया कि कांग्रेस अपने राजनीतिक अस्तित्व का आधार ब्राह्मण और राजपूत नेतृत्व में तलाश रही थी, जबकि निचले स्तर पर कांग्रेस के जातीय आधारों का क्षरण हो रहा था। विधानसभा में पिछड़े विधायकों की संख्या लगातार बढ़ रही थी। कांग्रेस जहां अपने पुराने सवर्ण आधारों को खो रही थी वहीं पिछड़े आधारों में अपनी पैठ बनाने में बिल्कुल विफल साबित हो चुकी थी।

गुटों में विभक्त गैरकांग्रेसी शक्तियों के बिखराव ने बिहार में पुनः कांग्रेस को स्थापित करने का रास्ता साफ कर दिया था लेकिन 1980 के बाद के दस वर्षों में चुनाव, राजनीति और सत्ता के संदर्भ में बिहारी समाज में जहां जातियों के बीच शक्ति-संतुलन में आमूल परिवर्तन के स्पष्ट संकेत मिल रहे थे, पिछड़ी जातियों के 'अगड़े समुदाय' अपनी सामूहिक ताकत से ऊंची जातियों को सत्ता-राजनीति के केंद्र से बेदखल करने के लिए कमर कस रहे थे, वहीं कांग्रेस इंदिरा-राजीव के नेतृत्व में अगड़ी जाति की धुरी पर अपनी राजनीति चलाने की मशक्कत करती रही।

विधानसभा चुनाव में 1980 में कांग्रेस को 167 तथा 1985 में 196 सीटें व क्रमशः 34.17 प्रतिशत तथा 38.62 प्रतिशत मत मिले। 1980-84 लोकसभा चुनावों में क्रमशः 30 व 48 सीटें तथा क्रमशः 36.44 प्रतिशत व 51.84 प्रतिशत मत मिले। विधानसभा चुनावों में 1985 का चुनाव तीसरा ऐसा मौका था, जब कांग्रेस को 196 सीटें मिलीं। इसके पूर्व 52-57 में उसे क्रमशः 223 व 210 सीटें मिली थीं। 1984 के लोकसभा चुनाव में भी बिहार कांग्रेस ने नेहरू युग के सारे रिकार्ड ध्वस्त करते हुए 48 सीटें जीतीं। लेकिन यह अगड़ी जाति की धुरी पर टिके रहने का लाभ नहीं था। वस्तुतः 1984-85 के चुनावों में कांग्रेस को श्रीमती गांधी की हत्या का लाभ मिला।

67-69 और 90 के चुनाव इस बात के गवाह हैं कि इसी दौर में पिछड़ों ने अपना प्रतिनिधित्व बढ़ाया। पिछड़ों की संख्या 1967 में 82 और 1969 में 94 जा पहुंची। उसके बाद के 20 वर्षों तक यानी चार चुनावों तक पिछड़ों के प्रतिनिधित्व में कोई गुणात्मक परिवर्तन नहीं आया। 1972-85 के बीच पिछड़ी जातियों का प्रतिनिधित्व क्रमशः 76, 92, 96 और 90 रहा।

ऊंची जाति के विधायकों की संख्या का घटना 1967 से ही शुरू हो गया था। 1967 में उनकी संख्या घटकर 122 हो गयी। 1972 में बढ़कर 136 हुई लेकिन उसके बाद क्रमशः 124, 120, 118 हो गयी - यानी क्रमिक ह्रास। 20 वर्षों के बीच का यह अंतर ऊपर से देखने से मामूली दिखाई पड़ता है, लेकिन अगले पांच वर्षों के दो चुनाव परिणामों ने स्पष्ट कर दिया कि यह क्रमिक ह्रास कांग्रेस के पत्ता साफ होने का रास्ता था। 1990 में ऊंची जातियों के विधायकों की संख्या 105 हुई और 1995 के चुनाव में घट कर सिर्फ 56 हो गयी! यानी समाज में दबदबा रखने वाली अगड़ी जातियों की राजनीतिक शक्ति हाशिये पर आ गयी।

सामाजिक शक्ति और समीकरणों से 'डिक्टेट' होने वाली बिहारी राजनीति के इस दौर में लालू का पदार्पण हुआ। नयी पीढ़ी के नेता लालू प्रसाद पहले विरोधी दल के नेता बने। उन्हें 'कर्पूरी ठाकुर' की कुर्सी मिल गयी। 80-85 में विधानसभा में वह 'बैकबेंचर' थे, लेकिन कर्पूरी ठाकुर की अनुपस्थिति में वह नेता थे। 1989 के चुनाव में बोफोर्स मुद्दा बन गया। मध्यवर्ती जातीय समूहों के पास कोई प्रतिष्ठित नेता नहीं था। 1989 लोकसभा चुनाव के नायक वी.पी. सिंह थे। तब तक भी लालू नेतृत्वकारी भूमिका में नहीं थे। लोकसभा चुनाव में कांग्रेस के खिलाफ विरोधी दल एक मंच पर आ गये। भ्रष्टाचार विरोध की हवा ने कांग्रेस को करारा झटका दिया। बिहार में जनता दल को 31 सीटें मिलीं। चुनाव में कोई सामाजिक मुद्दा नहीं था, लेकिन मध्यवर्ती जातियों को संख्यागत लिहाज से फायदा हुआ। बिहार में यह पहला मौका था, जब पिछड़ी मध्यवर्ती जातियों के लोकसभा सदस्यों की संख्या 18 जा पहुंची। इनमें अकेले यादवों की संख्या दस थी, उनमें लालू प्रसाद भी थे। पहली बार बिहार से लोकसभा के लिए चुने जाने वाले पिछड़ी और अगली जाति के सदस्यों की संख्या 18-18 पर पहुंची।

1952 से 1984 के बीच बिहार से लोकसभा में जाने वाले अगड़ी जाति के सदस्यों की संख्या 30 से 23 के बीच रही और पिछड़ी जाति को 6 से 12 के बीच। 1989 के चुनाव में पिछड़ी जातियों की संख्या में 11 प्रतिशत का इजाफा हुआ। इस चुनाव से बिहार में जनता दल 'स्थापित' हुआ। केंद्र में वी.पी. सिंह की सरकार बनी। लोकसभा चुनाव की छाप बिहार विधानसभा चुनाव पर भी पड़ा। लोकसभा चुनाव की हवा 1990 के विधानसभा चुनावों में बरकरार रही। कांग्रेस बुरी तरह पराजित हुई। उसे मात्र 71 सीटें मिली, जबकि जनता दल को 121 सीटें। भाजपा को 39, भाकपा को 23, माकपा व आई.पी.एफ. को क्रमशः 6 व 7 और झारखंड मुक्ति मोर्चा को 19 सीटें मिलीं। जनता पार्टी, एम.सी.सी.(मार्क्सवादी समन्वय समिति), सोशलिस्ट पार्टी (लोहिया) व झारखंड पार्टी को क्रमशः 3, 2, 1, 1 सीट मिली। 30 निर्दलीय जीते।

1990 का विधानसभा चुनाव-परिणाम भी लोकसभा चुनाव-परिणाम की तरह सत्ता-राजनीति की परिवर्तित सामाजिक बनावट को प्रतिबिंबित कर गया। जीतनेवालों में यादव 63, कुर्मी 18, कोईरी 12, बनिया 16 थे। विधानसभा में पिछड़ों की कुल संख्या 117 पहुंच गयी। पिछड़ों के प्रतिनिधित्व का यह नया रिकार्ड था, जो 1995 के चुनाव में टूटा और विधानसभा में पिछड़ों की संख्या बढ़कर 161 पहुंच गयी! (देखें परिशिष्ट)

वैसे, '1990 के विधानसभा चुनाव में किसी भी दल को स्पष्ट बहुमत नहीं मिल सका था। जनता दल विधायक दल के नेता के चयन के सवाल पर तीन कोण उभरे -रामसुंदर दास को वी.पी. सिंह, जार्ज और अजित सिंह का समर्थन प्राप्त था, रघुनाथ झा को चंद्रशेखर का और देवी लाल-शरद यादव का खेमा लालू प्रसाद यादव के पक्ष में था। जनता दल के विधायकों में नौजवान विधायक लालू के पक्ष में थे। नीतीश कुमार और जगदानंद सिंह लालू के साथ थे। आलाकमान और सर्वानुमति से नेता चयन के लिए जार्ज फर्नांडीस, अजित सिंह, चिमन भाई पटेल, रामपूजन पटेल तथा मुलायम सिंह यादव पटना पहुंचे। लेकिन सर्वानुमति से नेता का चयन नहीं हो सका। अंततः चुनाव हुआ। रामसुंदर दास के साथ अनूप लाल यादव, विनायक प्रसाद यादव, महावीर प्रसाद, उपेंद्र नाथ वर्मा थे। चुनाव में लालू का पलड़ा भारी रहा। वह नौजवानों का प्रतिनिधि था। 'लालू को 58, रामसुंदर दास को 54 तथा रघुनाथ झा को 14 मत मिले। मात्र चार वोटों से बुजुर्ग समाजवादी रामसुंदर दास पराजित हो गये।' [49]

8 मार्च, 90 को लालू प्रसाद ने पटना के ऐतिहासिक गांधी मैदान में शपथ ग्रहण किया। मुख्यमंत्री बनने के बाद उनकी भूमिका निर्धारित होने की प्रक्रिया शुरू हुई। उनके पास देशज व ठेठ देहाती बोली का आकर्षण व भाषा संप्रेषणीयता थी। उनकी अपनी शैली थी और खास अंदाज व पहचान। मंचों पर वह कुर्सी लगाकर बैठते और भाषण देते। मंचों के नीचे बैठे लोगों को वह कहते - 'ई उड़न खटोला (हेलिकॉप्टर) डाक्टर साहेब (डा. जगन्नाथ मिश्र) खरीदले रहन, अब हम चढ़ तानी। पहिले भईंस के पीठ पर सींग पकड़ के चढ़त रहीं!'

मंचों के नीचे बैठे अपढ़ मुरझाये चेहरों व शासन से उम्मीद लगाये बैठे लोगों को उनकी बातें गुदगुदाती थीं! कहीं बैठकर सत्तू-लिट्टी डटा लेते और कहते – 'गाड़ी के सायरन के आवाज सुन के उ लोगिन के करेजा फाटे लागल। कहता है- ललुआ मुख्यमंत्री बन गइल। ... वह पासी लोगों को मंचों पर बुलवा लेते – उनकी गंजी उघड़वाते, उनकी पीठ के जख्म लोगों को दिखाते [51] 'ट्री टैक्स अब फ्री' – ताड़ पर लगने वाले कर को सरकार ने माफ कर दिया। जल कर प्रथा खत्म। इन घोषणाओं के साथ वह पिछड़े-दलितों को यह बताना नहीं भूलते कि यह उनका राज है, उनकी सरकार है – 'अब रानी के पेट से राजा नहीं जनमता। अब राज मिलता है आपके वोट से, आपके बहुमत से। यह राज आपके वोट से ही बना है। अब आपका राज चलेगा रोब से.... ढिलाई से नहीं...... आपका राज चलेगा शान से।'

जनेऊ आंदोलन से लेकर जमीन की लड़ाई तक लड़नेवाली दबी-कुचली पीढ़ियों को लालू की बातों से लगता – कोई अपना आ गया। पूर्ववर्ती सरकारों को वह कहते – 'माल महाराज के मिरजा खेलस होली।'

गरीबों के लिए मुख्यमंत्री आवास भी खुल गया। गांव देहात से लोग आते गठरी-मोठरी के साथ और मुख्यमंत्री आवास की 'गणेश परिक्रमा' कर लौट जाते। दादा-परदादा...... किसी ने नहीं बताया था कि कैसा होता है मुख्यमंत्री आवास – राजा का घर! अब खुद अपनी आंखों से देख लिया। ऐसा तो कभी नहीं हुआ था! आज तक मुख्यमंत्री आवास में 'परिंदे भी पर नहीं मारते थे!

वी.पी. सिंह सरकार ने 7 अगस्त 1990 को मंडल आयोग की सिफारिशों को लागू करने की घोषणा कर दी। देश के अन्य हिस्सों के साथ बिहार में भी विरोध का सिलसिला शुरू हुआ। इसी बीच लालकृष्ण आडवाणी की रथयात्रा शुरू हुई। लालू ने दोनों मुद्दों को मंत्र के रूप में इस्तेमाल किया। गांधी मैदान में 8 अक्तूबर 90 को मंडल रैली में लालू ने कहा कि चाहे धरती आसमान में समा जाये, पर मंडल पर समझौता नहीं होगा। यह स्वतः स्फूर्त रैली थी, जिसमें पिछडों का जनसैलाब उमड़ पड़ा!

मंडल की लड़ाई सड़कों पर लड़ी जाने लगी। कांग्रेस के दूसरे दर्जे के नेताओं ने आरक्षण के खिलाफ खूब आंदोलन किया, जिसकी उलटी प्रतिक्रिया हुई। पिछड़े गोलबंद हुए। लालू को आरक्षण की लड़ाई का भारी फायदा हुआ। पहले मिसिर जी, त्रिपाठी जी, सिंह जी, वर्मा जी सरकार में कलक्टर, एस.पी. होते थे – अब यादव जी, महतो जी, साह जी चाहते हैं आरक्षण! बिहार में यह दूसरा मौका था, जब आरक्षण मसले पर उत्तेजना और खून-खराबा हो रहा था। लालू ने कर्पूरी ठाकुर की तुलना में हमलावर रुख अख्तियार किया। बाढ़ में वी.पी. सिंह की सभा में जूते चप्पल फेंके गये तो आरा में लालू की सभा में उपद्रव हुआ। लालू ने आरक्षण के पक्ष में गांव-गांव का दौरा किया। उनके पास राज- सत्ता थी ही। सत्ता में हिस्सेदारी और नौकरी में आरक्षण की भूख ने पिछड़ों को उनके पक्ष में जबर्दस्त ढंग से गोलबंद किया।

उसी बीच आडवाणी की रथा-यात्रा को रोक कर लालू प्रसाद ने वह चमत्कार किया, जिसने बिहार में सामाजिक समीकरणों की धुरी पर चलनेवाले चुनावी चक्के की गति-दिशा को एक झटके से बदल दिया! वस्तुतः मंडल बनाम कमंडल संघर्ष के उस दौर में लालू के नेतृत्व में पुराने परंपरागत सामाजिक समीकरणों की धुरी ही बदल गयी।

आरक्षण व आडवाणी की गिरफ्तारी के विवाद के कारण वी.पी. सिंह सरकार का पतन हुआ। 1991 में लोकसभा चुनाव हुआ। बिहार में जनता दल को 33, भाकपा को 8, भाजपा को 5, माकपा व कांग्रेस को एक-एक सीट मिली। भाजपा और कांग्रेस को छोड़कर जनता दल के साथ अन्य पार्टियों का तालमेल था। कांग्रेस के सभी दिग्गज नेता धाराशायी हो गये।

1991 के लोकसभा चुनाव में पिछड़ी जातियों के 24 सदस्य जीते। चुनाव जीतनेवाले दस सांसदों में चार भूमिहार, चार राजपूत, एक ब्राह्मण व एक कायस्थ था। ऊंची जाति के सांसदों में भी आठ जद व भाकपा के थे तथा बाकी दो में एक भाजपा व इंका का था। लोकसभा चुनाव में यह पहली बार हुआ कि बिहार में ऊंची जाति के सिर्फ दस प्रत्याशी जीत सके। (तालिका, पेज - 36)

लोकसभा चुनाव में जद की भारी जीत ने लालू को 'सामंती ठाठ' से भर दिया। बचपन में 'सोरठी वृजभार' गाने वाले हंसोड़ लालू के पास बिहार का राज था और वह बन गये राजा! '20 साल राज करूंगा' का नारा उभरा। यूं उनको 'राजगद्दी' पर बिठाने वाले 'पिछड़ों' के मन में 'अपना राज' का जो सपना था, उसका सीधा-सादा प्रत्यक्ष अर्थ एक ही था - जमीन, नौकरी और उत्पीड़न से मुक्ति। लेकिन लालू के नेतृत्व में उनके सपने में यह रंग भरा कि राजनीतिक सत्ता पर कब्जा के बिना 'अपना राज' का कोई भी अर्थ बेमानी है। और, संसदीय लोकतंत्र में राजनीतिक सत्ता का आधार संख्याबल है, जो सामाजिक एकता के सूत्रों से ही तय होता है। लालू प्रसाद के नेतृत्व में 90-94 के बीच 'पिछड़े समुदायों' में यह समझ विकसित हो गयी कि तमाम विविधताओं और भिन्नताओं के बावजूद राजनीतिक स्तर पर आपसी 'एकता' या 'समझौता' कर सत्ता पर काबिज हुआ जा सकता है। अब तक इस समझ के अभाव में पिछड़े समुदाय सत्ता में सिर्फ 'विपक्ष' की कुर्सी तक पहुंच पाते थे या अगड़ा नेतृत्व के बीच की छीना-झपटी में जब-तब कुछ समय के लिए सत्ता की लगाम हाथ आने का सुख-स्वाद चख लेते थे और इस सीमित सुख-स्वाद के लिए भी अगड़े नेतृत्व की 'कृपा' पर निर्भर करना पड़ता था। त्रिवेणी संघ से समाजवादी धारा तक में पिछड़ों में एकता के लिए 'जाति तोड़ो' का नारा ही साध्य था और साधन भी। लेकिन नयी समझ का संकेत यह था कि 'जाति तोड़ो' का रास्ता बहुत लंबा है और जटिल भी। उससे राजनीतिक सत्ता की मंजिल तक पहुंचना आसान नहीं। लेकिन जातियों की आंतरिक गति और यथास्थितिवादी संबंधों को छेड़े बिना राजनीतिक सत्ता में साझेदारी का लाभ जातियों के बीच रणनीतिक स्तर पर जोड़ बिठाने में कारगर हो सकता है।

8 अक्टूवर, 90 को आयोजित मंडल रैली के बाद बिहार में जातीय रैलियों की धूम मच गयी। उन छोटी-बड़ी रैलियों का मूल लक्ष्य था - सत्ता में हिस्सेदारी। ये रैलियां 'हम भी हैं' की जातिगत पहचान के साथ सत्ता में अपना हिस्सा पाने की ललक व्यक्त करती हैं। '93-94 के बीच राजधानी की इस तरह की कम से कम 40 रैलियां हुईं।'

1994 में एक रैली हुई- 'कुर्मी चेतना रैली'। और, इसके बाद लालू-नीतीश ने अलग-अलग राह पकड़ी। जून 1994 में जनता दल का विभाजन हुआ। केंद्रीय स्तर पर इसे समाजवादियों के ग्रुप का विभाजन कहा गया, लेकिन बिहार में इसे पिछड़ों के विभाजन के रूप में देखा गया। दरअसल, अलग हुए गुट के नेता नीतीश कुमार थे, जो लालू प्रसाद के मित्र होने के साथ कुर्मी जाति के नेता माने जाते हैं। उन्होंने 'समता पार्टी' बनायी। लालू के 'माय' के जवाब में कुर्मी-कोयरी के बीच 'लव-कुश' व अन्य का फार्मूला बना। नीतीश कुमार के इस नए समीकरण में अगड़ी जातियों के एक हिस्से का समर्थन प्राप्त था। नीतीश को लालू के खिलाफ बतौर मुख्यमंत्री पेश किया गया, लेकिन 1995 के चुनाव में वैसा कुछ नहीं हो सका। लालू की पार्टी जनता दल को 167 सीटें मिलीं और समता पार्टी को महज सात सीटें। नीतीश कुमार की पार्टी के लिए यह बड़ा धक्का था! समता ने चुनाव में माले के साथ तालमेल किया था, यह तालमेल नकारात्मक रहा।

फल हुआ कि विधानसभा चुनाव के एक साल बाद हुए लोकसभा चुनाव में नीतीश कुमार ने भाजपा के साथ तालमेल कर लिया। समता पार्टी को छह और भाजपा को 18 सीटें मिलीं। लालू की पार्टी जद की सीटें 28 से घट कर 22 हो गयी। लालू प्रसाद यादव का ग्राफ कुछ गिरा। इस बीच चारा घोटाले के कारण लालू प्रसाद को मुख्यमंत्री की कुर्सी छोड़नी पड़ी। ऐसे में लालू प्रसाद यादव की पत्नी राबड़ी देवी को 'सर्वसम्मति' से नेता चुन लिया गया। 25 जुलाई, 1997 को राबड़ी देवी गद्दी पर बैठीं।

1998 के लोकसभा चुनाव के पहले लालू प्रसाद की पार्टी में फिर विभाजन हुआ और शरद-लालू अलग हो गये। जद की जगह लालू प्रसाद के नेतृत्व में राजद बना। 1998 के लोकसभा चुनाव में राजद को 17 सीटें मिलीं। और, फिर 1999 के चुनाव में महज सात सीटें मिलीं। क्योंकि 1999 चुनाव के पूर्व समता और शरद यादव वाले जद का विलय हुआ, जद (यूनाइटेड) बना। और उसका भाजपा के साथ राष्ट्रीय जनतांत्रिक गठबंधन के तहत चुनावी तालमेल कायम रहा। नीतीश कुमार, शरद यादव और रामविलास पासवान एक साथ हो गये। 1999 के लोकसभा चुनाव में जद-यू को 18 और भाजपा को 23 सीटें मिली।

लालू प्रसाद यादव विरोधी शक्तियों को लगा कि अब 'लालू राज' के खात्मे का समय आ गया है। लेकिन 2000 के विधानसभा चुनाव तक नीतीश कुमार और रामविलास पासवान की पार्टी साथ नहीं रह सकी। हालांकि उनका भाजपा के साथ तालमेल जारी रहा। विधानसभा चुनाव में राजद को 124 सीटें मिली, समता को 34 सीटें और भाजपा को 67 तथा कांग्रेस को 23 सीटें तथा जद-यू को 24 सीटें मिली। लालू

प्रसाद विरोधी शक्तियों के बीच वोटों का भारी बिखराव हुआ। नीतीश कुमार मुख्यमंत्री तो बने, मगर 3 मार्च 2000 से 11 मार्च 2000 तक के लिए। वे बहुमत साबित नहीं कर सके और उन्होंने इस्तीफा दे दिया। राबड़ी देवी तीसरी बार पुनः 11 मार्च, 2000 को गद्दी पर बैठीं।

सत्ता की कुर्सी बनाम सत्ता की कुंजी

1991 के लोकसभा चुनाव की जीत से पिछड़ों में एक नया संदेश गया - राजनीतिक सत्ता के लिए सिर्फ कुर्सी नहीं, कुंजी (चाबी) पर कब्जा। उसका आशय था कि राजनीतिक सत्ता में अपनी हिस्सेदारी को स्थायी बनाने के लिए सत्ता की कुंजी पर कब्जा करना होगा.और इसके लिए सामाजिक व आर्थिक आधारों पर पिछड़ी जातियों में संघर्ष, मतभेद और द्वंद्व कायम रहते हुए भी राजनीतिक स्तर पर समझौता और संतुलन का नया नेटवर्क कायम करना होगा। लालू ने पिछड़ी आधारों के बीच ऐसा ही सोशल नेटर्वक विकसित किया। वह न लोहिया के सिद्धांतों का वाहक था और न उसे 'सम्पूर्ण क्रांति' से कुछ लेना-देना था।

मंडल जागरण ने छोटी-छोटी बिखरी इुई जातियेां को एक सूत्र में बांधा। लालू ने उसे राजनीति के नये नेटवर्क का हिस्सा बनाया। पिछड़े-दलितों ने लालू को सिर आंखों पर बिठा लिया। वह मध्यवर्ती पिछड़े व मुसलमानों के आकर्षण के केंद्र बन गये। दबावों के बीच उभरे पिछड़े धनी किसान समूहों को उस नेटवर्क में अपनी नयी व निर्णायक भूमिका होने का एहसास पुख्ता हुआ। धनी किसानों का यह तबका स्वातंत्रोत्तर बिहार में पिछड़ी जातियों के समूहों से हजारों हजार की तादाद में उभरा था और जिसने हरित क्रांति का बखूबी इस्तेमाल किया था! इस तबके के पूर्वज तीस-चालीस साल पहले तक रैयत, अंडर रैयत थे - भूस्वामियों की प्रताड़ना से पीड़ित! पिछड़ी जातियों के बीच से उभरा यह समुदाय 20वीं सदी के अंत में ग्रामीण संरचना में 'वोट मैनेजर' बन गया! ऐसा वोट मैनेजर, जो बूथों पर वोट के लिए मरने-मारने पर आमादा हो जाता है! कहीं दलितों को अपने हक में इस्तेमाल के लिए बूथों पर लाइन भी लगवाता है, तो कहीं दलितों को बंदूक के जोर पर बूथ पर फटकने नहीं देता!

21वीं सदी में 'विकास' चुनाव का मुद्दा बना लेकिन इससे चुनाव परिणाम में कोई खास परिवर्तन नहीं आया। इसकी मुख्य वजह यह है कि 20नीं सदी के अंतिग दशक तक आते-आते पिछड़े समाज में यह समझ विकसित हो गयी कि सामाजिक और राजनीतिक आंदोलन तालमेल मिलाकर ही चलते हैं। आर्थिक सत्ता के बल पर राजनीति निर्धारित होती है लेकिन राजनीतिक सत्ता के बल पर भी अर्थ-व्यवस्था पर कंट्रोल किया जा सकता है। यह तो स्पष्ट दिखता भी है कि मारवाड़ी और बनिया समुदाय के आर्थिक रूप से समृद्ध होते हुए भी, उसके पास राजनीतिक प्रतिनिधित्व

छः फीसदी वोटों ने बदल दी तस्वीर!

वर्ष 2004 में सिर्फ छः प्रतिशत वोट ने बिहार के चुनावी गणित को बदल कर रख दिया। राजद गठबंधन ने 43 फीसदी वोट पाकर 29 सीटें झटक लीं और 36 फीसदी वोट पाने के बावजूद राजग 11 सीटों में सिमट गया। अधिक वोट प्रतिशत और कम सीट! इस मामले में सबसे ज्यादा अभागा जद-यू साबित हुआ। उसे 22.0 फीसदी वोट मिले। इसके बावजूद उसे सिर्फ छह सीटों से संतोष करना पड़ा। दूसरी तरफ राजद ने 30.0 प्रतिशत वोट पाकर 22 सीटों पर कब्जा कर लिया।

लोकसभा चुनाव के इन आंकड़ों से साबित हुआ कि लालू-रामविलास की जोड़ी ने बिहार में राजग को ध्वस्त किया। नीतीश कुमार की पार्टी को वोट पाने के मामले में दूसरे नम्बर की पार्टी होकर भी महज छः सीटों से संतोष करना पड़ा। तालमेल का अभाव और सामाजिक बनावट में अतिपिछड़ी जातियों की उपेक्षा का दंश भी जद-यू को झेलना पड़ा। राजग के घोषणापत्र में मंदिर मसले को शामिल किये जाने और केंद्र में राजग का शासन आने पर बिहार में राष्ट्रपति शासन लागू करने की जार्ज की घोषणाओं ने लालू के आधार को मजबूती से गोलबंद होने में 'मदद' की। पहले के चुनाव में जद-यू को जो थोड़े बहुत मुसलमान वोट मिले थे, वे बिदक गये। उन्हें लगा कि भाजपा और जद-यू में फर्क नहीं। वैसे, भाजपा के दो और जद-यू के एक मुसलमान प्रत्याशी मैदान में थे। तीनों हार गये। भाजपा के नेता बबूल के पेड़ के नीचे आम तलाश रहे थे। राजद के तीनों मुसलमान प्रत्याशी जीते। राजद गठबंधन में शामिल कांग्रेस का मुसलमान प्रत्याशी भी विजयी हुआ। चुनाव में राजद का माय समीकरण कायम रहा।

राज्य में 40 लोकसभा क्षेत्रों के चुनाव में राजद को 89 लाख वोट मिले और 65 लाख वोट जद-यू को। मगर राजद को मिली 22 सीटें और जद-यू को सिर्फ छः। नयी सदी में नीतीश कुमार की पार्टी 95-96 वाली स्थिति में खड़ी हो गयी। 1995 के विधानसभा चुनाव में भी समता को 6 सीटें और 1996 के लोकसभा चुनाव में भी 6 सीटें मिली थीं। सीटों के लिहाज से 2004 का लोकसभा चुनाव जद-यू को खासतौर से सदमा पहुंचानेवाला रहा। इसलिए भाजपा और जद-यू के बीच संबंधों को लेकर नये ढंग से आत्मचिंतन शुरू हो गया है। नीतीश कुमार के नेतृत्व को माननेवाला जदयू विधानसभा चुनाव-2005 में भाजपा के साथ रहते हुए भी विवादास्पद मसलों पर स्वतंत्र सोचवाली मुद्रा अख्तियार कर चुका है।

बिहार में 'विकास' चुनावी मसला नहीं था। चुनाव जाति के घेरे में ही हुआ। खासतौर से दलित और अतिपिछड़ी जातियों का रुझान राजग की ओर नहीं रहा। राजग ने तो अतिपिछड़ी जाति के एक भी व्यक्ति को प्रत्याशी नहीं बनाया। यहां तक कि कैप्टन निषाद का टिकट भी कट गया। उत्तर बिहार में इसका स्पष्ट प्रभाव दिखाई पड़ा। रामविलास पासवान के दलित वोट ने राजद के प्रतिशत को बढ़ाया। पिछले चुनाव में रामविलास जद-यू के साथ थे। तब उत्तर बिहार में जद-यू को 18 सीटें मिली

थीं, लेकिन इस बार तो नजारा ही बदल गया। दूसरी बात यह भी थी कि ऊंची जाति के वोट बैंक पर राजग का दावा पिट गया। अन्यथा जहानाबाद, मोतिहारी, बलिया, मधुबनी, दरभंगा जैसी सीटों पर राजग का ही दावा था। भाजपा की तरफ झुका ऊंची जाति का वोट बैंक भी दूसरी ओर खिसक गया। इस वोट बैंक ने भाजपा को पुनः 1991 की स्थिति में खड़ा कर दिया, जब उसे पंद्रह प्रतिशत वोट और पांच सीटें मिली थीं। 2004 के चुनाव में भाजपा को 14 प्रतिशत वोट मिले और पांच सीटें। समाज में कोई जाति समुदाय एक खास पार्टी विशेष के साथ कभी नहीं चल सकता। सामाजिक चिंतन भी बदलता है और जाति-समुदायों का भी। नयी सदी के प्रथम लोकसभा चुनाव में भी यही हुआ। यह संकेत करता है कि जातियां अपने घेरे के बाहर भी आ रही हैं। इसका नकारात्मक प्रभाव भाजपा पर पड़ा। पर विधानासभा चुनाव- 2005 में लालू प्रसाद और रामविलास पासवान दो छोर पर खड़े हैं - एक दूसरे के खिलाफ।

लालू की पार्टी ने इस चुनाव में अपने और लोजपा के 12 यादवों को जिता दिया। पिछले चुनाव में इनके प्रायः सभी यादव प्रत्याशी हार गये थे। सभी 6 यादव भाजपा और जद-यू से थे। 2004 के चुनाव में राजपूत जाति के चार सदस्यों में से 2 राजद और 1-1 जद-यू और एक भाजपा से जीते। दोनों गठबंधनों से भूमिहार जाति के दो-दो सदस्य जीते। इस चुनाव में जाति लिहाज से सबसे ज्यादा घाटा कुर्मी-कोइरी जातियों को हुआ। 1989 के बाद से इन दोनों जातियों के पांच-सात सदस्य जीतते रहे थे। इस चुनाव में एकमात्र कोइरी प्रत्याशी राजद से जीता और दूसरे (कुर्मी जाति से) नीतीश कुमार। इन जातियों के लोग सिर्फ वोटर बनकर रह गये।

बिहार में बसपा को पहली बार तीन प्रतिशत वोट मिला। उसे एक भी सीट नहीं मिली, लेकिन वोट के लिहाज से उसका प्रदर्शन सपा से अच्छा रहा। सपा को 2.4 प्रतिशत वोट मिला। भागलपुर में सुशील कुमार मोदी की जीत आसान करने में बसपा प्रत्याशी का अच्छा योगदान रहा, उसे 1.30 लाख मत मिले। माले को 2.3 प्रतिशत वोट मिला। सपा, बसपा, माले, भाकपा, माकपा को एक भी सीट पर जीत हासिल नहीं हुई। चुनाव परिणाम का स्पष्ट संकेत यह है कि बिहार के वामपंथी दलों को नये सिरे से सोचना ही होगा। 2004 के चुनाव में भाकपा और माकपा को 1-1 प्रतिशत वोट वोट मिले।

वर्ष 2004	प्रतिशत	सीट
राजद	30.0	22
कांग्रेस	4.0	3
लोजपा	8.0	4
भाजपा	14.0	5
जद-यू	22.0	6
बसपा	3.0	–
सपा	2.0	–
माले	2.0	–

नहीं रहा! जबकि संख्या बल में कम होने के बावजूद बिहार में अगड़ी जातियों के पास राजनीतिक और आर्थिक सत्ता दोनों थी!

पिछड़ी जातियों के पास न आर्थिक सत्ता थी और न राजनीतिक सत्ता। लेकिन लोकतांत्रिक व्यवस्था में संख्याबल सर्वोपरि है। संख्या का बल बंधे तो राजनीतिक सत्ता के संचालन और आर्थिक सत्ता के नियंत्रण के साथ-साथ दोनों के बीच संतुलन की अलग और नयी प्रक्रिया चल सकती है। 1990 से यह प्रक्रिया चली। पुरानी समझ बदली। व्यवस्था बदली। लालू के आगमन के बाद मध्यवर्ती जातियां मुख्य शक्ति बन गयीं। ब्राह्मणवादी पार्टियां या धुर दक्षिणपंथी पार्टियां भी मध्यवर्ती विचारवाली पार्टियों के साथ तालमेल को इच्छुक हैं। यह अकारण नहीं है कि जद-यू के साथ भाजपा तालमेल करती है। दरअसल भाजपा पर मध्यवर्ती जातियों का मोह है, जो उसे समता से लेकर जद-यू तक से समझौते में ले जाता है। कांग्रेस भी दूसरा मध्यवर्ती समूहों के हिस्से के लिए राजद से चुनावी समझौते को आतुर हैं। वस्तुतः मध्यवर्ती शक्तियों का मुख्य शक्ति बनना बिहार की सौ वर्षों की राजनीतिक लड़ाई का नया तत्व है।

उपसंहार

पिछले सौ वर्षों में बिहार का जातीय परिदृश्य बिल्कुल बदल गया है। शिक्षा का प्रसार और विभिन्न जातीय समूहों के बीच आधुनिक मध्यवर्ग का उदय, जातीय और धार्मिक सुधार, स्वतंत्रता और किसान आंदोलन, मध्यवर्ती और दलित जातियों का प्रतिनिधित्व करनेवाले विचारों और राजनीतिक दलों का अभ्युदय, जमींदारी उन्मूलन और भूमि सुधार तथा बालिग मताधिकार पर आधारित लोकतंत्र- इन सभी कारकों के सम्मिलित प्रभाव से ही ऐसा संभव हुआ।

जातियों का परंपरा से चला आ रहा सामाजिक ढांचा और जातियों के बीच राजनीतिक समीकरण हमेशा ताल मिलाकर नहीं चलते। मध्यवर्ती और दलित जातियों के सामाजिक आंदोलनों में हमेशा उच्च जातियों के एक हिस्से ने शिरकत की है। ऐसे आंदोलनों के अनेक नेता और सिद्धांतकार प्रायः उच्च जाति के बुद्धिजीवी रहे हैं। इसके अलावा, जातियों की बहुलता किसी भी एक जाति के वर्चस्व को असंभव बना देती है। सामाजिक रूप से दो ध्रुवों पर रहने के बावजूद राजनीतिक समीकरण में ब्राह्मण और दलित लंबे समय तक साथ-साथ रहे। मध्यवर्ती जातियों के उत्थान के दौर में जो पिछड़ा-दलित-मुसलमान समीकरण बना, उसमें भी उच्च जाति के एक महत्वपूर्ण घटक राजपूत शामिल थे। बालिग मताधिकार इस तरह के जातीय समीकरणों को जरूरी बना देता है। समाज का जितना ज्यादा लोकतांत्रिकरण होता जाता है, राजनीति में जातीय समीकरणों की गतिशीलता भी उतनी ही बढ़ती जाती है। नये-नये जातीय समूह धीरे-धीरे लोकतंत्र में अपनी पहचान जताने लगते हैं और सत्ता में हिस्सेदारी के लिए मोलतोल

करने लगते हैं। इस तरह लोकतंत्र में जातियों की बहुलता जाति के परंपरागत सामाजिक ढांचे को कमजोर करने और उसके टूटने में सहायता प्रदान करती है।

जातियों का परंपरागत संतुलन जब टूटने लगता है, तब स्वभावतः सामयिक तौर पर जातीय तनाव और हिंसा फैलती है। लेकिन संक्रमण का यह काल दरअसल जातियों के बीच परस्पर समानता और सम्मान के नये संबंधों, जातियों के बीच अपेक्षाकृत न्यायपूर्ण संतुलन को जन्म देता है। इतिहास में यह संक्रमण दशकों तक चलता रहता है।

एक ओर जातियों के बीच बढ़ती समरसता और दूसरी ओर जातीय तनाव और नरसंहार- दोनों परंपरागत जातीय ढांचे के टूटने को ही रेखांकित करते हैं। हमारा लोकतंत्र फिलहाल इसी टूटन को, इसी तनाव को झेल रहा है।

लेकिन समाज का विकास सिर्फ जातियों के नये समीकरणों और सामाजिक आंदोलनों तक ही सीमित नहीं होता। जातियों के सामाजिक आंदोलनों का स्वतंत्र विकास अनिवार्य तौर पर आत्मघाती जातीय संघर्षों को जन्म देता है और समाज को पतन की ओर ले जाता है। इसलिए जातियों के सामाजिक आंदोलन को भी समाज के सामाजिक आर्थिक-राजनीतिक-सांस्कृतिक विकास और वृहत्तर परिप्रेक्ष्य से जोड़ना जरूरी होता है। नयी उद्यमिता का विकास, आर्थिक-राजनीतिक-सांस्कृतिक क्षेत्र में नयी पहलकदमियां आदि सामने नहीं आयेंगी तो समाज गतिरुद्ध हो जायेगा और गतिरुद्ध समाज में जातीय तनाव और झगड़े सामूहिक तबाही का कारण बन जायेंगे। इस वृहत्तर परिप्रेक्ष्य से सूनी राजनीतिक पार्टियां सिर्फ जातीय ध्रुवीकरण की स्थिति में ही फलती-फूलती हैं। चिरंतन जातीय ध्रुवीकरण उनके अस्तित्व की शर्त बन जाता है।

अगर हमारे प्रांत में ऐसी स्थिति दिखाई पड़ती है तो इसका कारण चुनाव नहीं, राजनीतिक दलों की दृष्टि की दरिद्रता है। यह मूलतः राजनीतिक दलों की विफलता है। आम जनता जातीय ध्रुवीकरण और सामाजिक गतिरुद्धता की स्थिति में ज्यादा दिन नहीं रह सकती। व्यावहारिक जीवन उन्हें नयी पहलकदमियां लेने के लिए मजबूर करता रहता है। व्यक्ति और समूह अपने-अपने स्तर पर क्रियाशील होते हैं और इन चुनौतियों से जूझते हैं। तदनुरूप समाज में नयी उद्यमिता, नये विचार और आंदोलन भी सामने आते हैं। शुरू-शुरू में चुपचाप, अनदेखे, किन्तु कालान्तर में यही विराट शक्ल ले लेते हैं। नये आर्थिक प्रयोगों, सामाजिक संबंधों और संस्कृति के संवाहक बन जाते हैं।

संदर्भ

1. राम मनोहर लोहिया 'इतिहास चक्र' पृष्ठ 51।
2. बिहार स्पेशल ब्रांच, लिस्ट ऑफ पॉलिटिकल एंड रिलीजस सोसायटीज इन बिहार एंड उड़ीसा, दिसम्बर, 1920। रामाश्रय राय 'कास्ट एंड पॉलिटिकल रिक्रूटमेंट इन बिहार' : कास्ट कम्पोजिशन ऑफ द बिहार प्रदेश कांग्रेस एक्सक्यूटिव कमेटी 1934-62 इन परसेंट', पृष्ठ 242-243, कास्ट इन इंडियन पॉलिटिक्स, रजनी कोठारी।

3. 'बिहार में सामाजिक परिवर्तन के कुछ आयाम', प्रसन्न कुमार चौधरी-श्रीकांत, पेज 44-45, वाणी प्रकाशन, नयी दिल्ली।
4. एक्टीवीटी ऑफ स्वामी विद्यानंद, फाइल 353, पेज 2, 9, 1920 पालिटिकल स्पेशल।
5. 'आत्मकथा', डॉ. राजेंद्र प्रसाद, पेज - 298।
6. 'मेरा जीवन संघर्ष', स्वामी सहजानंद, पेज - 178।
7. राहुल वांग्मय - 1, 'मेरी जीवन यात्रा', पेज - 307।
8. अनुग्रह नारायण सिंह, मेरे संस्मरण, पेज - 148।
9. राहुल वांग्मय खंड 1, जिल्द दो, पेज 335।
10 राहुल वांग्मय, खंड - 1, पेज 311।
11. बिहार के मुख्य सचिव का भारत सरकार को पत्र, 1917, पेज 31 (खंड -2)।
12. फाइल न. - 169, वर्ष 1934, राज्य अभिलेखागार, ।
13. डॉ. राजेंद्र प्रसाद, आत्मकथा, पेज - 466।
14. डॉ. राजेंद्र प्रसाद, आत्मकथा, पेज - 524।
15. 'स्थायी सरकार की समस्या और संयुक्त मोर्चा', किशोरी प्रसन्न सिंह, पेज - 2।
16. 'त्रिवेणी संघ का बिगुल', पेज - 43।
17. डा. अम्बेडकर: सम्पूर्ण वांग्मय, पृष्ठ 228-229।
18. 'मेरे संस्मरण', अनुग्रह नारायण सिंह, पेज - 224)
19. इंडिया वीन्स फ्रीडम, पेज - 17।
20. 'योगी', 29 सितम्बर, 1951
21. 'योगी', 20 अक्टूबर, 1951।
22. 'श्री बाबू एंड जेपी : एलिगेशन-काउंटर एलिगेशन', 1957, एन. एम. पी. श्रीवास्तव।
23 'मेरी जीवन यात्रा', राहुल सांकृत्यायन - 4, पेज - 83।
24. 'हुंकार', 16 नवंबर, 1951।
25. 'जीवन संघर्ष', आर. वी. प्रसाद, इंजीनियर, पेज - 155।
26. 'मेरे संस्मरण', अनुग्रहनारायण सिंह, पेज - 43।
27. 'हुंकार', 16 नवंबर, 1951।
28. 'बिहार में सामाजिक परिवर्तन के कुछ आयाम', प्रसन्न कुमार चौधरी-श्रीकांत, पेज - 204-205।
29. 'रामवृक्ष बेनीपुरी', संपादक : रामविलास शर्मा, पेज - 342।
30. 'मेरे संस्मरण', अनुग्रहनारायण सिंह, पेज - 438।
31. रामवृक्ष बेनीपुरी, संपादक - रामविलास शर्मा, पेज - 343।
32. 'श्री बाबू एंड जेपी : एलिगेशन-काउंटर एलिगेशन', एन. एम. पी. श्रीवास्तव।
33. 'एक किताब ने खोली चार राज की बातें', 'श्री बाबू एंड जेपी : एलिगेशन-काउंटर एलिगेशन' की समीक्षा, सुरेंद्र किशोर , हिन्दुस्तान, 7 मार्च, 2003।
34. 'बिहार में सामाजिक परिवर्तन के कुछ आयाम', प्रसन्न कुमार चौधरी-श्रीकांत, पेज - 206।
35. 'दिनमान', 23-29 सितंबर, 1990, जुगनू शारदेय।
36. 'बिहार में सामाजिक परिवर्तन के कुछ आयाम', प्रसन्न कुमार चौधरी-श्रीकांत, पेज - 207।
37. 'पार्टी जीवन की यादें' सुनील मुखर्जी, पेज - 49 और भोला प्रसाद सिंह से बातचीत।
38. 'रेडिकल पॉलिटिक्स इन साउथ एशिया', पॉल आर. ब्रास, रेडिकल पार्टीज ऑफ लेफ्ट इन बिहार, पेज - 361।
39. 'दिनमान', 13 जून, 1971।

40. आर. एन. सिंह, डी. आई. जी. पुलिस ऑन स्पेशल ड्यूटी (बिहार) की रिपोर्ट, 14 दिसंबर, 1973।
41. वही।
42. बिहार के धधकते खेत खलिहानों की दास्तान, पेज - 23।
43. दिनमान, 13 जनवरी 1970, पेज - 22।
44. भाकपा-माले नेता रामनरेश राम से बातचीत।
45. सामयिक वार्ता, 16-31 दिसम्बर, 1977, बजरंग सिंह।
46. गृह मंत्रालय के अधिकारियों के साथ 9.8.76 की बैठक के लिए भोजपुर प्रशासन द्वारा तैयार की गयी सूची और आर.एन. सिंह (डी. आई. जी.) की रिपोर्ट!
47. 'अवकाश', शिवदेव नारायण राय, 16-31 अगस्त, 1979।
48. 'अवकाश', अप्रैल 79, सुरेंद्र किशोर तथा कर्पूरी ठाकुर स्मृति अंक।
49. नवभारत टाइम्स, 10 मार्च 1990।

द्रष्टव्य

'कास्ट इन बिहार कांग्रेस पालिटिक्स', चेतकर झा, संपादक - इकबाल नारायण, पृष्ठ 575। 'सहजानन्द का वसीयतनामा', त्रिवेणी शर्मा सुधाकर, कांग्रेस : तब और अब, पेज-40, बिहार, प्रांतीय किसान सम्मेलन के सोलहवें अधिवेशन, ढकाइच, जिला शाहाबाद में स्वामी जी के भाषण का अंश, पेज - 81। 'मेरे संस्मरण', अनुग्रह नारायण सिंह, अनुग्रह शताब्दी ग्रंथ, प्रथम खंड, पेज - 148 और पेज - 438। '1962 इलेक्शन : ए पॉलिटिकल एनालिसिस', सुरेन्द्र सूरी, पेज - 85। 'आधुनिक भारत में सामाजिक परिवर्तन', एम.एन. श्रीनिवास। 'स्वतंत्र भारत में जातीय तथा भाषाई समस्या', बी.एम. सिर्सीकर, संपादक - बेदिस क्यूलेव, पेज - 337।

चुनाव में हिंसा

बिहार के चुनावों में हिंसा आम बात है। वैसे, बिहारी जनजीवन में भी हिंसा रोजमर्रे की बात बन गयी है। आये दिन होनेवाली घटनाएं राज्य (स्टेट) की हिंसा, भूस्वामियों की हिंसा, जातीय हिंसा, अपराधियों की हिंसा, जनता की प्रतिरोधमूलक व प्रतिक्रियात्मक हिंसा व राजनीतिक वर्चस्व के लिए संगठित हिंसा के परिणाम के रूप में व्यक्त होती हैं। वे परिणाम आगे की हिंसा के कारण भी बनते हैं। बिहार में चुनावी हिंसा ऐसी ही प्रक्रिया-परिणाम का हिस्सा है। राज्य में होने वाली हिंसा की घटनाएं वोट, मानवीय जीवन के मौलिक अधिकार, अमानवीय शोषण-उत्पीड़न व आर्थिक विषमता का विरोध आदि से जुड़ी हुई है। चुनाव के दिन या उसके पहले या उसके बाद वाली हिंसा का कारण चुनाव हो सकता है, लेकिन इसके मूल में दमन-शोषण, उत्पीड़न एवं आर्थिक-सामाजिक प्रभुत्व बनाये रखने का चलन, अल्पसंख्यक किन्तु दबदबा बनाये रखने वाले वर्ग के खिलाफ बहुसंख्यक वर्ग के खड़े होने की कोशिश आदि के दबाव-प्रभाव को पहचाना जा सकता है। चुनाव में होने वाली हिंसा बिहार के सुदूर ग्रामीण क्षेत्रों में रोज ब रोज घटने वाली हिंसा की घटनाओं की राजनीतिक अभिव्यक्ति है।

वस्तुतः बंदूक के जोर पर छोटा सा समूह अपनी परंपरागत सत्ता टिकाये रखना चाहता है। बंदूक के जोर पर वह चुनाव जीत जाना चाहता है। बंदूक के जोर पर ही वह जमीन हड़पता है। बंदूक के जोर पर ही बहुसंख्यक आबादी के जीवन पर काबिज हो जाना चाहता है। और, इस हिंसा के प्रतिकार में होती है हिंसा।

1966 से 1980 के बीच हुई हिंसा की घटनाओं को लेकर किये गये एक अध्ययन का सार यह है कि राज्य में हिंसा की घटनाएं जमीन एवं जाति के नाम पर होती हैं। पहली श्रेणी में जबरन फसल कटाई, न्यूनतम मजदूरी की मांग, बंधुआ मजदूरी, फसल लूट, गैरमजरुआ जमीन पर कब्जा, फसलों की बर्बादी, सिंचाई, बटाईदारी, नक्सली आंदोलन, लम्बे समय का भूमि विवाद, भूदान की जमीन, मठ की जमीन एवं दूसरे गांवों की जमीन पर कब्जे से लेकर मछली मारने, जमीन जोतने तक के मामले शामिल हैं। दूसरी श्रेणी की घटनाएं अन्तरजातीय विवाह, दुश्मनी, सामाजिक प्रभुत्व बनाये रखने का जबरिया प्रयास, यौन शोषण, छुआछूत व दो विरोधी जातियों के बीच जमीन पर कब्जे की होड़, चुनाव के दौरान बूथ कब्जा आदि के कारण होती हैं। [1]

राजनीतिक हत्या का सिलसिला

बिहार में किसी पूर्व विधायक के मारे जाने की पहली घटना 1965 में घटी थी। पूर्व विधायक शक्ति कुमार का शव भी नहीं मिल सका।

बिहार में शक्ति कुमार की हत्या संभवतः पहली राजनीतिक हत्या थी। उनके परिजनों का मानना है कि उनकी हत्या कर दी गयी। शक्ति कुमार दलित समुदाय से आते थे। वे 1945-46 में अंग्रेजी राज के दौरान हुए दक्षिण गया से कांग्रेस के टिकट पर चुने गये थे। आजादी के बाद हुए 1952 के पहले आम चुनाव में शक्ति कुमार निर्वाचित हुए थे। 19 जुलाई 1965 को बिहार विधानसभा में शोक प्रस्ताव के दौरान समाजवादी नेता कर्पूरी ठाकुर ने कहा था कि दिन-दहाड़े इस गरीब के बेटे की हत्या कर दी गयी। वे सदन के सदस्य थे, तब भी और नहीं थे तब भी, गरीबों के लिए अपनी आवाज बुलंद करते रहे।

शक्ति कुमार की हत्या के बाद राज्य में किसी विधायक के मारे जाने की पहली घटना 1972 में घटी। भाकपा के विधायक मंजूर हसन की हत्या एम.एल.ए. फ्लैट में कर दी गयी। वे रामगढ़ से चुन कर आये थे। भाकपा के ही सीताराम मीर की हत्या 23 अगस्त 1978 को कर दी गयी। वे मटिहानी से भाकपा के विधायक थे। 1984 में कांग्रेस के नगीना सिंह की हत्या 14 जनवरी 1984 को कर दी गयी। बक्सर क्षेत्र के प्रतिष्ठित नेता ज्योति प्रकाश की हत्या कर दी गयी। राजनीति के अपराधीकरण के दौर में बाहुबल के धनी वीर बहादुर सिंह, राम विनोद सिंह, वीरेन्द्र सिंह महोबिया की हत्या कर दी गयी। 7 जुलाई 1989 को त्रिलोकी हरिजन मारे गये।

लोकसभा 1991 के चुनाव के दौरान भाजपा के गया प्रत्याशी ईश्वर चौधरी, 1992 में पूर्व केन्द्रीय मंत्री एल.पी. शाही के पुत्र विधायक हेमंत शाही की हत्या कर दी गयी। 3 जुलाई, 1990 को जद विधायक अशोक सिंह की हत्या उनके पटना स्थित आवास में कर दी गयी।

हिंसा और हत्या के इस दौर में 23-24 फरवरी 1998 की रात विधायक देवेन्द्र दूबे की हत्या हुई, तो पूर्व मंत्री व विधायक ब्रजबिहारी प्रसाद के साथ उनके अंगरक्षक की हत्या पटना के इंदिरा गांधी आयुर्वेदिक संस्थान परिसर में कर दी गयी। प्रसिद्ध माकपा नेता अजित सरकार की हत्या 16 अप्रैल 1998 को हुई। 14 अप्रैल को मासस नेता और विधायक गुरुदास चटर्जी की हत्या हुई।

अमर्त्य सेन का कहना है कि बिहार प्रांत में 'हिंसा के बहुत ऊंचे स्तर' का कारण यह भी है कि विषमताओं की पैठ बहुत गहरी बनी हुई है। आर्थिक गैरबराबरी से सामाजिक जीवन का स्वरूप, राजनीतिक प्रक्रियाओं का चरित्र, सरकार की प्राथमिकताएं, सब कुछ बदल जाते हैं। विषमता सामाजिक तनाव का कारण बन सकती है। इससे हिंसा जन्म ले सकती है। [2]

सातवें दशक के पूर्व तक बिहार में साफ-सुथरी राजनीति के 'खेवनहार' थे। अब भी कुछ हैं। लेकिन उस वक्त राजनीति में हिंसा व अपराध का बोलबाला इस कदर न था। बिहार में जमींदारी राज के दौर में लठैत हुआ करते थे, जो 'राड़रेयान' को ठीक रखने का काम करते थे। ब्रिटिश गुलामी से देश मुक्त हुआ तो प्रभुत्वशाली वर्गों के हाथ में आजादी बरतने का अधिकार आ गया। फिर भी गांवों में कांग्रेसी, समाजवादी, कम्युनिस्ट, जनसंघी, जनता के हाथ में यह अधिकार पहुंचाने के लिए गांव-गांव पैदल घूमते थे। इस दौरान कम्युनिस्टों व समाजवादियों ने राज्य की जनता में अपनी पैठ और अलग पहचान बनायी। उन्होंने दलितों-पिछड़ों के बीच संघर्ष के बलबूते अपना आधार विकसित किया। वे जन समस्याओं को दूर करने की दिशा में कदम उठाते थे, अपने संगठन के विस्तार के लिए काम करते थे। प्रतिष्ठित राजनीतिक दलों के बीच से इस तरह की प्रवृत्ति का क्रमशः ह्रास हुआ, वहीं 1967 के बाद बिहार के ग्रामीण हिस्सों को नक्सलवादी आंदोलन ने अपना केन्द्र बनाया। प्रमुख राजनीतिक पार्टियों के लोग 'चुनाव जीतने की राजनीति' पर विश्वास करने लगे और उनका रुझान जनता को आकर्षित करने के बदले अपराधियों की ओर बढ़ने लगा। चुनाव जीतने के लिए वे अपराधी पालने लगे।

पिछले पचास वर्षों में बिहारी समाज में यह नयी चुनाव संस्कृति पैदा हुई। यह संस्कृति बंदूक, धन और बल की संस्कृति है। सामंती प्रभाव वाले क्षेत्रों में इस संस्कृति ने अपना नया दबदबा कायम किया। जड़ जमाई सामंती मनोवृत्ति ने इस बंदूक की संस्कृति से अपना नया दबदबा कायम किया। लठैत-अपराधी दोनाली पा गये। यह सब राजनीतिज्ञों के संरक्षण में हुआ। लेकिन तब तक गांवों का परिदृश्य बदलने लगा था। दलितों-पिछड़ों में आजादी की नयी भूख जगने लगी थी। नक्सलवादियों ने उन्हीं वर्गों को अपना आधार बनाया, जिन्हें कभी समाजवादियों तथा कम्युनिस्टों ने बनाया था। भूमि संघर्ष, न्यूनतम मजदूरी के संघर्ष के साथ वोट देने की आजादी का संघर्ष होने लगा। इस वर्ग को पहले दबा दिया जाता था। वह मतदान केन्द्रों तक नहीं पहुंचता था। कुछ चेतन हुआ तो नयी आंधी आ गयी। राजनीति में अपराधियों का इस्तेमाल करने वाली शक्तियों और गांव-समाज से जुड़ कर काम करने वाली शक्तियों का टकराव होने लगा। यह टकराव पहले कम्युनिस्टों व समाजवादियों के साथ होता था।

पहले दलित-पिछड़ा समुदाय 'बाबू' लोगों की बातें मान कर मतदान केन्द्रों से बिना वोट दिये लौट आता था, तो हिंसा नहीं होती थी। बाद के दौर में वह अपनी मर्जी के अनुसार वोट देने की चाहत करने लगा तो हिंसा की घटनाओं में इजाफा होने लगा। मध्य बिहार में सामंती प्रभुत्व वाले इलाकों में प्रतिरोध संघर्ष मुखरित हुआ तो नवोदित जमींदारों ने निजी सेनाएं गठित कर लीं। भूमि सेना का जन्म कांग्रेसी संरक्षण में हुआ। बिहार में गठित तमाम निजी सेनाओं के गठन के पीछे राजनीतिक ताकतें काम कर रही थीं। उनका मकसद था ग्रामीण असंतोष को दबाना। लेकिन असंख्य गांवों में प्रतिरोध

संघर्ष मुखरित हुआ, तो हमला तेज होता गया। रूपसपुर-चंदवा, बेलछी, परसबीघा, अरवल तक सैकड़ों नरसंहार हुए। सामंतों द्वारा गठित निजी सेनाएं आम दिनों में ग्रामीणों के संघर्षों को कुचलती हैं और चुनाव के दिनों में बंदूक के बल पर बूथ कब्जा करती हैं। जनता व जन समुदाय से कटे नेता व पार्टियां समूह वोट के लिए अपराधियों पर पूरी तरह निर्भर होती गयीं। इन अपराधियों ने सोचा कि वे दूसरे को जिता कर भेज सकते हैं तो खुद क्यों नहीं विधानसभा-लोकसभा में जा सकते हैं। इसी सोच से बिहार में नयी हिंसक राजनीति के बीज़ पड़े।

बिहार में राजनीतिक पतन की शुरुआत अचानक या रातोंरात नहीं हुई। यह भ्रूण रूप में पहले भी थी। बिहार के पहले आम चुनाव से तीसरे आम चुनाव तक हिंसा की प्रवृत्तियां छिटपुट रूप से दिखाई पड़ती हैं। उसके बाद तो जैसे चुनावी हिंसा का लावा ही फूट पड़ा।

बिहार में पहले विधानसभा चुनाव में भी हिंसा की घटनाएं घटी थीं। इन पार्टियों (कम्युनिस्ट व कांग्रेस के अंदर के सोशलिस्ट) की ओर से कांग्रेस के विरुद्ध उम्मीदवार खड़े किये गये थे। उनके जीतने का तो कोई सिलसिला था ही नहीं, पर एक मुठभेड़ का मौका जरूर पैदा हो गया। 'कम्युनिस्टों के साथ मुठभेड़ था ही नहीं, पर एक मुठभेड़ का मौका जरूर पैदा हो गया। कम्युनिस्टों के साथ मुठभेड़ हुई। मुझे इस बात का अफसोस रहा कि कांग्रेसी लोग उनके प्रहारों को अहिंसात्मक रीति से बर्दाशत नहीं कर सके, कम्युनिस्टों के एक नेता को पीट दिया। वातावरण दूषित हो गया। हमारे सिद्धान्तों को भी बहुत धक्का लगा। आदिवासियों का विरोध भी हिंसा से खाली नहीं रहा। जब मैं दौरे पर निकला, तो रांची जिले में कई आदमी मेरे सामने पेश किये गये, जिनको आदिवासी सभा के लोगों ने खूब पीटा था। कुछ लोगों को तो बहुत समय तक अस्पताल में रहना पड़ा था। खूंटी इलाके में उनकी धांधली बहुत ज्यादा थी। एक स्थान पर आदिवासी मार डाले गये। [3] आजादी मिलने के तत्काल बाद हुए पहले जिला परिषद चुनाव में भी पटना जिले में चार व्यक्ति मार डाले गये थे। पटना के वरीय आरक्षी अधीक्षक ने 16 फरवरी, 1948 को भेजी गयी अपनी रिपोर्ट में उन घटनाओं का उल्लेख किया है।

1952 के पहले विधान सभा चुनाव में कांग्रेस के लोगों ने भारतीय कम्युनिस्ट पार्टी के प्रत्याशी कार्यानंद शर्मा को बुरी तरह पीटा था। 'जहां तक बिहार का ताल्लुक है, यहां हमारी ताकत सीमित थी। हम मुख्यत: अपनी नीतियों का प्रचार करने के मकसद से चुनाव में उतरे। वह भी सिर्फ दो विधान सभा क्षेत्र–लखीसराय और बेगूसराय से। उन दिनों दोनों क्षेत्र मुंगेर जिले में ही पड़ते थे। यह जिला खासकर लखीसराय, शेखपुरा, बरबीघा, सिकन्दरा आदि क्षेत्र किसान आंदोलन के क्षेत्र थे। कामरेड कार्यानन्द शर्मा बड़े किसान नेता थे। प्रतिष्ठित कम्युनिस्ट नेता थे। क्षेत्र के किसान-मजदूरों में बहुत लोकप्रिय थे। उनका मुकाबला मुख्यमंत्री श्रीकृष्ण सिंह से था। लड़ाई तीखी हुई, कांग्रेस ने और तीखा बना दिया, उन लोगों ने शर्मा जी पर जानलेवा हमला कर दिया। लखीसराय के

नजदीक ही कांग्रेस के लोगों ने उन्हें लाठियों से पीट-पीट कर अधमरा कर दिया। बचने की कोई उम्मीद नहीं थी। अस्पताल में रहना पड़ा। बच गये, मगर इस पिटाई की निशानी बनी रही।' [4]

'1957 के चुनाव में कांग्रेस के सरयुग सिंह और भाकपा के चन्द्रशेखर सिंह की टक्कर थी। भारतीय कम्युनिस्ट पार्टी के इन्द्रदीप सिन्हा प्रचार में गये थे। उन्हें रामदीरी गांव में पीटा गया। कांग्रेसियों ने इस गांव में चन्द्रशेखर सिंह को कभी घुसने नहीं दिया। इसके पहले 1952 के चुनाव में बखरी में कांग्रेसियों ने चन्द्रशेखर सिंह की जीप में आग लगा दी थी। बाद में भाकपा के भोला प्रसाद सिंह ने तस्कर कामदेव सिंह का चुनाव में इस्तेमाल किया।' [5]

बिहार के दूसरे आम चुनाव (1957) के दौरान नवादा विधान सभा क्षेत्र के गोपालपुर बूथ पर कांगेस और प्रजा सोशलिस्ट पार्टी के उम्मीदवारों के बीच सामान्य टकराव हुआ। पुलिस द्वारा तत्काल कार्रवाई किये जाने के कारण मामला शांत हुआ और मतदान शुरू हुआ। गया जिले में हिसुआ विधान सभा क्षेत्र में दो विरोधी दलों के बीच आरोप-प्रत्यारोप के कारण स्थिति तनावपूर्ण हो गयी थी। समय पर एहतियात बरतने के कारण कोई घटना नहीं घटी। पास के फरीदपुर मतदान केन्द्र में कांग्रेस और प्रजा सोसलिस्ट पार्टी के समर्थक लाठी-भाला लेकर आमने-सामने आ गये थे। दोनों दलों के बीच गर्मा-गर्मी हो गयी थी। पेट्रोलिंग मजिस्ट्रेट ने पहुंच कर भीड़ को तितर-बितर किया। [6]

'विधान सभा के तीसरे आम चुनाव (1962) में पहली बार एक मतदान केन्द्र पर हत्या हुई। मुख्य निर्वाचन अधिकारी की रिपोर्ट में भी इस हत्या का उल्लेख हुआ। बिहार के चुनाव की किताबों में पहली बार हत्या का जिक्र आया। यह हत्या हुई बोधगया विधानसभा क्षेत्र में। मतदान सम्पन्न होने के बाद प्रतिद्वन्द्वी दल के लोगों ने एक व्यक्ति की हत्या कर दी, जब वह घर लौट रहा था।' [7]

'चुनाव के दौरान टकराव की यह पहली घटना थी, जिसमें एक व्यक्ति मारा गया तथा पांच घायल हुए। सकरा विधान सभा के रेपुरा गांव में सांधोपट्टी पंचायत के मुखिया को सात कांग्रेसी कार्यकर्ताओं ने मिलकर पीटा। मुखिया के चार दांत पिटाई से टूट गये। मुखिया वोट देने जा रहा था। पुलिस ने सातों के खिलाफ कार्रवाई की।' [8]

1967 के चुनाव पर मुख्य निर्वाचन अधिकारी की रिपोर्ट में हिंसा की घटनाओं का उल्लेख नहीं है। 1967 के बाद हिंसा की घटनाओं में वृद्धि हुई, तो सरकारी किताबों से हिंसा की घटनाओं का जिक्र ही गायब होने लगा। वैसे, मुख्य निर्वाचन अधिकारी की रिपोर्ट में 1967 के चुनाव के संबंध में यह उल्लेख है: 'मतदान के पहले राजनीतिक वातावरण तनावपूर्ण था और विधि-व्यवस्था बनाये रखने के लिए अतिरिक्त एहतियाती कार्रवाई की गयी थी। तीन छोटी-मोटी घटनाओं को छोड़कर आमतौर पर मतदान शांतिपूर्ण सम्पन्न हुआ।'

1969 में मध्यावधि चुनाव हुआ। राज्य के मुख्य निर्वाचन अधिकारी ने अपनी रिपोर्ट में कहा कि मतदान के पहले राजनीतिक वातावरण 1967 की तरह बहुत तनावपूर्ण नहीं था, यत्र-तत्र कुछ छोटी-मोटी घटनाओं को छोड़ शांतिपूर्ण मतदान हुआ। लेकिन चुनाव की स्थितियों में बड़े पैमाने पर बदलाव का संकेत मिलने लगे। बिहार के चुनाव में आपराधिक प्रवृत्तियां नये रूप में घुसपैठ करने लगीं। '1969 के मध्यावधि चुनाव में लगभग संपूर्ण राज्य में बड़े पैमाने पर हिंसात्मक घटनाएं हुईं। हरिजन तथा गरीब लोगों को वोट गिराने नहीं दिया गया। इन हिंसात्मक कार्रवाइयों में राज्य के विभिन्न हिस्सों में सात लोग मारे गये। इस चुनाव में जातीयता और साम्प्रदायिकता का प्रचार पराकाष्ठा पर पहुंच गया। सभी कहने लगे कि यह जनतंत्र क्या, जातितंत्र-बलतंत्र हो गया है।' [९]

बिहार के चुनाव में गलत व आपराधिक प्रवृत्तियों की घुसपैठ को तीन कालखंडों में विभक्त किया जा सकता है – (क) 1952-62। इस दौर में कांग्रेस का निष्कंटक राज रहा और वह लगातार चुनाव जीतती रही। चुनाव के दौरान मतदाताओं को दबाने का चलन काम कर रहा था, पर खुले तौर पर यह सब न था। (ख) 1967-72। 1967 चुनाव में कांग्रेस को पराजय का मुंह देखना पड़ा। कांग्रेस सत्ताच्युत हो गयी। बिहार सहित नौ राज्यों में संविद सरकारें बनीं। 1969 के मध्यावधि चुनाव में कांग्रेस को करारा झटका लगा। 1969-72 के चुनावों में अपराधी शक्तियों, हिंसा, बूथ लूट और हर तरह के हथकंडों का प्रवेश हुआ। (ग) 1977 और उसके बाद के चुनावों में 'सत्ता के लिए' हर तरह की प्रवृत्तियों की खुली घुसपैठ, बूथ-लूट और संगठित हिंसा परवान चढ़ी।

चौथे आम चुनाव के पहले सरकार को जन आंदोलनों के मोर्चे पर भारी दबाव का सामना करना पड़ा। इस दौर में कम्युनिस्टों तथा समाजवादियों का असर बढ़ गया और कांग्रेस से लोगों का मोह भंग होने लगा। 1965 में पटना के गांधी मैदान की सभा में पुलिस ने बड़े नेताओं पर हमला कर दिया। कर्पूरी ठाकुर, रामानन्द तिवारी, चन्द्रशेखर सिंह बुरी तरह पीटे गये और घंटों गांधी मैदान में लहुलुहान पड़े रहे। यह पिटाई ही चन्द्रशेखर सिंह की मौत का कारण बनी। 1967 का चुनाव जन विक्षोभ की मुखर अभिव्यक्ति कर गया। कांग्रेस को पराजय का धक्का झेलना पड़ा। 1967 के लोकसभा चुनाव में मधु लिमये पर कांग्रेसियों ने हमला किया और उन्हें बुरी तरह लाठियों से पीटा।

'बिहार में सत्तारूढ़ कांग्रेस पार्टी चुनाव को मजाक बनाने पर तुली हुई थी। जब उसे अहसास हुआ कि वह जनता से अलग-थलग पड़ गयी है, तो मुख्यमंत्री के. बी. सहाय और उनकी पार्टी ने भ्रष्ट तरीके अपनाये तथा विपक्षी पार्टियों के कार्यकर्ताओं तथा मतदाताओं को डराया, धमकाया और आतंकित किया। मतदाताओं एवं गैरकांग्रेसी दलों

के कार्यकर्ताओं को आतंकित करने के लिए कुख्यात अपराधी नियुक्त किये गये। अकेले पटना में ही इन अपराधियों ने अनेक कार्यकर्ताओं पर हमले किये। कांग्रेस ने वोट खरीदने के लिए पानी की तरह पैसा बहाया। उन दिनों यह नारा भी खूब लोकप्रिय हुआ– सहाय से नोट लो, महामाया को वोट दो।' [10]

राज्य के प्रमुख अंग्रेजी दैनिक 'इंडियन नेशन' ने 31 जनवरी 1967 को लिखा – 'जिस दिन (26 जनवरी 1967) को कामराज पटना आये, कांग्रेस के कुछ नेताओं ने लोगों को आतंकित करने का तरीका अपनाया। कांग्रेस के बाहुबली कामराज के आगमन के दिन इस तरह 'कांग्रेस जिन्दाबाद' के नारे लगा रहे थे मानो वे चुनौती दे रहे हों कि उनके विरोधी परिणाम भुगतने के लिए तैयार रहें।'

1969 में मध्यावधि चुनाव हुआ। इस चुनाव में भी कांग्रेस पराजित हो गयी। इस चुनाव में हिंसा ने वीभत्स रूप धारण कर लिया। 'न्यू एज' ने लिखा कि हिंसा की घटनाओं में कम-से-कम चार व्यक्ति गोली से मारे गये और 200 से अधिक लोग गोलियों व अन्य हथियारों से घायल होकर राज्य के विभिन्न अस्पतालों में भर्ती हुए। 1969 में बिहार में मतदान केन्द्रों पर हुए संघर्ष में सात मरे तथा 150 घायल हुए। हिंसात्मक कार्यों के अभियोग में 150 गिरफ्तार किये गये। [11]

बिहार के चुनाव में हिंसा का विकराल रूप चौथे आम चुनाव में ही उभर कर सामने आ गया था। डी. एन. धनगड़े का अध्ययन बताता है कि चुनावी हिंसा के मामले में देश के पंद्रह राज्यों और केन्द्र शासित प्रदेशों में बिहार अव्वल था। चुनाव संबंधी सर्वाधिक घटनाएं बिहार में दर्ज हुईं।

1960 के आसपास कामदेव सिंह ने तस्करी शुरू की। उसने हथियार के बल पर बेगूसराय की राजनीति, जनजीवन तथा अपने विरोधियों के जीवन को प्रभावित करना शुरू किया। आंकड़े बताते हैं कि कामदेव सिंह और उसके गिरोह ने बारह वर्षों में अपने विरोधियों को लापता करने, उनकी फसल लूट लेने तथा चुनाव के समय बूथ पर आक्रमण करने की बेहिसाब घटनाओं को अंजाम दिया। गैर कम्युनिस्ट पार्टियों ने चुनाव में इस बाहुबली का खूब इस्तेमाल किया। इस सम्बन्ध में अनेक मौलिक साक्ष्य बेगूसराय जिले में उपलब्ध हैं। [12]

बिहार में आज ऐसे सौभाग्यशाली ग्रामीण क्षेत्र शायद ही होंगे, जहां के भोले-भाले लोग चुनाव के दिन मतदान करने जाते वक्त किसी मेले में जाने जैसे उल्लास और उमंग से लैस होते हों। हालांकि 15-20 वर्ष पहले का अनुभव यही रहा है। आज चुनाव के दिन की बात कौन करे, चुनाव का मौसम आते ही मतदाता के दिलो-दिमाग में दहशत छाने लगती है। चुनाव के दिन मतदान केन्द तक जाना उनके लिए युद्ध क्षेत्र में सर हथेली पर लेकर जाने जैसा होता है। [13]

चौथा आम चुनाव : 1967

चुनाव के दौरान ग्रामीण व शहरी हिंसा

राज्यों के नाम	शहरों में हुई घटनाएं	ग्रामीण क्षेत्रों में हुई घटनाएं	घटनाएं हुई स्थान का नाम उपलब्ध नहीं	कुल
आंध्र प्रदेश	14	13	1	28
असम	1	8	0	9
बिहार	44	50	4	98
गुजरात	18	6	1	25
जम्मू–कश्मीर	8	8	7	23
मध्य प्रदेश	12	4	1	17
केरल	1	7	0	8
मद्रास	7	5	6	18
महाराष्ट्र	14	1	0	15
मैसूर	5	5	0	10
उड़ीसा	5	7	0	12
पंजाब हरियाणा	6	8	0	14
राजस्थान	10	1	0	11
उत्तर प्रदेश	22	8	1	31
पश्चिम बंगाल	18	9	1	28
केन्द्रशासित राज्य	21	4	3	28
कुल	206	144	25	375

बिहार में मतदान की पवित्रता के बारे में धारणा उलट गयी है और शांतिपूर्ण निष्पक्ष मतदान अतीत की याद भर हो कर रह गया है। राज्य के मुख्य निर्वाचन अधिकारी की 1962 में लिखी रिपोर्ट के मुताबिक, 'मतदान के दिन पर्व के दिन जैसा माहौल था। महिलाएं रंग-बिरंगी साड़ियां पहन कर वोट डालने आयीं। कुछ महिलाएं तो घूंघट काढ़े और बुर्का पहने हुई थीं। उनमें वोट डालने का उत्साह देखते बनता था।'

बिहार में प्रतिदिन होने वाली हिंसा में दस से अधिक आदमी मरते हैं। सालाना मारे जाने का औसत साढ़े चार-पांच हजार बैठता है और देश में चुनावी हिंसा का रिकार्ड भी बिहार के ही नाम है। 1985 में हुए चुनाव को लेकर संसद में सवाल पूछा गया था कि किन-किन राज्यों में कितनी चुनावी हिंसा हुई। जवाब में गृह राज्य मंत्री ने कहा कि बिहार में लोकसभा चुनाव में 28 तथा विधान सभा चुनाव में 91

हिंसा की घटनाएं हुईं। आंध्र प्रदेश में लोकसभा में 7 और विधानसभा चुनाव में 12, उत्तर प्रदेश में क्रमशः 6 और केरल में सिर्फ 4, महाराष्ट्र में सिर्फ पांच और गुजरात में सिर्फ दो हिंसक घटनाएं हुईं।

गृह मंत्री की रिपोर्ट के अनुसार देश भर में हुए चुनाव में हिंसा की कुल 161 घटनाएं घटीं। इसमें अकेले बिहार में 119 घटनाएं घटीं। बिहार को छोड़कर शेष राज्यों में हिंसा की मात्र 42 घटनाएं घटीं।

बिहार में 1977 के चुनाव के बाद हिंसा की घटनाओं में लगातार वृद्धि हुई है और इसने एक संगठित रूप अख्तियार कर लिया है। 1977 के चुनाव में हिंसा का रिकार्ड 194 का रहा, जिसमें कुल 26 लोग मारे गये और घायल हुए 309 व्यक्ति। 1980 के चुनाव में मारे जाने वाले लोगों की संख्या बढ़कर 38 पहुंच गयी और 788 व्यक्ति घायल हुए।

भाकपा के शीर्ष नेता चतुरानन मिश्र के अनुसार, '1977 में जनता पार्टी की जीत के बाद संपूर्ण राज्य में सामंतों की तरफ से एक आम हवा फैल गयी कि हरिजन, आदिवासी और कमजोर वर्ग के लोगों को सताओ – बेलछी, पथड्डा जैसी घटनाएं करो। सामंतों द्वारा बड़े पैमाने पर बालिग मताधिकार का अपहरण हो रहा है। बूथ कब्जा करना आम बात हो गयी है। इसी चुनाव में गोह में मेरी पार्टी के दस आदमी मार डाले गये। वे गोली से मार दिये गये, क्योंकि उन्होंने बूथ कब्जा करने से रोका था।' [14]

विधान सभा चुनाव : 1977				**विधान सभा चुनाव : 1980**			
	घटना	मरे	घायल		घटना	मरे	घायल
दो गुटों में मुठभेड़	109	6	160	दो गुटों में मुठभेड़	197	7	358
पत्थरबाजी	21	–	37	पत्थरबाजी	28	1	58
चाकूबाजी	4	–	5	चाकूबाजी	13	2	22
आगजनी	05	–	–	आगजनी	6	–	6
बम विस्फोट	11	3	3	बम विस्फोट	49	2	73
गुटों में फायरिंग	22	14	97	गुटों में फायरिंग	73	19	152
पुलिस फायरिंग	22	1	7	पुलिस फायरिंग	8	4	5
मतपत्रों की छीना झपटी तथा बूथ कब्जा की छीना झपटी	146	–	–	बूथ कब्जा, मत पत्रों की छीना झपटी	57	–	2
कब्जा							
अन्य		2			141	3	32
कुल	**194**	**26**	**309**		**757**	**38**	**788**

विधान सभा चुनाव, 1985 में हिंसा

	मतदान के पूर्व की घटनाएं	मारे गये	घायल	मतदान के दिन की घटनाएं	मारे गये	घायल	मतदान के बाद की घटनाएं	मारे गये	घायल	पुनर्मतदान के दिन की घटनाएं	मारे गये	घायल
बूथ कब्जा				6								
मतपत्र लूट	5			83								
दो गुटों में संघर्ष	13	1	06	44	7	34	9	3				
आगजनी				08								
दुर्घटना				02								
मारपीट पथराव				05	01				02			
चाकूबाजी	1		1	03		03						
पुलिस फायरिंग				55	16	1	1		1			
गुटों में फायरिंग	1	1	3	59	21	97	5		3			
अन्य	14	3	1				2	1	1			
बम विस्फोट	3	6	2	45	5	31	5	2	6			
कुल	**37**	**11**	**13**	**310**	**49**	**186**	**23**	**7**	**29**	**6**	**2**	**7**

विधान सभा चुनाव, 1990 में हिंसा

	मतदान के पूर्व की घटनाएं	मारे गये	घायल	मतदान के दिन की घटनाएं	मारे गये	घायल	मतदान के बाद की घटनाएं	मारे गये	घायल
दो गुटों में फायरिंग	4	5	8	94	26	130	4	2	6
बम विस्फोट	3	8	4	60	7	78	3		3
पुलिस फायरिंग	3			36	9	12	4	9	18
पथराव	1		1	11		20			
मतपत्रों की छीना-झपटी, बैलेट बॉक्स लूट			162		1				
बूथ कब्जा				29					
आगजनी				08					
दुर्घटना				02		1			
मुठभेड़	8	3	7	49	16	25	1		1
अन्य				17		03	9		
				03	1	1			
कुल	**19**	**16**	**20**	**478**	**59**	**271**	**23**	**12**	**27**

स्रोत : बिहार सरकार का गृह (विशेष) विभाग

हिंसा के मामले में 1985 के विधान सभा चुनाव में पिछला रिकार्ड टूट गया। घटनाओं की संख्या और मरने वालों की संख्या दोगुनी हो गयी। 1985 के चुनाव में हिंसा की कुल 1370 घटनाएं दर्ज की गयीं, जिनमें 69 लोग मारे गये और घायल हुए 242। मतदान के पहले हिंसा की 37 घटनाएं हुईं, जिनमें 11 व्यक्ति मारे गये, 13 घायल हुए। मतदान के दिन हिंसा की 310 वारदातें हुईं, 49 व्यक्ति मारे गये और 29 घायल हुए। पुनर्मतदान के दिन भी हिंसा की 6 घटनाएं दर्ज की गयीं, जिनमें दो व्यक्ति मारे गये।

1991 लोकसभा चुनाव में मधेपुरा में एक निर्दलीय प्रत्याशी राजकुमारी चौधरी तथा गया (सुरक्षित) से भाजपा के उम्मीदवार ईश्वर चौधरी की हत्या कर दी गयी, जिससे इन संसदीय क्षेत्रों में चुनाव स्थगित हो गया।

लोकसभा के 1991 के मध्यावधि चुनाव को लेकर राज्य के तत्कालीन मुख्य सचिव कमला प्रसाद की अध्यक्षता में हुई बैठक में इस बात पर बहस हुई कि एक दिन का मतदान कम हिंसा के लिहाज से बेहतर होगा या दो दिन का? पुलिस महानिदेशक (स्पेशल ब्रांच) ने अपने विचारों को यों रखा – 'जहां तक मतदान कराने के दिनों का सवाल है पिछले अनुभवों के आधार पर यह महसूस किया गया कि एक दिन का मतदान बेहतर होगा। 1977 के आम चुनाव और 1980 के मध्यावधि चुनाव बिल्कुल अलग-अलग तस्वीर पेश करते हैं। 1977 के आम चुनाव में तीन दिन मतदान हुआ और 12 लोग मारे गये जबकि 1980 के मध्यावधि चुनाव में एक दिन के मतदान में मात्र तीन व्यक्ति मारे गये। इसी तरह 1984 में एक दिन के मतदान में जहां सिर्फ 12 लोग मारे गये, वहीं इसकी तुलना में नवम्बर 1989 के चुनाव में दो दिन में हुए मतदान में 40 लोग मारे गये। पुलिस महानिदेशक ने बैठक में यह भी बताया कि 1989 के चुनाव में मतपेटी छीनने की 327 घटनाएं हुई और 281 जगह दुबारा मतदान कराना पड़ा।

1989 के लोकसभा चुनाव में जहां 40 व्यक्ति मारे गये, वहीं इस चुनाव के कुछ दिनों बाद, 1990 में हुए विधानसभा के चुनाव में हिंसा की घटनाओं में वृद्धि हुई और 87 लोग मारे गये और 318 व्यक्ति घायल हुए। कुल 520 मामले दर्ज किये गये। 99 मामलों में उम्मीदवारों के समर्थकों ने गोलियां चलायीं जबकि पुलिस को 36 स्थानों पर गोलियां चलानी पड़ी।

लोकसभा के 1991 के चुनाव में कुल 53 व्यक्ति मारे गये। इस चुनाव में हिंसा की कुल 1232 घटनाएं घटीं और 434 व्यक्ति घायल हुए। चुनाव के पूर्व की हिंसा में 17, मतदान के पहले चरण में 18 और दूसरे चरण में 15 व्यक्ति मारे गये। चुनाव के बाद की हिंसा में तीन व्यक्ति मारे गये। [15]

विधानसभा 1995 के चुनाव में हिंसा की कुल 1270 घटनाएं घटीं, 54 मौतें हुई। 14 मौतें चुनाव पूर्व हुईं, जबकि 12 मौतें चुनाव के बाद। विधानसभा के इस चुनाव में कुल 163 व्यक्ति घायल हुए।

विधानसभा चुनाव के एक साल बाद हुए 1996 लोकसभा चुनाव के दौरान हिंसा की घटनाओं में कुल 42 व्यक्ति मारे गये। कुल 187 व्यक्ति घायल हुए। इस चुनाव में पहली बार एम.सी.सी. के आधार वाले इलाकों में लैंड माइन विस्फोट की घटनाएं भी सामने आयीं। लैंड माइन विस्फोट की घटनाओं में जहानाबाद में बी.एम.पी. के तीन जवान, चतरा में चार, और हजारीबाग में 1 पुलिस ड्राइवर मारा गया।

लोकसभा के 1998 के चुनाव में हिंसा की 1485 घटनाओं में कुल 44 व्यक्ति मारे गये। लैंड माइन विस्फोट की घटनाओं में 14 पुलिसकर्मी मारे गये और 22 घायल हुए। पुलिस से छह हथियार भी लूट लिये गये।

लोकसभा चुनाव 1999 में कुल 76 व्यक्ति मारे गये, जिसमें 30 पुलिसकर्मी थे। बिहार के गृह (विशेष) विभाग की रिपोर्ट के अनुसार, हिंसा की कुल 452 घटनाएं घटीं, जिनमें 147 व्यक्ति घायल हुए। बारूदी सुरंग की विस्फोट में 29 पुलिसकर्मी मारे गये और घायल हुए 54 । बारूरी सुरंग से हुए विस्फोट में 14 मतदानकर्मी भी मारे गये और कुल 93 घायल हुए। बारूदी सुरंग में विस्फोट की घटनाएं एम.सी.सी. के आधार इलाकों में हुई, जहां एम.सी.सी. ने वोट बहिष्कार का ऐलान कर रखा था। माओवादी कम्युनिस्ट केन्द्र के मुखपत्र 'लाल चिनगारी', अंक 65, अक्टूबर-दिसम्बर 1999 (पेज -53) में पुलिस दल पर हमले का ब्यौरा और वोट बहिष्कार वाले थानों का विवरण प्रकाशित किया गया।

विधानसभा चुनाव 2000 में कुल 61 व्यक्ति मारे गये। हिंसा की कुल 633 घटनाएं घटीं और चुनाव के दौरान 150 व्यक्ति घायल हुए। बारूदी सुरंग के विस्फोट में 9 पुलिसकर्मी मारे गये और 20 घायल हुए। चुनाव के दौरान पुलिस ने 39 स्थानों पर गोलियां चलायीं, जिसमें पंद्रह व्यक्ति मारे गये। पुलिस और आम लोगों के बीच के झड़प में तीन पुलिसकर्मी भी मारे गये।

बिहार में 2001 में 23 वर्षों बाद छह चरणों में हुए पंचायत चुनाव में 196 लोग मारे गये। इनमें 73 लोगों की हत्या की गयी थी। मारे गये लोगों में 40 विभिन्न पदों के प्रत्याशी थे। पंद्रह लोग पुलिस फायरिंग में मारे गये, तो 56 लोग आपसी गुटबंदी में मारे गये। 3 बम विस्फोट में मारे गये, तो 46 अन्य घटनाओं में। हिंसा और हत्या का सिलसिला चुनाव के बाद भी थमा नहीं। 2003 तक कुल 64 मुखिया, वार्ड सदस्य, पंचायत समिति के सदस्य मारे गये हैं।[16]

2004 के लोकसभा चुनाव में कुल पंद्रह व्यक्ति मारे गये। हिंसा-मारपीट की 279 घटनाएं घटीं। मारे गये पंद्रह लोगों के अतिरिक्त अन्य 13 लोगों की मृत्यु हृदयगति रुकने के कारण हुई। इस तरह कुल 28 लोगों की मृत्यु हुई। कुल 78 व्यक्ति घायल हुए।

चुनाव में हिंसा

चुनाव वर्ष		चुनाव के पूर्व	चुनाव के दिन	चुनाव के बाद	कुल
1985	विधानसभा	11	49	2	69
1990	विधानसभा	15	59	12	86
1995	विधानसभा	14	28	12	54
1996	लोकसभा	10	29	3	42
1998	लोकसभा	–	34	10	44
1999	लोकसभा	12	56	8	76
2000	विधानसभा	22	36	3	61
2004	लोकसभा	–	–	–	28

'बिहार में चुनाव के दौरान हिंसा की बढ़ रही घटनाओं में इजाफा के साथ 1977 के बाद हिंसा के रूप में भी बदलाव हुआ। 1985 के चुनाव में हिंसा व धांधली की घटनाओं ने देश भर को बिहार की ओर आकर्षित किया और चुनाव आय्रोग को यह सोचने पर मजबूर किया कि बिहार में हिंसा का ग्राफ आखिर जा कहां रहा है?

फिलहाल बिहार में कानून व्यवस्था लागू करने वाली मशीनरी प्रभावशाली नहीं रह गयी है। राज्य में लंबे समय से चुनाव के दौरान जातीय और अपराधियों का इस्तेमाल धड़ल्ले से होता रहा है। जातीयता से ग्रस्त इस राज्य के चुनावों में जुल्मी, अपराधी व असामाजिक तत्व न सिर्फ हावी रहे हैं, बल्कि ये शक्तियां चुनाव परिणामों को प्रभावित करने में अप्रत्याशित रूप से सफल रही हैं। अब स्थिति इस हद तक आगे पहुंच गयी है कि यह कहना कठिन है कि चुनावों के परिणाम मतदाताओं की सही इच्छा का प्रतिनिधित्व करते हैं। [17]

असल मुद्दा यही है कि क्या चुनावों के परिणाम मतदाताओं की सही इच्छा का प्रतिनिधित्व करते हैं? चुनाव में लगातार हिंसा का जोर बढ़ता ही जा रहा है। अब राजनीतिक दल यह नहीं देखते कि संबद्ध कार्यकर्ता का अपने क्षेत्र में कितना आधार है? वह कितना लोकप्रिय है? अब यह देखा जाने लगा है कि वह कितना दबंग है? उसकी पहुंच कितनी है? वह किस जाति का है? वह प्रतिद्वंद्वी दल से हर स्तर पर - धनबल, हथियारबल - से टकराने का माद्दा रखता है या नहीं? इस रोग से प्रायः हर दल ग्रस्त है।

जब पार्टी के महत्वाकांक्षी उम्मीदवार को यह लगने लगा कि लम्बे समय तक खून-पसीना एक कर वोटरों को अपने पक्ष में तैयार करने के प्रयास के बिना ही उनके वोटों को आसानी से खरीदा जा सकता है, तब अपेक्षाकृत ईमानदार पार्टी सदस्यों द्वारा

तैयार और विकसित किया हुआ आधार खत्म हो गया। यहीं से जोड़-तोड़ के गलत तरीकों के जरिये सत्ता पर कब्जा करने की दौड़ शुरू हुई।

'बड़ी पार्टियों के उम्मीदवारों का चयन पार्टी हाई कमान करता है और यह अविवेकपूर्ण निर्णय चुनाव की घोषणा के बाद होता है। नतीजन उम्मीदवारों को पार्टी की इच्छा के विरुद्ध चुनाव क्षेत्रों में थोप दिया जाता है। आमतौर पर जाति और दूसरे अस्वस्थकर विचार, जैसे धन शक्ति, के आधार पर उम्मीदवरों का चयन किया जाता है। कम्युनिस्ट और कैडर आधारित दूसरी पार्टियां ऊपर से उम्मीदवारों को थोपने का काम कम करती हैं। [18]

'पूरे बिहार में जगह-जगह अवैध हथियार मंडियां खुली हैं। इन मंडियों में सेना से चोरी हुए हथियार तथा विदेशी हथियारों के साथ देशी रायफल, बंदूक, रिवाल्वर एवं पिस्तौल सहज ही उपलब्ध हैं। ये हथियार पहले मुंगेर, गया, बेगूसराय, नवादा, पटना, नालन्दा, भोजपुर, रोहतास आदि जिलों के अवैध कारखानों में तैयार होते थे। पुलिस रिपोर्ट के अनुसार इस तरह के कारखाने अब सारण, गोपालगंज, सीतामढ़ी, खगड़िया, कटिहार, पश्चिम चम्पारण एवं सिंहभूम जिलों में भी खुल गये हैं। अकेले मुंगेर जिले में अवैध हथियारों की पांच सौ से अधिक फैक्टरियां हैं। सी.बी.आई. की एक रिपोर्ट के अनुसार प्रायः सभी जिलों में अवैध हथियार बनाने के कारखाने चल रहे हैं। राज्य में लायसेंसी हथियारों के आठ गुना अवैध हथियार चलन में हैं। बिहार राज्य में करीब दस लाख लायसेंसी बंदूकें हैं और 80 लाख अवैध बंदूकें। सी.बी.आई. की रिपोर्ट के अनुसार अगर कभी पुलिस की बैरकों में छापा मारा जाये तो 40-50 प्रतिशत अवैध हथियार मिल सकते हैं। [19]

राज्य के दस हजार ऐसे लोग हैं जिनके पास गैरकानूनी रिवाल्वर और पिस्तौलें हैं। साधारण दिनों में ये डकैती का काम करते हैं। बस की डकैती, ट्रेन की डकैती और यही लोग गरीबों की फसलें लूटते हैं। मकान लूटते हैं। वोट के समय बूथ कब्जा करने में राजनीतिज्ञों का साथ देते हैं। [20]

राजनीतिक दलों के बीच जाति, भ्रष्ट व्यवहार, कालाधान, बंदूक का चलन बढ़ने लगा है। यह मूल रूप से सत्ता को टिकाये रखने की प्रवृत्ति के चलते हुआ। सत्ता को टिकाये रखने का अर्थ ग्रामीण अंचल में प्रभुत्व को टिकाये रखने से लेकर सर्वोच्च संस्था सरकार को टिकाये रखने तक में अभिव्यक्त हुआ। इसमें पुलिस प्रशासन की महत्वपूर्ण भूमिका रही। स्थानीय स्तर पर 'विरोध' का स्वर मुखरित होते ही प्रशासन और राज्य मशीनरी एक पक्ष में खड़ा हो जाता है। वह समाज में कथित प्रतिष्ठित और दबदबा कायम करने वालों के पक्ष में जा खड़ा होता है। अब तो लाठी, बंदूक के बदले ए.के.-47 का जमाना आ गया।

चुनाव में स्वतंत्र एवं निष्पक्ष मतदान की गारंटी की बात कही जाती है। यह उसी तरह की बात है, जिस तरह राज्य में कानून, अमनचैन की व्यवस्था बनाये रखने का

दावा किया जाता है। मुख्य चुनाव आयुक्त टी.एन. शेषन ने 1991 में बिहार में शांतिपूर्ण मतदान कराने की कवायद की थी और कहा कि हिंसा हुई, तो चुनाव रद्द होंगे। अर्द्ध सैनिक बलों की 1989 के लोकसभा चुनाव में 125, 1990 के विधानसभा चुनाव में 197 और 1995 के विधानसभा चुनाव में कुल 618 कम्पनियां लगायी गयीं।

2004 के लोकसभा चुनाव में अपेक्षाकृत हिंसा की घटनाएं कम हुईं। गृह विभाग की रिपोर्ट के अनुसार हिंसा और मारपीट की 279 घटनाएं हुईं। पंद्रह व्यक्ति मारे गये। लेकिन राज्य चुनाव कार्यालय की रिपोर्ट के अनुसार मारे गये 15 लोगों के अतिरिक्त 13 अन्य लोगों की चुनाव के दौरान हृदयगति रुकने से मृत्यु हुई जिनके परिजनों को चुनाव ड्यूटी के दौरान हुई मौत के लिए मुआवजा दिया गया।

बहरहाल, आर्थिक विषमताओं से जूझते समाज में वोट देने का अधिकार सामाजिक जागरण और वोट देना सामाजिक संघर्ष का हिस्सा हैं। वोट देने के लिए लोग खड़े होंगे, रोकनेवालों का प्रतिकार करेंगे, तो स्वाभाविक तौर पर टकराव होता है। यह समाज में शक्ति संतुलन का भी सूचक है। बिहार हर चुनाव के दौरान इसी प्रक्रिया से गुजरता है।

संदर्भ

1. 'डिस्कशन: कास्ट इन रूरल बिहार', विनय कुमार सिंह, सत्येन्द्र नारायण और धनंजय कुमार सिंह।
2. 'भारत में विकास की दिशाएं', अमर्त्य सेन, पेज - 92।
3. 'आत्मकथा' – 'असेम्बली का चुनाव व कुछ पार्टियों के कारनामे, 1937', डा. राजेन्द्र प्रसाद।
4. सुनील मुखर्जी, पार्टी जीवन की यादें, पेज–40 ।
5. गणेश शंकर विद्यार्थी, माकपा राज्य सचिव से बातचीत।
6. मुख्य निर्वाचन अधिकारी की रिपोर्ट, 1956-57 ।
7. मुख्य निर्वाचन अधिकारी की रिपोर्ट, 1962 ।
8. इंडियन नेशन–25 फरवरी, 1962 ।
9. विधानसभा में वाद-विवाद-राज कुमार पूर्वे 14 मार्च, 1969 ।
10. के. गोपालन, न्यू एज, 12 फरवरी, 1967 ।
11. के. गोपालन, न्यू एज, 23 फरवरी, 1969, आर्यावर्त, 10 फरवरी, 1969 ।
12. रामचन्द्र खान-बेगूसराय के तत्कालीन आरक्षी अधीक्षक की रिपोर्ट, 16 फरवरी, 1974 फाइल से रामचन्द्र खान द्वारा तत्कालीन सहायक आरक्षी महानिदेशक डी.एन. सहाय को भेजी गयी रिपोर्ट, 28 मई, 1974 फाइल से ।
13. हेमंत, महापर्व की महायात्रा, हिन्दुस्तान, 29 अप्रैल 1977 ।
15. लोकसभा चुनाव, 1998, गृह (विशंष) विभाग की रिपोर्ट।
16. 'मुखियों की जान पर आफत', वर्ष 2003, श्रीकांत, 'हिन्दुस्तान' पटना।
17. चुनाव आयोग की द्वितीय रिपोर्ट, 1984 ।
18. चुनाव आयोग के पूर्व सचिव के. गणेशन का लेख-असली भारत, 1989 ।
19. 'दूबे जी के राज में जान सस्ती और जनता चुप', रविवार, 2-8 फरवरी, 1986, जय शंकर गुप्त।
20. विधान सभा में वाद-विवाद, चतुरानन मिश्र, 1977 ।

तालिकाओं का स्रोत : फोर्थ जेनरल इलेक्शन इन इंडिया, एडिटर : एस. पी. वर्मा, इकबाल नारायण।

बूथ लूट

बिहार में चुनाव हो और बूथ न लूटे जायं, यह हो ही नहीं सकता। बूथ लूट बिहार के चुनावों की विशेषता है और कोई भी दल इससे अपना दामन नहीं बचा पाया है।

बिहार के चुनाव में 'बूथ कब्जा' एक प्रचलित शब्द है। लोक प्रतिनिधित्व अधिनियम, 1951 की धारा 135 (क) में इसे परिभाषित करते हुए कहा गया है : जो कोई बूथ के बलात् ग्रहण का अपराध करेगा, वह दंड का भागी होगा और उसे छह माह से दो वर्ष तक की सजा हो सकती है। अपराधी पर जुर्माना आयद करने की भी व्यवस्था कानून में है। अधिनियम की इस धारा के मुताबिक –

(क) किसी व्यक्ति या किन्हीं व्यक्तियों द्वारा मतदान केन्द्र या मतदान के लिए नियत स्थान का कब्जा करना, मतदान अधिकारियों द्वारा मतपत्रों या मतदान मशीनों का सरेंडर किया जाना या और कोई अन्य कार्य करना, जो निर्वाचन के संचालन को प्रभावित करता है।

(ख) किसी व्यक्ति या किन्हीं व्यक्तियों द्वारा किसी मतदान केन्द्र या मतदान के लिए किसी नियत स्थान को कब्जे में लेना और केवल उसके या उनके अपने अधिकार का प्रयोग करने देना और दूसरे को वोट देने से रोकना।

(ग) किसी निर्वाचक को धमकी देना और अपना मत देने के लिए मतदान केन्द्र या मतदान के लिए नियत स्थान पर जाने से रोकना।

(घ) किसी व्यक्ति या किन्हीं व्यक्तियों द्वारा मतगणना करने के स्थान पर कब्जा (अधिग्रहण) करना, मतगणना अधिकारियों को मतपत्रों या मतदान मशीनों को अभ्यर्थित कराना और ऐसा कोई अन्य कार्य करना जो मतों की व्यवस्थित गणना को प्रभावित करता है।

(च) सरकार की सेवा में किसी व्यक्ति द्वारा किसी अभ्यर्थी के निर्वाचन की संभावनाओं को बताना या किसी क्रियाकलाप का किया जाना या ऐसे क्रियाकलाप में सहायता करना या मौन स्वीकृति देना।

इन कानूनी प्रावधानों की यहां हर चुनाव में धज्जियां उड़ती हैं। चुनावों में बूथ कब्जा का सामान्य अर्थ है – मतों का जबरन लूट लिया जाना, वयस्क मताधिकार का गला घोंट देना और नागरिकों के मौलिक अधिकार पर डाका डालना। बूथ कब्जा राजनीति का प्रचलित अंग बन गया है। यहां के चुनावों में यह कतई पड़ताल का विषय

नहीं बनता कि किन मतदान केन्द्रों पर बूथ कब्जा हुआ। पड़ताल का विषय यह होता है कि किन मतदान केन्द्रों पर बूथ कब्जा नहीं हुआ और मतदाताओं ने स्वतंत्र ढंग से अपने मताधिकार का उपयोग किया।

चुनाव प्रक्रिया शुरू होते ही मतदाताओं की इच्छा-आकांक्षा से परे उम्मीदवार वैसे बूथों की गिनती शुरू करता है और उन्हें चिन्हित कर लेता है, जिनको वह आसानी से अपने कब्जे में कर सकता है। वह अब पहले की तरह मतदाताओं को अपना समर्थक बनाने में वक्त जाया नहीं करना चाहता बल्कि इस हिसाब-किताब और इंतजाम में भिड़ जाता है कि कितने बूथों पर कब्जा कर लेने से वह विधान सभा में पहुंच सकता है! 'लोकतंत्र में चुनाव को महज गिनती का खेल' माननेवाली सभी राजनीतिक पार्टियां इस प्रवृत्ति की शिकार हैं।

चुनाव के पहले ही दलों का उम्मीदवार जन समर्थन हासिल करने की चिंता से मुक्त होकर आपराधिक गिरोहों, बूथ लुटेरों और गुंडों तथा भाड़े के लठैतों को 'ठीक करने' में लग जाता है। वह हथियार, गोला बारूद इकट्ठा करने में लग जाता है।

वह झंडा-बैनर, पोस्टर प्रचार, तामझाम, हाथी-घोड़े और बैंडबाजों का इंतजाम भी करता है लेकिन वह उसकी उस ताकत का 'इजहार' होता है, जो बूथ कब्जे के पूरा और पुख्ता इंतजाम होने से जुड़ी होती है। इसलिए चुनाव की असली तैयारी शुरू होती है बूथ कब्जे के इंतजाम से। बूथ लूट के इस खेल में क्या कांग्रेसी, क्या जनता दली, क्या भाजपाई और क्या वामपंथी – सभी शामिल हैं।

'बिहार में 1989-90 के लोकसभा और विधान सभा चुनाव में बड़े पैमाने पर बूथ कब्जा हुआ। बूथ कब्जा के कारण वास्तविक मतदाता अपना वोट नहीं दे पाये और गुंडों ने मतदान केन्द्रों पर कब्जा कर लिया। बूथ कब्जे की घटनाएं किसी खास राजनीतिक दल द्वारा नहीं की जा रही हैं, बल्कि यह मामला पार्टी की सीमारेखा पार कर चुका है। वे एक दूसरे पर बूथ कब्जे को लेकर आरोप लगाते हैं।'[1]

बिहार में बूथ लूट की यह संस्कृति लंबे समय तक आर्थिक रूप से विपन्न जातियों को मतदान केन्द्रों तक नहीं जाने देने तक सीमित थी। मतदाता जब मतदान केन्द्र पर पहुंचता था तो कहा जाता था –'जो, तोर वोट पड़ गईल।' (जाओ तुम्हारा वोट डाल दिया गया)। बाद के दौर में जब राजनीति को अपनी आजीविका और पेशा बनानेवालों को लगा कि इससे काम नहीं चलेगा, तो थोक वोट खरीदने का चलन शुरू हुआ। यह कोशिश भी जीत की संभावनाओं को मतगणना के पहले ही पुख्ता करने में अधूरी साबित हुईं, तो दबाव की संस्कृति विकसित हुई। वोट के अधिकार के प्रति जनता में चेतना का विस्तार हुआ और वोट सामाजिक-राजनीतिक संघर्ष का मजबूत हथियार बना, दबाव की संस्कृति नाकाम साबित होने लगी तो बात बूथ कब्जे तक पहुंच गयी।

आखिर किसका वोट लूटा जाता है? किसी दबंग मतदाता का? आर्थिक रूप से सम्पन्न मतदाता का? सवर्ण या अवर्ण प्रभुत्वशाली जातियों का? नहीं। वोट लूटा जाता है गरीबों का, दलितों का, हरिजनों का।

बिहार में बूथ लूट का इतिहास काफी पुराना है। 'लूट' की यह प्रक्रिया धीरे-धीरे विकसित हुई, जो प्रतिद्वंद्वी पार्टी के समर्थक वोटरों की पहचान कर उनसे जुड़े मतदान केंद्रों को 'डिस्टर्ब करने से शुरू हुआ और उन वोटरों के वोटों पर कब्जा करने के लिए 'बूथ कब्जा' तक पहुंचकर चुनाव का स्थायी अंग बन गया। बिहार में जिला बोर्डों के चुनावों के दौरान ही मतदाताओं को डराने-धमकाने का सिलसिला शुरू हो गया था। 1927 में जिला बोर्डों के चुनाव में चकाई में मतदान के दौरान हल्का व्यवधान पैदा हुआ और गोगरी मतदान केन्द्र पर दोबारा मतदान हुआ। गैरकांग्रेसी प्रत्याशी का आरोप था कि उनका विरोधी बड़ी संख्या में अपने समर्थकों को लेकर मतदान केन्द्र में घुस गया था।

1933 में पूर्णिया के रूपौली में 'राज' की ओर से वोटरों को कहीं जाने और किसी से मिलने पर प्रतिबंध था। धमदाहा, रुपैनी, कोढ़ा, फारबिसगंज और रानीगंज में जमींदारों ने अपने मैनेजरों के पक्ष में मतदान करने के लिए रैयतों को डराया-धमकाया और अपने कैम्प में नजरबंद रखा। उन्हें मारा-पीटा। (पूर्णियां के जिलाधिकारी की रिपोर्ट, 24-25 अगस्त 1933) पटना के जिलाधिकारी ने 1933 में यह नोट किया कि चुनाव में सभी सीटों पर वातावरण गर्म रहा। गिरियक थाना में बोर्ड के उपाध्यक्ष गुरुसहाय लाल थे। उनके समर्थकों पर हमला किया गया।

बिहार में अंग्रेजी राज के दौरान 1937 में हुए विधानसभा के पहले चुनाव में हुई धांधली का उल्लेख डा. राजेन्द्र प्रसाद ने अपनी आत्मकथा में किया है। डा. प्रसाद के अनुसार, खूंटी इलाके में आदिवासी महासभा के लोगों ने कांग्रेस समर्थक वोटरों को मारा-पीटा।

गया, भभुआ, बिहारशरीफ, शाहाबाद में मतदान के दौरान कई जगह तनाव पैदा हो गया। गुटों में ईंट-पत्थर चले। मुकदमे हुए। कई स्थानों पर मिलिटरी पुलिस को भेजना पड़ा। (चुनाव जिलाधिकारी आवास फाइल 33/सी, 1937)

शाहाबाद में ऊंची जाति के लोग पिछड़ों को कांग्रेस के पक्ष में वोट डालने के लिए दबाव डाल रहे थे। पिछड़े इसके लिए तैयार नहीं थे। उन्होंने त्रिवेणी संघ के प्रत्याशी के पक्ष में वोट डाला। बाबू साहबों को यह फूटी आंख नहीं सुहाया। उन्होंने लक्ष्मीपुर गांव पर हमला कर दिया। इसमें एक व्यक्ति मारा गया।

1939 के जिला बोर्ड के चुनाव में भी कई स्थानों पर बवाल हुआ। सिलाव में कांग्रेस समर्थकों और एक कुर्मी जाति के प्रत्याशी के समर्थकों के बीच झड़प हुई। जहानाबाद में दो गुटों के बीच पत्थरबाजी हुई। महुआ और राघोपुर में तनाव पैदा हो गया। सीतामढ़ी में तनाव के कारण हथियारबंद पुलिस तैनात की गयी। महामाया प्रसाद जब गोपालगंज जा रहे थे, उन पर पत्थर फेंका गया। (फाइल 60/1939, देखें परिशिष्ट)

राज्य में 'बूथ लूट' की 'पहली' घटना का किसी सरकारी फाइल में स्पष्ट उल्लेख नहीं है, लेकिन आजाद भारत में 1952 में हुए प्रथम चुनाव में जोर-जबर्दस्ती का श्रीगणेश हो गया था।

बैलेट फेल होगा तो बुलेट प्रबल होगा : कर्पूरी ठाकुर

'......उन्होंने आरोप लगाया कि मैं हिंसा भड़काने का काम करता हूं। मुझे अत्यंत आश्चर्य हुआ, बेहद तक़लीफ भी हुई। ...मैं एक लम्बे जमाने से सार्वजनिक जीवन में हूं। यह सबों को मालूम है। लोगों को यह भी मालूम है कि मैंने कभी भी हिंसा का सहारा नहीं लिया है। अपने सार्वजनिक जीवन में मैंने बम, पिस्तौल, रिवाल्वर या बंदूक का स्पर्श तक नहीं किया है। मैं आजादी की लड़ाई का सिपाही रहा हूं और फिर समाजवादी आंदोलन के संघर्ष में भाग लेता रहा हू। ....महात्मा गाँधी, जिनका निधन आज ही के दिन सन् 1948 में हुआ था, अपने देश के लोगों को जहां एक ओर अहिंसा का पाठ पढ़ाते थे, वहीं दूसरी ओर बहादुरी का भी। महात्मा गांधी कहते थे कि अहिंसा का रास्ता बहादुरी का सर्वश्रेष्ठ रास्ता है। साथ ही यह भी कहते थे कि कायरता अति निकृष्ट चीज है। बुजदिली और नपुंसकता अत्यंत खराब है। हिंसा कायरता से बेहतर है। महात्मा गांधी ने स्वर्गीय लोकनायक जयप्रकाश नारायण की चिठ्ठी में अंकित बातों का विरोध करते हुए भी उन्हें बधाई दी थी – बहादुरी के लिए, वीरता के लिए। महात्मा गांधी कहते थे कि कायरता, बुजदिली ....से हिंसा लाख गुना बेहतर है। मैं देखता हूं कि वोट के समय जब बम, पिस्तौल, रिवाल्वरवाले पहुंच जाते हैं बूथों पर कब्जा करने के लिए तो कमजोर लोग भाग खड़े होते हैं। चंद लोग प्रतिरोध करते हैं पर अपवाद स्वरूप। ज्यादातर जगहों में गरीब लोग – कमजोर वर्ग - के लोग भाग खड़े होते हैं। यह है बुजदिली।

मैंने अपने भाषण में ... साफ कहा है, कार्यकर्ताओं से और जनता से कि आपको हमले की जगह, बम, पिस्तौल, रिवाल्वर और बंदूक की जगह संगठित शक्ति –अहिंसक शक्ति - से लड़ना चाहिए। आपको प्रयास करना चाहिए कि जनता को जागृत और जनशक्ति को संगठित करके लुटेरों के मंसूबों को चकनाचूर कर दें। आप ऐसा नहीं कर सकते तो (भी) आप भागिए नहीं। आप वोट लूटने नहीं दीजिए, बल्कि लुटेरों से मुकाबला कीजिये। मैं इस बात को दुहराना चाहता हूं। मैं इससे भाग नहीं सकता। मैं सच्चाई और ईमानदारी के आधार पर काम करने वाला हूं। इसलिए मैंने जो कुछ कहा है उससे इनकार नहीं कर सकता। मैं नहीं चाहूंगा कि देश के लोग खास तौर से गरीब और कमजोर लोग अपने अधिकार से वंचित कर दिये जाय। उनके हक लूट लिये जायं। उनके अधिकार छीन लिये जायं। मेरे हाथ में 'क्रिमिनल ऐक्ट' नामक किताब है। ....इसमें लिखा हुआ है कि हर नागरिक को भारत में आत्मरक्षा का अधिकार है। अगर हमारी जान लेने की कोई कोशिश करे या हमारे शरीर पर के कपड़े छीनने की कोशिश करे तो प्रत्येक नागरिक को अधिकार है कि हिंसा के द्वारा भी छीननेवाले को मार भगाये। अगर घर में डकैत आ जाये तो डाकू को हम मार सकते हैं। इसके लिए खून का मुकदमा उस नागरिक पर नहीं चलेगा बल्कि दिल्ली सरकार और बिहार सरकार के द्वारा ऐसे डकैतों को मारने की खातिर उसे इनाम मिलेगा, यह नियम है।

...हमारे यहां राइट ऑफ सेल्फ डिफेंस है। यह कानूनी अधिकार है। ...बूथ पर पांच सौ या हजार आदमी वोट देने के लिए जाते हैं। वह उनका सामूहिक अधिकार है। न तो व्यक्तिगत अधिकार का हनन किया जा सकता है और न सामूहिक अधिकार का। कोई लुटेरा वोटरों को लूटने के लिए पहुंच जाता है, बूथों पर कब्जा करने की खातिर...। वोटरों को अधिकार है कि उसको हथियार से मार भगाये। मैं कानून के तहत कहता हूं। कानून के खिलाफ नहीं कहता। अगर सरकार समझे कि कर्पूरी ठाकुर गैरकानूनी काम कर रहा है तो मुझको अदालत भेज दे, मुकदमा चलाये। मैं अदालत के सामने इस बात को स्वीकार करूंगा कि मैंने ऐसा कहा है। .....मैंने हिंसा भड़काने का काम कभी नहीं किया है, न पहले किया है, न आज करता हूं और न आगे करूंगा। लेकिन कानून ने इस देश के नागरिकों को बालिग मताधिकार दे रखा है। अपने अधिकार की रक्षा, जान-जायदाद की रक्षा का अधिकार प्राप्त है हमें। इसके लिए हिंसा का सहारा लेना पड़ेगा तो लें। इसी के लिए हथियार उठाने को कहा है। मैंने ऐसा कहकर सरकार की मदद की है। क्या सरकार चाहती है कि नाजायज ढंग से इस देश में जनतंत्र चले?

.....हमारे देश में जो आर्म्स ऐक्ट है, उसे रिपील (रद्द) कर दिया जाय। उसकी जरूरत नहीं है। यह आर्म्स ऐक्ट बिल्कुल खोखला है। ....बेगूसराय जिले में सबसे ज्यादा अवैध हथियार हैं। यूं सारे बिहार में अवैध हथियार हैं ....। जो सज्जन हैं, उनके पास हथियार नहीं हैं और वे विपत्ति से घिरे हुए हैं। वे ऐसे रहते हैं जैसे बत्तीस दांत के बीच बेचारी जीभ रहती है। ....जो अपराधकर्मी हैं, अराजक तत्व हैं, उनके पास हथियार हैं। तो सज्जन कैसे जियेंगे? प्रशासन निकम्मा है। नपुंसक है। प्रशासन के द्वारा किसी के जान-जायदाद की हिफाजत नहीं हो सकती है। . ..तो नागरिक कैसे जीवित रहेंगे? जो कानून और संविधान के अनुसार चलते हैं, जो 'लॉ एबायडिंग' लोग हैं, कैसे बच सकेंगे? इसलिए मैंने कहा है कि आर्म्स ऐक्ट को रिपील कर दिया जाये। जिनके पास पैसा होगा, हथियार खरीदेंगे और हथियार खरीदने के बाद रजिस्ट्रेशन करा देंगे। जिस तरह रेडियो का रजिस्ट्रेशन होता है, उसी तरह इसका भी रजिस्ट्रेशन होगा।

...आज देश की परिस्थिति भिन्न है और अराजक तत्व हावी हैं। ...राज्य में प्रशासन नाम की कोई चीज नहीं है। तो हथियार रखने की आजादी कानून द्वारा मिलनी चाहिए। देश में जब बैलेट सिस्टम फेल होगा तो बुलेट प्रिवेल करेगा (प्रबल होगा)। बहुत लड़ाई, आंदोलन और संघर्ष के बाद बालिग मताधिकार मिला है, उसको छीना जा रहा है। यह खतरनाक स्थिति है। .....जनतंत्र में विश्वास रखने वाली पार्टियों को साथ मिलकर यह काम करना चाहिए। तभी जनतंत्र बचेगा। नहीं तो जनतंत्र बचनेवाला नहीं है। जाने वाला है और खून-खराबी का जमाना आने वाला है। (बिहार विधानसभा में प्रतिपक्ष के नेता की हैसियत से दिये गये कर्पूरी ठाकुर के भाषण का अंश, 1985)

उस प्रथम चुनाव की रिपोर्ट में मुख्य निर्वाचन अधिकारी ने कहा- 'कुछ मतदान केन्द्रों पर पुनर्मतदान कराया गया। कुछ मतदान केन्द्रों पर प्रतिद्वंद्वी दलों के लोग उलझ पड़े।'

भारत निर्वाचन आयोग की पहली रिपोर्ट में कहा गया कि अधिकांश राज्यों में शांति भंग होने और विधि-व्यवस्था की समस्या नहीं पैदा हुई। कुछ छोटी-मोटी घटनाएं कुछ राज्यों के 80 मतदान केन्द्रों पर घटीं, उनमें बिहार भी शामिल था।

1956-57 के दौरान जहानाबाद के कुछ मतदान केन्द्रों पर लोग 'बोगस वोट' डालने की कोशिश कर रहे थे। प्रशासन को पेट्रोलिंग का पुख्ता बंदोबस्त करना पड़ा तथा अन्य कदम उठा कर मामले को नियंत्रित किया गया। [2]

भारत के मुख्य निर्वाचन आयुक्त एस.पी. सेन वर्मा ने पांचवें आम चुनाव की रिपोर्ट में कहा है कि बिहार में ही गुंडा, अपराधियों द्वारा घातक हथियारों - लाठी-रायफल- से लैस होकर बूथ कब्जे की परंपरा बड़े पैमाने पर शुरू हुई। बिहार में 1957 के दूसरे आम चुनाव से ही यह दिखने लगा कि राजनीतिक पार्टियां और उनके कार्यकर्ता, जो तीन दबंग जाति समुदायों से आते हैं, बूथ कब्जे की प्रक्रिया को अंजाम देने के लिए इंतजाम करते हैं। (रिपोर्ट ऑन द फिफ्थ जनरल इलेक्शन इन इंडिया, 1971-72 पेज-192-193)

1962 के चुनाव में कुप्रवृत्तियों का और विस्तार हुआ। वर्ष 62 के आम चुनाव में हाजीपुर के राघोपुर मतदान केन्द्र पर दो दलों के समर्थकों के बीच 'मतपेटी की छीना-झपटी' रोकने के लिए पुलिस ने हवा में तीन चक्र गोलियां चलायी। इस घटना में हुए पथराव में एक व्यक्ति घायल हो गया। इसी चुनाव में लालगंज दक्षिण विधानसभा क्षेत्र के बंधा गांव में मतदाताओं को गिरफ्तार किया गया। [3]

बिहार के प्रथम मुख्यमंत्री के गांव बरबीघा में हरिजन-पिछड़े कभी वोट नहीं दे पाये। उनका वोट दे दिया जाता था। मुख्यमंत्री के विधानसभा क्षेत्र में भी यही आम रिवाज था। बिहार में 1967-69 के चुनाव में बेगूसराय में 'कामदेव सिंह की सेवाएं' बूथ कब्जे के लिए कांग्रेसियों ने ली। कांग्रेस और भाकपा दोनों ने कामदेव सिंह का समय-समय पर इस्तेमाल किया। कामदेव सिंह के समर्थन से ही भोला सिंह चुनाव जीते थे। [4]

राज्य का दियारा इलाका 'संगठित बूथ कब्जे' की घटनाओं का गवाह बना। घोड़े पर सवार बूथ लुटेरे अपनी फौज के साथ भ्रमण करते थे और अपने-अपने उम्मीदवारों के लिए 'थोक वोट' का इंतजाम करते थे। कामदेव सिंह का गिरोह और अन्य अपराधियों का गिरोह 67-69 के बाद सक्रिय हुआ। नेताओं के लिए यह गिरोह काम करने लगा। 1969 के मध्यावधि चुनाव में व्यापक पैमाने पर बोगस मत डाले गये। चुनाव निष्पक्ष नहीं हुआ।

चुनाव आयोग की 1972 की रिपोर्ट में यह टिप्प्पणी दर्ज है – 'चुनाव के दौरान देश के कुछ हिस्सों में जघन्य अनियमितताएं हुईं। बिहार में देखा गया कि छोटे-छोटे लड़के वोट दे रहे थे। [5]

विधानसभा में विधायक बाबूलाल शास्त्री ने बूथ लूट के सम्बन्ध में एक दिलचस्प घटना का यूं उल्लेख किया – 'हाजीपुर संसदीय क्षेत्र में लोकसभा चुनाव के समय हमारे कांग्रेसी उम्मीदवार ने बाहर से करीब एक हजार कांग्रेसी गुंडों को बुलाया था – बूथ लूटने और लोगों को मारने के लिए। हमने अपने दल के अध्यक्ष, आईजी और चुनाव कमिश्नर के पास टेलीग्राम भेजा।

जिला समाहर्त्ता ने जो ट्रक–कार चुनाव के लिए जब्त किया था, गुंडों को दे दिया। जब वे राजापाकर बूथ लूटने गये, तो वहां के लोगों ने उनका मुकाबला किया, जिसमें हमारा एक साथी महेन्द्र राय मारा गया। वहां से वे गुंडे भागे और फिर विशुनपुर बूथ पर गये, लेकिन वहां के लोगों ने उन लोगों को घेर लिया। इसमें अठारह लोग पकड़े गये और ट्रक–कार भी पकड़े गये। ट्रक–कार वही थे, जिन्हें चुनाव कार्य के लिए जब्त किया गया था। उन गुंडों के पास पिस्तौल बरामद हुआ, हथगोले बरामद हुए और देशी गन पकड़े गये। उन गुंडों को जेल में रखा गया और उनसे पूछा गया तो पता चला कि बूथ लूटने तथा सोलह आदमियों को मारने के लिए पचास हजार रुपया मिला।

औरंगाबाद के पोइयावां गांव में एक पोस्टर लगा है कि जनतंत्र को जनता तक पहुंचाने के लिए इंका को वोट दें। विडम्बना यह है कि गांव के हरिजनों ने कभी वोट दिया ही नहीं है। सत्तर वर्षीय पद्म रविदास ने अपनी जिंदगी में मतपत्र कभी देखा ही नहीं है। वे कहते हैं ''वोट' सब बाबू लोग देते हैं। यह बिहार के कांग्रेसी नेता सत्येन्द्र नारायण सिंह का पैतृक गांव है।' [6]

बिहार में चुनावों के दौरान घटनेवाली घटनाएं बताती हैं कि बिहारी समाज में किस तरह मौलिक हक के परखचे उड़ते रहे। बूथ कब्जा अब मध्य बिहार के कुछ जिलों मे घटने वाली परिघटना नहीं रह गयी है, अपितु इसने संपूर्ण राज्य को अपने आगोश में ले लिया है। बगैर बूथ लूट के चुनाव की कल्पना नहीं की जा सकती।

चुनाव के जरिये दिल्ली और पटना में लोकतांत्रिक सरकारों के गठन और पतन का सिलसिला जारी रहा और इधर बूथ लूट, मत–पत्रों की लूट, केन्द्र पर तनाव की घटनाओं में उत्तरोत्तर वृद्धि होती चली गयी।

1984 के लोकसभा चुनाव में देश में कुल 264 मतदान केन्द्रों पर पुनर्मतदान कराया गया, जिसमें अकेले बिहार में 159 मतदान केन्द्रों पर दोबारा मत डाले गये। चुनाव आयोग की रिपोर्ट में कहा गया है कि 264 मतदान केन्द्रों में मतदान अनेक कारणों – जैसे, उपद्रवी तत्वों द्वारा मतदान अधिकारियों को बलपूर्वक भगा देने, मतदान पेटियों और मतपत्रों को छीन लेने, मतदान प्रक्रिया को दूषित करने, समाज के कमजोर वर्गों को मताधिकार के प्रयोग से वंचित करने एवं मतदान सामग्री को छीन लेने आदि – से मतदान प्रक्रिया दूषित हो गयी।

बिहार में पहले आंम चुनाव के बाद से ही पुनर्मतदान वाले केन्द्रों की संख्या में

वृद्धि होती गयी। लोकसभा के लिए हुए पहले चुनाव के दौरान बिहार में 26 मतदान केन्द्रों पर दोबारा वोट डाले गये। 1951 के बाद 1971 में पुनर्मतदान वाले मतदान केन्द्रों की संख्या दोगुनी हो गयी। 1980 में पहले आम चुनाव की तुलना में पुनर्मतदान वाले केन्द्रों की संख्या तिगुनी हो गयी। 1984 में आठ गुना, 1989 में साढ़े दस गुना और लोकसभा के 1991 के चुनाव में 45 गुना वृद्धि हो गयी।

1991 के लोकसभा चुनाव में राज्य के 54 संसदीय क्षेत्रों में से 49 संसदीय क्षेत्रों में चुनाव हुए। इन संसदीय क्षेत्रों के 1175 मतदान केन्द्रों पर पुनर्मतदान कराया गया। इनमें सिर्फ धनहा, खूंटी और किशनगंज संसदीय क्षेत्र ऐसे थे जहां पुनर्मतदान नहीं हुआ। शेष 46 संसदीय निर्वाचन क्षेत्रों के अन्तर्गत 1175 मतदान केन्द्रों पर दोबारा मतदान कराया गया। मुंगेर, जहानाबाद, औरंगाबाद, बेगूसराय, मुजफ्फरपुर, गोपालगंज, छपरा, महाराजगंज संसदीय क्षेत्रों में पुनर्मतदान वाले मतकेन्द्रों की संख्या अधिक थी।

1952 से 1991 तक की चुनावी यात्रा में पुनर्मतदान वाले केन्द्रों की संख्या में 45 गुना बढ़ोत्तरी हो जाने का एक अर्थ यह भी है कि 'बूथ कब्जावरों का संगठित चेहरा' बिहारी समाज में एक अलग चरित्र लिये सामने आया। इस दौरान 1962 का विधान सभा और लोकसभा का चुनाव अपवाद रहा, जब किसी मतदान केन्द्र पर दोबारा मतदान नहीं हुआ। 1969 के मध्यावधि चुनाव के दौरान 11 विधान सभा क्षेत्र के 25 मतदान केन्द्रों पर पुनर्मतदान हुआ, जिसमें मुजफ्फरपुर में तेरह, सारण में पांच, मुंगेर में चार, दरभंगा में दो और पटना के एक मतदान केन्द्र पर दोबारा मतदान हुआ। 1967 के आम चुनाव में बीस मतदान केन्द्रों पर दोबारा मतदान हुआ। इनमें 9 मतदान केन्द्र मुजफ्फरपुर के थे।

लोक सभा चुनाव	पुनर्मतदान वाले मतदान केन्द्र
1951-52	26
1956-57	4
1962	–
1967	20
1971	53
1977	41
1980	77
1984	162
1989	283
1991	1175
1996	1933
1998	4995
1999	1189
2004	1552

देश के अन्य राज्यों की तुलना में बिहार में पुनर्मतदान वाले केन्द्रों की संख्या हमेशा अधिक रही। 1984 के चुनाव में नौ राज्यों के कुल 264 मतदान केन्द्रों पर पुनर्मतदान का आदेश चुनाव आयोग ने दिया। इसमें आठ राज्यों में सिर्फ 105 मतदान केन्द्रों पर पुनर्मतदान हुआ और अकेले बिहार में 159 मतदान केन्द्रों पर। इसके पहले 1971 में लोकसभा चुनाव में आयोग ने देश में कुल 63 मतदान केन्द्रों पर पुनर्मतदान का आदेश दिया था, जिनमें बिहार के 53 मतदान केन्द्र शामिल थे।

पुनर्मतदान के दायरे में : केन्द्रों की बढ़ती संख्या

संघ/राज्य क्षेत्र	निर्वाचन क्षेत्र की संख्या	जहां पुनर्मतदान का आदेश हुआ
आंध्र प्रदेश	6	29
बिहार	27	159
उड़ीसा	1	1
पश्चिम बंगाल	2	3
हरियाणा	1	3
जम्मू-कश्मीर	3	30
मणिपुर	2	2
अरुणाचल प्रदेश	1	–
उत्तर प्रदेश	10	37

विधान सभा चुनावों में बूथ-कब्जा अधिक होता है, क्योंकि इससे ढेर सारे स्थानीय तत्व जुड़े होते हैं। संसदीय चुनाव की अपेक्षा कम मतदान केन्द्रों पर कब्जा कर विधानसभा चुनाव के परिणाम को अपने पक्ष में किया भी जा सकता है। फलस्वरूप विधानसभा के चुनाव में पुनर्मतदान की संख्या लोकसभा चुनाव की तुलना में ज्यादा होती है।

विधानसभा चुनावों में पुनर्मतदान की दर 1952 से 1969 तक कुछ धीमी रही, लेकिन 1972 के बाद पुनर्मतदान वाले मतदान केन्द्रों की संख्या नयी ऊंचाइयां छूने लगी। पहले आम चुनाव की तुलना में 1985 के आम चुनाव में पुनर्मतदान की दर में सात गुना वृद्धि हो गयी जबकि 1990 के चुनाव में पुनर्मतदान वाले मतदान केन्द्रों की संख्या में और इजाफा हुआ। पहले आम चुनाव की तुलना में 1990 के चुनाव में पुनर्मतदान केन्द्रों की संख्या में 39 गुना वृद्धि हुई!

विधान सभा चुनाव	पुनर्मतदान वाले मतदान केन्द्र
1951-52	41
1956-57	4
1962	–
1967	15
1969	20
1972	70
1977	7
1980	127
1985	295
1990	1239
1995	1668
2000	1420

'वर्ष 1990 के विधानसभा चुनाव में 1239 मतदान केन्द्रों पर पुनर्मतदान हुआ। राज्य के 324 विधानसभाई क्षेत्रों में से 174 विधान सभाई क्षेत्रों के ये मतदान केन्द्र थे। इनमें कुल 30 विधानसभा क्षेत्र ऐसे हैं, जहां दस से अधिक मतदान केन्द्रों पर पुनर्मतदान कराया गया। तीस विधान सभा क्षेत्रों में पटना पश्चिम विधान सभा क्षेत्र में अकेले 82 मतदान केन्द्रों पर पुनर्मतदान हुआ। वस्तुतः पुनर्मतदान कराये जाने वाले ये क्षेत्र परंपरागत रूप से सामंती मनोवृत्ति के गढ़ रहे हैं। इनमें पटना, गया, भोजपुर, औरंगाबाद, जहानाबाद, मुंगेर, मुजफ्फरपुर व पूर्णिया शामिल हैं। इन जिलों में बूथ-कब्जे की घटनाएं अधिक होती हैं।'

बिहार में बूथ लूट के जरिये नागरिकों की आजादी व अधिकार के अपहरण की व्यापक घटनाएं घटती हैं। पुलिस रिकार्ड में छिटपुट रूप से ही घटनाओं का उल्लेख हो पाता है। पुलिस रिकार्ड के मुताबिक 1984 के लोकसभा चुनाव में राजनीतिज्ञों के पालतू गुंडों ने 9 बूथ लूटे और एक सौ मतपेटियों पर कब्जा कर लिया। 1980 के विधानसभा चुनाव में 57 बूथों पर कब्जे की घटनाएं दर्ज हुईं और 146 मतपेटियां लूटी गयीं। 1985 के विधानसभा चुनाव में 6 बूथों पर कब्जे की घटनाएं दर्ज हुईं और मतपत्रों के लूट की 162 घटनाएं घटीं। गृह विभाग की एक रिपोर्ट में 1991 में हुए लोकसभा चुनाव में 28 संसदीय क्षेत्रों के 542 मतदान केन्द्रों पर कब्जा करने का उल्लेख किया गया है। इनमें पटना में 16, नालन्दा में 10, भोजपुर में 53, नवादा में 13, औरंगाबाद में 20, मुजफ्फपुर में 34, सीतामढ़ी में 39, मोतिहारी में 4, सारण में 61, सीवान में 39, गोपालगंज में 19, दरभंगा में 4, मधुबनी में 7, समस्तीपुर में 8, सहरसा में 16, अररिया में 1, कटिहार में 1, भागलपुर में 13, मुंगेर में 124, दुमका में 1, साहेबगंज में 3, रांची में 28, लोहरदगा में 3, पलामू में 10, सिंहभूम में 2, हजारीबाग में 2, गिरिडीह में 5 और धनबाद में 2 सहित बूथ कब्जे की कुल 542 घटनाएं हुई। हालांकि गृह विभाग के ये आंकड़े भी अधूरे, बोगस और फर्जी होते हैं। चुनाव के दिनों में बूथों

के लूटे जाने और मतपत्रों के छीने जाने की हजारों घटनाएं होती हैं, जिनका उल्लेख किसी सरकारी खाता-खतियान में नहीं होता।

बिहार में बूथ लूट के बिना चुनाव का महापर्व संपन्न नहीं होता। इस 'पाप' से बिहार की कोई राजनीतिक पार्टी बची नहीं है। वस्तुतः हर पार्टी में चुनावी-व्यूह रचना का एक अनिवार्य और महत्वपूर्ण एजेंडा होता है बूथ-कब्जा। बूथ-कब्जे के लिए बनी स्ट्रैटजी की सफलता के अनुमान पर ही अक्सर कई पार्टियां अपनी जीत का भविष्यवाणी भी करती हैं। '..... बिहार का सबसे गंदा चुनाव बांका लोकसभा क्षेत्र से लड़ा गया। जार्ज फर्नांडिस को हारने पर गुस्सा हो सकता है। श्रीमती मनोरमा सिंह इस जीत पर मुस्कुरा सकती हैं, लेकिन दोनों ने मिलकर यहां लोकतंत्र और शिष्टता की हत्या की है। इस अपराध में दोनों बराबर के भागीदार हैं। जनता पार्टी ने इस बार सोचा कि पिछली हार को जीत में बदला जा सकता है, जब हम भी बूथों पर कब्जा करें। धनबाद से लठैतों का सैलाब बांका तरफ टूट पड़ा।' [7]

बिहार में बूथ कब्जे की घटनाओं में लगातार हो रही वृद्धि से चिंतित चुनाव आयोग ने पहली बार 1980 में बूथ कब्जे की रोक-थाम के लिए निर्देश जारी किया। आयोग ने अपने निर्देश में कहा - 'कुछ राज्यों के हर आम चुनाव में निष्पक्ष और शांतिपूर्ण चुनाव प्रक्रिया को असामाजिक तत्वों द्वारा बूथ कैपचरिंग के जरिये काफी बाधा पहुंचायी जाती है। आयोग को मिली शिकायतों से पता चलता है कि ये असामाजिक तत्व अलग-अलग अवसरों पर उसके लिए विभिन्न तरीकों का इस्तेमाल करते हैं ताकि वे अपने लक्ष्य को बखूबी हासिल कर सकें।'

निर्देश में उदाहरणार्थ कैपचरिंग के कुछ आम तरीकों का उल्लेख किया गया है –

1. संवेदनशील क्षेत्रों में ये असामाजिक तत्व हथियारों से लैस होते हैं, मतदान के पहले दौर में ही मतदान केन्द्रों पर धावा बोलते हैं और मतदान कर्मचारियों से मतपत्र लेकर अपने प्रत्याशी के पक्ष में मुहर लगाकर मतपेटियां भर देते हैं। अपनी जान के डर से पीठासीन अधिकारी, मतदान अधिकारी और प्रत्याशियों के मतदान एजेंट तक भी मूकदर्शक बने रह जाते हैं। उन्हें धमकी दी जाती है और वे मतपेटियों को स्ट्रांगरूम में जमा होने तक अपना मुंह बंद रखते हैं। ऐसे मामलों में न तो निर्वाचन अधिकारी और न ही मुख्य चुनाव अधिकारी या पीठासीन अधिकारी से चुनाव आयोग को ऐसी कोई रिपोर्ट मिल पाती है जिससे कानून के उल्लंघन का पता चले।

2. असामाजिक तत्व जिन क्षेत्रों में शक्तिशाली होते हैं और जहां कानून की पकड़ कमजोर होती है, वहां मतदान केन्द्रों पर कब्जा कर लिया जाता है। इसके बाद बूथ लुटेरे अपने समर्थकों को ही मतपत्र पर ठप्पा मारने के लिए जाने देते हैं। दूसरे मतदाता वहां से खदेड़ दिये जाते हैं।

3. कुछ क्षेत्रों में मतदान अधिकारियों को प्रत्याशियों या उनके एजेंटों द्वारा कई तरीके से प्रभावित किया जाता है। मसलन, अधिकारियों के लिए सुस्वादु भोजन का प्रबंध

किया जाता है। शराब का प्रबंध कर दिया जाता है। ऐसे अधिकारी मतदान के समय उस प्रत्याशी के पक्ष में काम करते हैं।

4. वोट डालने की पूर्व संध्या पर ही हरिजन मतदाताओं को अगली सुबह घर से बाहर निकलने पर गंभीर परिणाम भुगतने की धमकियां दी जाती हैं और इस तरह मतदान के दिन हरिजन और दलित तबके को मताधिकार के प्रयोग से वंचित कर दिया जाता है। अक्सर इनके वोट पहले ही डाले जा चुके होते हैं।

5. पीठासीन अधिकारी तथा मतदान अधिकारी, कर्मचारी भी मतदान सम्बंधी निर्देशों का पालन नहीं करते हैं। जैसे, पीठासीन अधिकारी को मतपत्रों पर दस्तख़त नहीं करना चाहिए। उनकी डायरी में बोगस मतों का ब्योरा नहीं होता है तथा तथ्यों का अभाव रहता है। वास्तविक मतदाताओं को टैंडर वोट भी नहीं देने दिया जाता।

फर्जी मतदान की शिकायतें बिहार, उत्तर प्रदेश व पश्चिम बंगाल जैसे राज्यों से ही ज्यादा मिलती हैं। फिर भी, यह एक गंभीर मामला है जो अन्य राज्यों के मतदाताओं में भी भय पैदा करता है या इन्हें ऐसी बुराइयों की तरफ ले जाता है। [8]

चुनाव आयोग ने उदाहरणार्थ बूथ कब्जे के जिन कुछ तरीकों का उल्लेख किया है, उससे कुछ अलग ढंग से भी बिहार में बूथ कब्जा होता है। हिंसा व हथियार के बल पर बूथ कब्जा आम बात है। इस परिप्रेक्ष्य में बूथ कब्जे की कुछ अन्य मिसालें गौरतलब हैं -

(क) ग्रामीण क्षेत्रों में जिस गांव में मतदान केन्द्र स्थापित है, वहां के दबंग लोग यह तय करते हैं कि वोट किसको देना है। मतदान के दिन अथवा मतदान की पूर्व संध्या पर पांच-सात आदमी गांव भर का वोट बक्से के हवाले कर देते हैं। मतदान अधिकारी कुछ नहीं बोलता, क्योंकि वह जानता है कि बोलने पर उसकी जान पर आफत आ जायेगी।

(ख) जिस मतदान केन्द्र पर जिस दल का वर्चस्व रहता है, उस दल के कार्यकर्ता मतदान शुरू होते ही सक्रिय हो जाते हैं। सुबह से शाम तक प्रायोजित मतदाताओं की टोली शांतिपूर्ण ढंग से वोट डालती है। अगर विरोधी दल के कुछ एक मजबूत कार्यकर्ता भी उस बूथ पर मौजूद हैं, तो टकराव को टालना मुश्किल है। ऐसी स्थिति में अक्सर आपसी तालमेल के आधार पर वोट बांट लेने की कार्यवाही पूरी कर ली जाती है। इस तालमेल का आधार होता है – एक वोट तुम्हारा तो एक वोट हमारा।

(ग) अगर किसी दल को किसी मतदान केन्द्र के बारे में यह पता रहे (अक्सर यह पहले से पता चल जाता है) कि उसे उस केन्द्र पर वोट नहीं मिलेंगे तो वह मतदान के चौबीस घंटे पहले से लेकर मतदान शुरू होने के पहले तक आतंक कायम करने के उद्देश्य से बम या अन्य विस्फोटक फोड़ता रहता है ताकि मतदान की दर में कमी आ जाये। वोट प्रतिशत में कमी लाने के लिए इस सूत्र का खूब प्रयोग होता है।

(घ) वैसे मतदान केन्द्रों पर, जहां एक दल को यह विश्वास रहता है कि उसके विराधी को मत मिलेंगे, वह न हिंसा का सहारा लेता है न मतपत्रों की छीना-झपटी

करता है। उस दल का गिरोह वैसे मतदान केन्द्रों में धमक कर मतपेटियों में स्याही उड़ेलता जाता है। स्याही उड़ेलने वाले कई ग्रुप होते हैं। ऐसे मतदान केन्द्रों पर पुनर्मतदान अनिवार्य हो जाता है और पुनर्मतदान के दिन वोट डालने का प्रतिशत स्वाभाविक तौर पर कम हो जाता है।

(च) दबंग लोग सरकारी मशीनरी के प्रभाव में अपने आधार वाले गांव में मतदान केन्द्र का निर्माण कराते हैं। कमजोर वर्ग के लोगों का मतदान केन्द्र उनके आवास से दो-चार मील की दूरी पर रहता है। दूरी के कारण वह मतदान केंद्र नहीं जाता। आर्थिक रूप से कमजोर वर्ग के लोग वोट डालने के लिए घर से निकलने की बनिस्बत रोजी-रोटी के जुगाड़ में निकल जाते हैं। उनका वोट डाल दिया जाता है।

आयोग का निर्देश : बूथ कब्जे के बाद की कार्रवाई के लिए!

बूथ कब्जा रोकने सम्बंधी निर्देशों में निर्वाचन आयोग का कहना है कि जनप्रतिनिधित्व कानून 1951 में मतदान सम्बन्धी विभिन्न अनियमितताओं को रोकने के लिए कई प्रावधान हैं। किसी भी घटना में निर्वाची अधिकारी को जन प्रतिनिधि कानून की 1951 की धारा 57 या धारा 58 या 58ए के तहत चुनाव आयोग को सूचित करना होता है। तब आयोग ऐसे मामलों का निपटारा करता है। यद्यपि मतदान के दौरान होने वाली गड़बड़ियों के लिए कानूनी प्रावधान है, फिर भी मतदान केन्द्रों पर तैनात कर्मचारी असामाजिक तत्वों की गिरफ्त में आ ही जाते हैं। मतदान अधिकारी तथा कर्मचारी भी अपने अच्छे सर्विस रिकार्ड के चक्कर में आ जाते हैं, क्योंकि उन्हें डर रहता है कि शांतिपूर्ण मतदान न करा सकने की स्थिति में उनका सर्विस रिकार्ड खराब हो सकता है। उपर्युक्त कानूनी प्रावधानों का प्रभावी तरीके से इस्तेमाल तथा भारतीय कानून की धारा 324, जन प्रतिनिधित्व कानून, 1951 तथा इसे मजबूती देने वाले अन्य प्रावधानों के आधार पर आयोग ने 1980 में निर्देश जारी किये लेकिन इनमें से कई सिर्फ भजन के बोल – 'निर्बल के बल राम' – जैसे हैं और कुछ बूथ कब्जे की घटना होने के बाद कार्रवाई करने संबंधी निर्देश भर हैं! ये 'अच्छे' निर्देश न बूथ कब्जा करनेवालों में 'डर' पैदा कर पाते हैं और न बूथ कब्जा रोकने के लिए तैनात लोगों में साहस या हिम्मत पैदा कर पाते हैं।

1. आयोग का निर्देश है कि 'निर्वाची अधिकारी को यह तय करना होगा कि संवेदनशील क्षेत्रों में मतदान केन्द्रों का इस तरह फैलाव हो कि सामान्यत: एक मकान में दो से अधिक मतदान केन्द्र न बनें।'

लेकिन लोक प्रतिनिधित्व अधिनियम की धारा 1951 के प्रावधानों के अनुसार मतदान केन्द्र की स्थापना का दायित्व जिला निर्वाचन पदाधिकारी अर्थात् जिलाधिकारी का है। यह कार्य निर्वाचन आयोग की सहमति से चुनाव के पूर्व ही कर लिया जाता

है। विधानसभा चुनाव में कोई जिलाधिकारी निर्वाची अधिकारी नहीं होता। होता है – अनुमंडलाधिकारी, उपसमाहर्त्ता। ऐसे में निर्वाची पदाधिकारी आयोग के इस निर्देश का अनुपालन नहीं कर सकता, क्योंकि मतदान केन्द्र की स्थापना जिलाधिकारी द्वारा पहले ही हो जाती है। (लोक प्रतिनिधित्व अधिनियम की धारा 25)

2. आयोग का निर्देश है कि 'निर्वाची अधिकारी तथा जिला चुनाव अधिकारी को मतदान केन्द्र के लिए मतदान कर्मचारियों के चयन करते समय यह ध्यान में रखना होगा कि सारे कर्मचारी किसी एक ही कार्यालय या विभाग या क्षेत्र के न हों तथा विभिन्न कार्यालयों, क्षेत्र तथा विभागों की उचित भागीदारी हो।'

लेकिन व्यवहार में देखा जाता है कि जिस राजनीतिक दल का प्रभाव होता है, वह जिला निर्वाचन पदाधिकारी से मिलकर अपने मन लायक कर्मचारियों को बूथों पर नियुक्त करा लेता है। औसतन एक बूथ पर चार-पांच कर्मचारी लगाये जाते हैं। राज्य भर में इनकी संख्या लाखों तक पहुंच जाती है। ऐसे में आयोग द्वारा मतदानकर्मियों की सूची की जांच की कोई व्यवस्था नहीं है।

3. आयोग का निर्देश है कि 'निर्वाची अधिकारी या जिला चुनाव अधिकारी, पीठासीन अधिकारी तथा मतदान अधिकारियों को नियुक्ति पत्र देते समय तथा प्रशिक्षण के दौरान दिशा-निर्देश करते हुए कड़ी चेतावनी भी देगा कि मतदान तथा किसी बाहरी व्यक्ति से मतदान कर्मचारी किसी किस्म की आवभगत नहीं स्वीकार करेंगे और ऐसा करते पाये गये तो उनके खिलाफ कार्रवाई की जायेगी।'

आयोग बूथ कब्जा के आम तरीकों के सिलसिले में पहले ही उदाहरण में कहता है कि कर्मचारी डर कर रिपोर्ट नहीं करता है, वही आयोग अपने निर्देश में उसी कर्मचारी-अधिकारी को धमका रहा है कि उन पर कार्रवाई होगी। हथियारों से लैस बूथ लुटेरों के धमकाने पर कर्मचारी अपनी जान क्यों दे? वह मजबूरी में बूथ लुटेरों की आज्ञा का पालन करेगा, न कि चुनाव आयोग के निर्देश का, क्योंकि वह कथित लोकतंत्र की रक्षा के लिए मरना नहीं चाहेगा।

4. आयोग का निर्देश है कि 'मतदान के दौरान पर्यवेक्षक मजिस्ट्रेट को संवेदनशील क्षेत्रों में कई बार विशेष दौरा करना होगा और ऐसे दौरों में वे मतदान केन्द्र के कागजातों की जांच करेंगे। वे पीठासीन अधिकारी से पूछताछ करेंगे, जिसने डर से किसी असामान्य बात का अपने रिकार्ड में जिक्र न किया हो।

ऐसी जांच में यदि वह मतदान प्रतिशत की धांधली या किसी किस्म की अनियमितता पाता है या उस सम्बन्ध में पीठासीन अधिकारी या मतदान एजेंट से मौखिक जानकारी पाता है तो वह इसे निर्वाची अधिकारी को सूचित करेगा, फिर ऐसी सूचनाओं के मिलने पर यदि निर्वाची अधिकारी संतुष्ट होता है, तो इस अनियमितता की सूचना मुख्य चुनाव अधिकारी को देगा। आयोग का निर्णय आने तक निर्वाची अधिकारी मतपेटियों को मतगणना के लिए नहीं खोलेगा लेकिन इसी वक्त वह अन्य

किसी मतपेटियों पर मतगणना की कार्रवाई शुरू करा सकेगा।'

लेकिन वास्तविकता यह है कि पर्यवेक्षक एक-दो बार विशेष दौरा कर बिहार के मतदान केन्द्रों के भूगोल से परिचित नहीं हो पाता। वह जिला अनुमंडल मुख्यालयों तक या वहीं तक पहुंच पाता है जहां तक सड़क पहुंचती है। वस्तुतः महानगरों से आने वाला पर्यवेक्षक बिहार के ग्रामीण क्षेत्रों से परिचित नहीं होता। दो दिन आलीशान होटलों में ठहरता है और अपनी रिपोर्ट आयोग को दे देता है। प्रायः सभी पर्यवेक्षकों के खाने-पीने का इंतजाम राज्य सरकार द्वारा किया जाता है। सवाल उठता है कि क्या आवभगत स्वीकार करने पर लगा आयोग का प्रतिबंध केवल निचले स्तर के कर्मचारियों के लिए है, पर्यवेक्षकों के लिए नहीं? निर्देश का दूसरा हिस्सा निर्वाची अधिकारी से सम्बंधित है। आयोग का यह निर्देश बूथ कब्जा रोकने का निरोधात्मक उपाय नहीं है, बल्कि घटनोत्तर कार्रवाई है।

5. आयोग का निर्देश है कि 'निर्वाची अधिकारी स्ट्रांग रूम में मतपेटियों के जमा होने के तत्काल बाद ही हर मतदान केन्द्र के संदर्भ में पीठासीन अधिकारी की डायरी तथा मतपत्र एकाउंट की जांच करेगा और यदि निर्वाची अधिकारी किसी किस्म की अनियमितता पाता है तो इसे प्रत्यक्ष धांधली का सबूत मानेगा और मुख्य चुनाव अधिकारी या आयोग को सूचित करेगा। निर्णय मिलने तक वह मतपेटियों को मतगणना के लिए नहीं खोलेगा और अन्य मतदान केन्द्रों पर मतगणना जारी रहेगी।'

इस निर्देश की खामी को समझने के लिए भागलपुर डिवीजन के तत्कालीन प्रमंडलीय आयुक्त शंकर प्रसाद की एक जांच रिपोर्ट का उल्लेख पर्याप्त होगा। 29 अप्रैल, 1991 को यह रिपोर्ट राज्य के मुख्य सचिव को भेजी गयी थी। रिपोर्ट के अनुसार, शेखपुरा शहर के बूथ नम्बर 59, 60 और 61 पर लोगों को मतदान नहीं करने दिया गया और मतपत्र छीन लिये गये। इन मतदान केन्द्रों पर नब्बे प्रतिशत मतदान हुआ, लेकिन निर्वाची अधिकारी ने अपनी डायरी में इसका स्पष्ट उल्लेख किया था – 'अनेक मतदान केन्द्रों पर मतदान प्रतिशत बहुत ऊंचा था। मतदान का प्रतिशत देखकर समझ बनती है कि इन मतदान केन्द्रों पर शांतिपूर्ण बूथ कब्जा हुआ था।' रिपोर्ट में कहा गया कि निर्वाची अधिकारी, शेखपुरा के अनुमंडलाधिकारी, शेखपुरा के सर्किल अफसर उम्मीदवार से मिले हुए थे।'

सवाल उठता है कि निर्वाची अधिकारी ने चुनाव अयोग को या राज्य के मुख्य निर्वाचन अधिकारी को कोई रिपोर्ट क्यों नहीं भेजी? श्री शंकर प्रसाद ने अपनी जांच रिपोर्ट में इसका खुलासा किया है। पर यहां अगर प्रेजाइडिंग अफसर अपनी डायरी में उल्लेख करता है कि मतदान केन्द्र पर कब्जा हुआ तो उसकी डायरी ही बदल दी जाती है और निर्वाची अधिकारी द्वारा ऐसा कराना आम बात है। इसका आयोग के पास क्या जवाब है? यह सब देखने के लिए आयोग के पास कोई स्वतंत्र तंत्र नहीं है।

6. आयोग का निर्देश है कि 'मतगणना के दौरान निर्वाची अधिकारी मतदान खत्म होने के बाद प्रत्येक मतदान केन्द्रों के बैलेट पेपर एकाउंट तथा प्रत्येक प्रत्याशी को प्राप्त

मतों की जांच करेगा। यदि वह असामान्य मत प्रतिशत या अविश्वसनीय मत संख्या पाता है तो निर्वाची अधिकारी को ऐसे मतदान केन्द्रों के बैलेट पेपर और एकाउंट को एक तरफ रखना चाहिए और इन्हें मतगणना एजेंट या प्रत्याशी की मौजूदगी में सील कर देना चाहिए। इसका जिक्र रिजल्ट सीट पर नहीं करना चाहिए। यदि चुनाव परिणाम इन मतों के बिना भी प्रभावित नहीं होता हो तो उसे वह घोषित कर सकता है। यदि पहले दो प्रत्याशियों के बीच प्राप्त मतों का अंतर उस मतदान केन्द्र पर पड़े कुल मतों से कम है तो निर्वाची अधिकारी को चुनाव परिणाम घोषित नहीं करना चाहिए, बल्कि आयोग के निर्णय का इंतजार करना चाहिए।'

आयोग का यह निर्देश बूथ कब्जा रोकने के लिए नहीं है। यह बूथ कब्जा हो जाने के बाद का रोना है।

7. आयोग का निर्देश है कि 'यदि निर्वाची अधिकारी पाता है कि किसी मतदान केन्द्र की मतपेटी के दो या तीन प्रतिशत मतपत्रों में पीठासीन पदाधिकारी के हस्ताक्षर नहीं हैं अथवा मतदान केन्द्र का प्रभेद चिन्ह नहीं है तो इसे अनियमितता माना जा सकता है। ऐसी मतपेटियों को मतगणना से अलग रखा जाये।'

जहां बंदूक की नोंक पर मतदान अधिकारी से दस्तखत करा लिया जाता है, वहां इस निर्देश का कोई मायने नहीं है। बूथ लुटेरे भी चुनाव आयोग का निर्देश पढ़कर काम करते हैं।

8. आयोग का निर्देश है कि 'मतदान के दौरान मजिस्ट्रेट या पर्यवेक्षक अगर प्रत्यक्षत: फर्जी मतदान और बोगस मत काफी संख्या में डाला जाता देखता है और टेंडर बैलेट पेपर जारी नहीं हुआ हो तो वह निर्वाची अधिकारी को सूचित कर सकता है। चुनाव आयोग के निर्णय तक वहां मतगणना नहीं होगी।'

दिलचस्प तथ्य यह है कि बोगस वोट किसी मतदान केन्द्र पर अस्सी प्रतिशत होता है और टेंडर वोट एक प्रतिशत। वैसे, यह टेंडर वोट भी विचित्र चीज है। किसी मतदाता का वोट जब किसी अन्य के द्वारा डाल दिया गया होता है तो वह टेंडर वोट कर सकता है। लेकिन उसके मत को अलग लिफाफे में रख दिया जाता है। उसकी गिनती नहीं होती। यह वोट मतपेटी में नहीं डाला जाता। अर्थात् मतगणना में टेंडर वोट की नहीं, बल्कि गिनती तो होती है बोगस मतों की। अगर मामला कोर्ट में गया तो कोर्ट इस वोट की गिनती का आदेश दे सकता है! यानी 'टेंडर वोट' कुल मिलाकर अपने वोट की 'चोरी' से दुखी वैध मतदाता को दिलासा देने के इंतजाम जैसा होता है – थाना में लिखाये जानेवाले ऐसे एफआईआर जैसा, जिससे आगे की कार्रवाई के लिए पुलिस प्रेरित भले हो सकती है लेकिन 'सार्थक परिणाम' तक पहुंचने-पहुंचाने के लिए बाध्य नहीं होती! [निर्वाचनों का संचालन नियम, 1960 धारा 42 (4) एवं 93 (1)]

9. आयोग का निर्देश है कि 'निर्वाची अधिकारी को ऐसे क्षेत्रों की विशेष पहचान करनी होगी जहां किशोरों या बच्चों का चुनाव में प्रभावी हस्तक्षेप हो। पीठासीन

अधिकारी ध्यान रखेगा कि कोई किशोर या बच्चा किसी मत का दुरुपयोग न करे और पीठासीन अधिकारी आवश्यक जांच कर इन्हें मतपत्र देने से इंकार कर देगा। यह रोक तब भी लगेगी, जब किसी प्रत्याशी या एजेंट की तरफ से कोई एतराज नहीं हो रहा हो। ऐसे मामलों में गांव के पटवारी, चौकीदार, मुखिया को मतदान केन्द्रों पर नियुक्त करना होगा ताकि मतदाताओं की उम्र की जांच और उसकी पहचान की जा सके।'

लेकिन वास्तविकता यह है कि उम्र-जांच की प्रक्रिया बहुत जटिल है। मतदाता सूची में बच्चों का नाम दर्ज हो, तो परेशानी और बढ़ जाती है। और, जहां 'बच्चा' (Urchin) भी बूथ कब्जा कर-करा देता है, वहां यह निर्देश कितना कारगर होगा! सो यह निर्देश बूथ-कब्जा रोकने का 'कड़ा' नहीं बल्कि 'मासूम' उपाय बन कर रह जाता है।

10. आयोग का निर्देश है कि 'यदि अनियमितता के किसी मामले में कोई अधिकारी किसी किस्म की कोताही बरतता है तो उसके सर्विस रिकार्ड में उसके खिलाफ टिप्पणी दर्ज की जायेगी। इसके विपरीत अनियमितताओं के खिलाफ तुरंत कार्रवाई करने वाले अधिकारियों को प्रोत्साहन दिया जायेगा। अब मतगणना मतकेन्द्रों के हिसाब से की जा रही है। इसलिए आयोग रिजल्ट शीट का काफी गंभीरता से निरीक्षण करेगा।'

बीता अनुभव यह है कि जब टी.एन. शेषन मुख्य चुनाव आयुक्त थे, तब बिहार में लोकसभा व विधानसभा चुनाव के दौरान 'कोताही बरतनेवाले' अधिकारियों पर कार्रवाई हुई, लेकिन तुरंत कार्रवाई करनेवाले किसी अधिकारी को प्रशंसा पत्र नहीं दिया गया।

11. आयोग का निर्देश है कि 'प्रत्येक चुनाव क्षेत्र में, विशेष रूप से संवेदनशील क्षेत्रों में बूथ कब्जे के खिलाफ भारी प्रचार किया जायेगा ताकि असामाजिक तत्वों द्वारा बूथ कैपचरिंग का लक्ष्य बेकार जाये। चुनाव आयोग ऐसे क्षेत्र में पुनर्मतदान का आदेश देगा।'

प्रचार करने से बूथ कब्जा कतई नहीं रुकता। उससे बूथ लुटेरों में डर पैदा नहीं होता। हो भी कैसे? अक्सर यह शिकायत सही निकलती है कि स्थानीय पुलिस बूथ लुटेरों से मिली हुई है। वैसे, इधर चुनाव आयोग ने मतदाता जागरण अभियान शुरू कराया है।

12. आयोग का निर्देश है कि 'यदि मतदान खत्म होने के बाद चुनाव आयोग को कोई शिकायत मिलेगी, तो आयोग जांच करेगा और दोषी अधिकारियों के खिलाफ अनुशासनात्मक कार्रवाई करेगा।'

चुनाव आयोग का यह निर्देश अधिकारियों को डराने वाला है क्योंकि आयोग बूथ कब्जा करने वालों के खिलाफ कुछ नहीं कर पाता और अधिकारी को, जो आयोग के अधीन प्रतिनियुक्त अधिकारी हो जाते हैं, बार-बार धमकियां देता है और उन्हें सताने की कार्रवाई करता है।

कहने का आशय यह कि चुनाव आयोग के आदेश-निर्देश का बिहार के चुनावों पर कोई असर नहीं पड़ा। उल्टे बूथ लूट, बोगस मतदान तथा अन्य प्रकार की अनियमितताएं बढ़ती गयीं। आयोग ने ऐसे में 1984 में नया आदेश दिया। इस नये आदेश में कहा गया कि अगर किसी मतदान केन्द्र पर 90 या उससे अधिक प्रतिशत मतदान होता है और यदि उसमें किसी एक उम्मीदवार को 90 प्रतिशत मत मिले, तो उस मतदान केन्द्र के मतों की गणना नहीं की जायेगी। ऐसे सभी मामलों में पुनर्मतदान कराया जा सकता है।

बिहार में आयोग के इस नये आदेश की भी धज्जियां उड़नी शुरू हो गयीं। बूथ कब्जा करने वाले गिरोह अब 'समझदारी' से काम करने लगे। वे जबरन मात्र उतना ही वोट डालते हैं, जितने में आयोग के निर्देश का उल्लंघन न हो। वे बूथ कब्जा तो करते हैं, लेकिन मत डालते थे 85 प्रतिशत। 90 प्रतिशत के निर्देश से बचने के लिए नया फार्मूला निकल गया कि सौ में 80-90 के बीच ही वोट डालना है। ऐसे में बूथ कब्जा भी होने लगा और कब्जे वाले बूथ आयोग के घेरे के बाहर भी रहने लगे।

चुनाव आयोग के इस निर्देश से चुनाव प्रक्रिया में लगे मतदान अधिकारी के सामने नयी मुसीबत आ गयी। मुसीबत यह कि मतदान के दौरान मतपेटियों से 90 प्रतिशत मत निकले और निर्वाची अधिकारी ने पुनर्मतदान की अनुशंसा की तो मरने-मारने की नौबत आ गयी। अधिकारियों को धमकियां दी गयीं।

ऐसे में चुनाव आयोग ने अपने एक पुराने आदेश को लागू करने का निर्देश दिया। इस निर्देश का ताल्लुक विभिन्न मतदान केन्द्रों पर मिले मतपत्रों को एक साथ मिलाकर गिनती किये जाने से है। इससे पता नहीं चलता है कि किस उम्मीदवार को किस बूथ पर कितने वोट मिले। यानी बूथ लुटेरों के लिए अब 'शांतिपूर्ण बूथ कब्जे' की पूरी आजादी है! यह आदेश 1993 एवं 1994 में हुए विधानसभा एवं लोकसभा के उपचुनाव से प्रभावी हुआ। वैशाली संसदीय निर्वाचन क्षेत्र में हुए उपचुनाव में कुछ मतदान केन्द्रों पर 100 प्रतिशत मतदान हुए।

बिहार के चुनाव में बूथ कब्जा और अन्य प्रकार के हथकंडे अपनाये जाने को लेकर चुनाव आयोग लगातार चिंतित रहा, लेकिन उसके चिंतित रहने का कोई फल नहीं निकला। आदेश-निर्देश जितने जारी हुए, अनियमितताएं उतनी ही अधिक होती चली गयीं। मतदान की पवित्रता जैसे शब्द चुनाव आयोग की किताबों की वस्तु बन गये।

1984 में आयोग ने कहा – 'बिहार जैसे कुछ राज्यों में मतदान केन्द्रों पर कब्जे की घटनाएं लंबे समय से विद्यमान हैं और ऐसा मालूम पड़ता है, यह आंतकित करने वाली प्रवृत्ति कुछ अन्य राज्यों में भी फैल सकती है। मतदान केन्द्रों पर कब्जा करने की मुसीबत हमारे देश के कुछ खास हिस्सों में स्थायी बन गयी है। इस बुराई को समाप्त करने के लिए प्रशासनिक कदम उठाये जाने के बारे में आयोग ने विस्तृत अनुदेश जारी किये थे। समाजविरोधी तत्वों की गतिविधियों के कारण इस समस्या ने कुछ क्षेत्रों में गंभीर रूप धारण

एक बूथ पर तीन बार मतदान!

मुल्क के चुनावी इतिहास में यह भी दर्ज है कि बिहार के एक विधानसभा क्षेत्र के एक मतदान केंद्र पर तीन बार मतदान कराना पड़ा! वह विधाानसभा क्षेत्र था - हरलाखी। 1980 के चुनाव में उसके एक मतदान केंद्र 'बिलोना' में तीन बार मतदान हुआ।

पहली बार जब इस मतदान केंद्र पर मतदान हुआ, तो रिटर्निंग आफिसर ने आयोग को सूचित किया कि मतदान के दौरान अनियमितताएं हुई हैं। ऐसे में आयोग ने दूसरी बार मतदान कराने के लिए 6 जून 1980 की तिथि तय कर दी। चुनाव आयोग को शिकायत मिली थी, जिसमें मतदान के संचालन के दौरान संबंधित अधिकारियों पर यह आरोप लगाया गया था कि कुछ अधिकारियों ने खुद मतदान केंद्र पर कब्जा कर लिया और वास्तविक मतदाताओं को मतदान केंद्र से भगा दिया! चुनाव आयोग ने इस गंभीर शिकायत की जांच-पड़ताल के लिए पदाधिकारियों का एक दल भेजा। आयोग के अधिकारियों ने रिटर्निंग आफिसर को चुनाव परिणाम रोकने का निर्देश दिया।

बिलोना के 152 नम्बर के मतदान केंद्र पर 6 जून 1980 को पुनः मतदान हुआ, लेकिन तैयार किये गये मतदान पत्र में यह पाया गया कि उस मतदान केंद्र से सम्बद्ध कुल 739 मतदाताओं में से 720 मतदाताओं ने मतदान किया! चुनाव आयोग के सचिव जो इस जांच के लिए गये थे, ने रिपोर्ट पर विचार करने के बाद पुनः 14 जून को मतदान कराने का निर्देश दिया। दूसरी बार पुनः मतदान कराने के समय चुनाव आयोग के चार अधिकारियों का दल प्रेक्षक के बतौर तैनात किए गये थे। इस बार के मतदान में 599 मत पड़े। इस निर्वाचन क्षेत्र में निर्वाचन पूरा करने की तारीख 16 जून 1980 तय की गयी। यहां पर यह बताना उचित होगा कि चुनाव आयोग द्वारा की गयी गंभीर शिकायतों के आलोक में 1952 के चुनावों से 1980 तक हुए चुनावों में किसी एक मतदान केंद्र पर दूसरी बार पुनः मतदान कराने के लिए आदेश देने का यह पहला अवसर था। (लोकसभा एवं विधानसभाओं की साधारण निर्वाचन रिपोर्ट, वाल्यूम (1) 1979-80।

कर लिया है और अब वह समय आ गया है जबकि निचले स्तर के राजनीतिक कार्यकर्ताओं और असामाजिक तत्वों के गठजोड़ को समाप्त किया जाये तथा कानून-व्यवस्था को बनाये रखने के लिए,उत्तरदायी जिला प्रशासन के कार्यकलापों में होने वाले राजनीतिक हस्तक्षेप को दूर किया जाये।'

बूथ कब्जा के खिलाफ राज्य मशीनरी प्रभावी भूमिका में नहीं आ सकी। जिसकी लाठी उसकी भैंस वाली कहावत चरितार्थ होती रही। कर्पूरी ठाकुर और जार्ज फर्नांडिस सरीखे नेताओं ने बूथ लुटेरों के खिलाफ 1985 में हथियार उठाने तक की घोषणा की, लेकिन

घटनाएं रुकी नहीं। स्वर्गीय कर्पूरी ठाकुर ने 1986 में चुनाव प्रणाली में सुधार, पुलिस दमन प्रतिकार तथा नागरिक स्वतंत्रता अधिकार के लिए 'लोकतंत्र बचाओ मोर्चा' का गठन किया। 9 फरवरी 1986 को पटना के अदालतगंज मैदान में एक सभा का आयोजन किया गया। इस मोर्चे में जनता पार्टी, लोकदल, माकपा, झामुमो, एस.यू.सी.आई., कांग्रेस (स), सी.पी.आई. (एम.एल.), जेपी विचार मंच आदि संगठन शामिल हुए। मोर्चे ने राज्यपाल को एक ज्ञापन दिया। लेकिन, लोकतंत्र बचाओ मोर्चा बूथ लुटेरों के खिलाफ कोई कारगर पहल नहीं कर सका।

बूथ कब्जे के खिलाफ इंडियन पीपुल्स फ्रंट ने पटना में एक सेमिनार का आयोजन किया और इंका को छोड़ कर अन्य पार्टियों के कार्यकर्ताओं को लेकर बूथ कब्जा विरोधी समितियां बनाने की घोषणा की। कहा गया कि बूथ कब्जा करने वालों से भाकपा (माले) के सशस्त्र दस्ते निबटेंगे। माले ने अपने कार्यकर्त्ताओं को बूथ कब्जे के खिलाफ सात कार्यभार सौंपे–

1. जनता के बीच बूथ कब्जा विरोधी प्रचार करना।
2. बूथ कब्जा करने वालों के नाम प्रशासन को सौंपना और उनकी गिरफ्तारी की मांग करना।
3. बूथ बदलने या नये बूथों के निर्माण के लिए संघर्ष।
4. बूथ कब्जा करनेवाली जातियों के बीच तथा जातीय तनाव कम करने के लिए प्रचार।
5. चुनाव के दिन जनता को मतदान के लिए प्रेरित करना।
6. चुनाव में हुई धांधली व बूथ कब्जे के खिलाफ संघर्ष करना, कब्जा हुए मतदान को रद्द कर पुनः मतदान कराने की मांग, बूथ कब्जा करनेवालों की गिरफ्तारी की मांग। दोषी अधिकारियों पर कार्रवाई करने तथा इस प्रकार चुने गये प्रतिनिधि से इस्तीफे की मांग।
7. समिति के सदस्य अगर बूथ कब्जे में शामिल पाये जायं तो उन्हें जनता के कठघरे में खड़ा करना।

फ्रंट ने अपने प्रभाव क्षेत्रों में बूथ कब्जा करनेवालों के खिलाफ एक हद तक हस्तक्षेप करने की कोशिश की। उसने बूथ कब्जा करनेवालों को चेतावनी दी। प्रशासन को बूथ कब्जा करनेवालों की सूची जारी की। राज्य के कई हिस्सों में उसका बूथ कब्जा करनेवालों से हिंसक टकराव भी हुआ और कई लोग मारे गये।

लोकसभा के 1991 के चुनाव के पहले मुख्य चुनाव आयुक्त टी.एन. शेषन पटना आये। उन्होंने 30 मार्च, 1991 को स्पष्ट चेतावनी दी कि जिन निर्वाचन क्षेत्रों में बड़े पैमाने पर हिंसा और बूथ कब्जे की घटनाएं होंगी, वहां चुनाव रद्द कर दिये जायेंगे। चुनाव में किसी को भी गलत तरीका अपनाने की इजाजत नहीं दी जायेगी। मुख्य चुनाव

आयुक्त की घोषणा का भी बिहार के चुनावों पर कोई प्रभाव नहीं पड़ा।

वैसे, 1991 के चुनाव के बाद आयोग ने कार्रवाई के नये तरीके अपनाये। पहले निर्वाची अधिकारी की पुनर्मतदान से सम्बंधित अनुशंसाएं हू-ब-हू मान ली जाती थीं। बाद में आयोग पर्यवेक्षकों तथा अपने स्रोत से मिली सूचनाओं का उपयोग भी करने लगा। इससे कुछ लाभ हुआ, लेकिन गड़बड़ियां जारी रहीं।

चुनाव आयोग ने 1992 में हुए वैशाली विधानसभा उपचुनाव में सिर्फ पांच मतदान केन्द्रों पर पुनर्मतदान कराने का आदेश दिया, जबकि निर्वाची अधिकारी ने 23 मतदान केन्द्रों पर पुनर्मतदान की अनुशंसा की थी। आयोग के इस निर्देश से मतदान की पवित्रता प्रभावित हुई। आयोग ने किस आधार पर सिर्फ पांच मतदान केन्द्रों पर पुनर्मतदान कराने का आदेश दिया, यह नहीं बताया गया। आयोग ने छपरा संसदीय क्षेत्र में 26 मतदान केन्द्रों पर पुनर्मतदान का निर्देश दिया, जबकि निर्वाची अधिकारी ने 52 मतदान केन्द्रों पर पुनर्मतदान कराने की अनुशंसा की थी। चुनाव आयोग ने निर्वाची अधिकारी द्वारा अनुशंसित 22 तथा 4 मतदान केन्द्रों पर अपनी तरफ से पुनर्मतदान कराने का निर्देश दिया, जबकि उसी निर्वाची अधिकारी ने महाराजगंज संसदीय क्षेत्र के लिए 71 मतदान केन्द्रों पर पुनर्मतदान कराने की अनुशंसा की थी और आयोग ने उसे हू-ब-हू मान लिया। आयोग ने छपरा के निर्वाची अधिकारी व्यास जी मिश्र के तबादले का भी निर्देश दिया और उनके विरुद्ध कार्रवाई करने का आदेश दिया। चुनाव आयोग अब सिर्फ निर्वाची अधिकारी की रिपोर्ट पर पुनर्मतदान का आदेश नहीं देता। वह पर्यवेक्षकों की रिपोर्ट, प्रेजाइडिंग ऑफिसर की डायरी आदि को अपना आधार बनाता है। लेकिन, आयोग के बिहार के संदर्भ में किये गये कई निर्णय विवादास्पद रहे।

चुनाव आयोग ने पटना और पूर्णिया संसदीय क्षेत्रों के चुनाव रद्द कर दिये। आयोग ने कहा – चुनाव आयोग को राज्य सरकार, मुख्य निर्वाचन पदाधिकारी, निर्वाची पदाधिकारी, पर्यवेक्षकों तथा अन्य स्रोत से रिपोर्ट प्राप्त हुई है। 20 मई 1991 को मतदान के दौरान बड़े पैमाने पर बूथ कब्जे की घटनाएं घटीं और मतदान केन्द्रों पर कब्जा जमा लिया गया। मतदान अधिकारियों से जबरन मतपत्र छीन लिये गये और मतदाताओं को मतदान करने से रोका गया।

आयोग ने पटना व पूर्णिया संसदीय क्षेत्र में हुए उपचुनाव को रद्द तो कर दिया, लेकिन उसने दोनों संसदीय क्षेत्रों के सम्बन्ध में कोई जांच नहीं करायी। गढ़वाल संसदीय क्षेत्र में जब मतदान रद्द हुआ था, तो आयोग के सचिव के. गणेशन को आयोग ने जांच के लिए भेजा था। इसी तरह मेहम विधान सभा क्षेत्र में जांच के लिए उपचुनाव आयुक्त आर.पी. भल्ला भेजे गये थे। जांच के बाद वहां के चुनाव रद्द किये गये थे।

पटना संसदीय क्षेत्र के चुनाव (1991) में निर्वाची अधिकारी ने 22 मतदान केन्द्रों पर पुनर्मतदान की अनुशंसा की थी, आयोग ने चुनाव को रद्द करने का आदेश दिया, जबकि 1993 के उपचुनाव में पटना संसदीय क्षेत्र के निर्वाची अधिकारी ने 36 मतदान केन्द्रों पर

पुनर्मतदान की अनुशंसा की थी तो आयोग ने मतदान को शांतिपूर्ण माना।

1996 के लोकसभा चुनाव में दानापुर विधानसभा क्षेत्र के सभी मतदान केन्द्रों पर पुनर्मतदान हुआ। पटना संसदीय क्षेत्र में हुए 16 फरवरी, 1998 को हुए मतदान को जांच-पड़ताल के बाद रद्द किया गया। 1998 के लोकसभा चुनाव में मतपत्र छीनने की 935, बूथ कब्जे की 147, वोट बहिष्कार की 107 घटनाएं घटीं। 1999 के लोकसभा चुनाव में मतपत्र छीनने की 157, बैलेट बाक्स लूट की 31 घटनाएं घटीं।

सन् 2000 में हुए विधानसभा चुनाव में 208 स्थानों पर मत्रपत्र छीनने की घटनाएं घटीं। गृह विशेष विभाग के रिकार्ड में यह दर्ज हुआ कि 42 स्थानों पर बूथ कब्जे की घटनाएं घटीं। 108 स्थानों पर बैलेट बाक्स लूटे गये।

2004 के लोकसभा चुनाव में छपरा संसदीय क्षेत्र का चुनाव रद्द कर दिया गया। राज्य में कुल 1552 मतदान केन्द्रों पर पुनर्मतदान हुआ।

शांतिपूर्ण मतदान का वीभत्स रूप!

2004 में लोकसभा के चरणबद्ध चुनाव के तहत बिहार में छपरा सहित 17 संसदीय सीटों के लिए 26 अप्रैल को मतदान हुआ। छपरा के उम्मीदवार थे राजद सुप्रीमो लालू प्रसाद यादव। प्रतिद्वंद्वी प्रत्याशी थे राजीव प्रसाद रूडी - राजग की निवर्तमान 'अटल' सरकार में मंत्री। निर्वाची पदाधिकारी ने चुनाव आयोग को जो रिपोर्ट दी उसमें यह चित्रित करने का प्रयास किया गया कि कुछ छिटपुट घटनाओं को छोड़कर पूरे क्षेत्र में आम तौर पर मतदान सामान्यत: शांतिपूर्ण रहा। लेकिन चुनाव आयोग ने मीडिया में देखा उस शांतिपूर्ण मतदान का असली रूप - हिंसक, अशोभनीय वीभत्स!

आयोग को समझ में आ गया कि वह ऐसे 'शांतिपूर्ण मतदान' पर अपने निर्देश और नियम-कानूनों से नियंत्रण पाने में असमर्थ है। वह तमाम जांच-पड़ताल के बाद इतना ही तो कर सकता था कि छपरा संससदीय सीट के सभी मतदान केंद्रों के मतदान को रद्द कर फिर से मतदान कराये। उसने यही किया। उसने 'आदेश' जारी कर छपरा सीट के लिए 31 मई को पुनर्मतदान कराने की घोषणा की। वह 'आदेश' अपने आप में एक आईना है, जिसमें बिहार में होने वाले 'शांतिपूर्ण मतदान' का दृश्यबद्ध रूप उसके असली अर्थ को उजागर करता है। ऐतिहासिक दस्तावेज होने के नाते उक्त आदेश को यहां यथावत पेश करना ही उचित होगा। आदेश में कहा गया कि

1. दिनांक 31.3.2004 की भारत के गजट में प्रकाशित जन प्रतिनिधि अधिनियम 1951 की धारा 14 की उपधारा (2) के अधीन जारी की गई अधिसूचना द्वारा 14वीं लोकसभा गठन के उद्देश्य से भारत के राष्ट्रपति ने अन्य के साथ-साथ 7-छपरा संसदीय क्षेत्र सहित बिहार राज्य के 17 संसदीय क्षेत्रों के लिए सदस्य निर्वाचित करने को कहा।

2. उपरोक्त अधिनियम के प्रावधानों के अनुपालन क्रम में चुनाव आयोग ने अपने

अधिसूचना संख्या 464/2004 (2) दिनांक- 31 मार्च, 2004 के द्वारा 7-छपरा संसदीय क्षेत्र में निर्वाचन के लिए दिनांक 26.4.2004 मतदान की तिथि निर्धारित की।

3. तदनुरूप दिनांक- 26.4.2004 को निर्धारित कार्यक्रम के अनुसार 7 छपरा संसदीय क्षेत्र के सभी 1157 मतदान केन्द्रों पर मतदान कराया गया।

4. मतदान के दिन अहले सुबह से ही क्षेत्र के अनेक मतदान केन्द्रों पर बूथ कब्जा एवं हिंसा की ढ़ेर शिकायतें मिलनी शुरू हो गयी। बूथ कब्जे एवं हिंसा की ये शिकायतें कथित रूप से विधि एवं व्यवस्था में प्रभावी प्रबन्ध की कमी, चुनाव से जुड़े कर्मचारियों तथा पुलिस अधिकारियों की सहआपराधिक तथा पक्षपातपूर्ण आचरण, मतदान के देख-रेख की लचर व्यवस्था, केन्द्रीय अर्द्धसैनिक बलों का निष्प्रभावी उपयोग आदि के कारण थी। विशेषकर ऐसे आरोप थे कि निर्वाचन से जुड़े अधिकारियों एवं पुलिस अधिकारियों की सहअपराधित या सहमति अथवा दोनों थी और बूथ कब्जे तथा हिंसा की शिकायतों के सम्बन्ध में पूरी निष्क्रियता बरती गयी।

5. छपरा संसदीय क्षेत्र के नियुक्त एवं नियत पर्यवेक्षकों से आयोग को प्राप्त प्रतिवेदनों में भी कतिपय शिकायतों एवं आरोपों की पुष्टि की गई है। उपद्रवियों द्वारा मतदान बाधित करने तथा हिंसा की अनेक घटनाओं को स्वयं आयोग ने भी इलेक्ट्रोनिक मीडिया पर देखा जो क्षेत्र में व्याप्त अशोभनीय स्थिति को दर्शा रहा था और जो स्वतंत्र एवं निष्पक्ष मतदान कराने में सहायक नहीं था।

6. निर्वाची पदाधिकारी एवं अन्य आधिकारिक स्रोतों के प्रतिवेदनों में मात्र कुछ मतदान केन्द्रों पर ही पुनर्मतदान की अनुसंशा तथा यह चित्रित करने का प्रयास कि छिट-फुट घटनाओं को छोड़कर पूरे क्षेत्र में आमतौर पर मतदान सामान्यत: शांतिपूर्ण रहा, से आयोग संतुष्ट नहीं था और आयोग ने यह निर्णय लिया कि बड़ी संख्या में शिकायतों को देखते हुए आयोग के सचिवालय से दो अधिकारियों श्री आनन्द कुमार, आयोग के प्रधान सचिव-सह-निदेशक एवं श्री के.जे. राव, आयोग के परामर्शी, की विशेष टीम क्षेत्र का भ्रमण कर बूथ कब्जा एवं हिंसा की शिकायतों की जांच संबंधित घटना स्थल पर करे।

7. सर्वश्री आनन्द कुमार एवं के.जे. राव की टीम ने 2 एवं 3 मई 2004 की छपरा का भ्रमण किया तथा शिकायतों की व्यापक जांच की जिससे तथ्यों का पता किया जा सके एवं यह निर्धारित किया जा सके कि इस चुनाव क्षेत्र में बूथ कब्जा एवं हिंसा की कथित वारदातों के फलस्वरूप निर्वाचन प्रक्रिया की शुद्धता को कितनी क्षति पहुंची है। छपरा से वापसी के बाद टीम अपना प्रतिवेदन 9 मई को सौंप सकी क्योंकि टीम के एक सदस्य को पुन: आयोग द्वारा तत्काल जम्मू एवं कश्मीर के कुछ हिस्सों में 5 मई 2004 को होने वाले मतदान के पर्यवेक्षक हेतु भेजा गया।

8. आयोग ने जांच टीम की रिपोर्ट का परिशीलन किया। रिपोर्ट दर्शाता है कि निर्वाची पदाधिकारी ने चुनाव लड़ रहे सभी प्रत्याशियों को लिखित तौर पर जांच दल

के क्षेत्र आने की सूचना दी थी और विधिवत सूचित किया था कि दिनांक 2 मई को अपराह्न दो बजे निर्वाची पदाधिकारी कार्यालय में जांच दल द्वारा उनकी बात सुनी जायेगी। चुनाव लड़ रहे 9 प्रत्याशियों में से 6 सर्वश्री लालू प्र. यादव (राजद), राजीव प्रताप रूडी (भाजपा), अभय राज किशोर राय (बसपा), बच्चू प्रसाद (सपा), मनोरंजन कु. श्रीवास्तव (निर्दलीय) एवं ब्रजेश कुमार (निर्दलीय) अपने प्रतिनिधि/वकील के साथ जांच दल के समक्ष उपस्थित हुए और जांच दल ने विधिवत उनकी सुनवाई की। टीम ने क्षेत्र में भी पूछ-ताछ की तथा 26.4.2004 के मतदान से संबंधित सभी अभिलेखों की जांच की।

9. आयोग ने निर्वाची पदाधिकारी एवं आयोग द्वारा नियुक्त चार पर्यवेक्षकों के प्रतिवेदनों का भी परिशीलन किया।

10. फिर आयोग ने श्री राजीव प्रताप रूडी एवं श्री लालू प्रसाद यादव को उनके अनुरोध पर क्रमशः 28 अप्रैल एवं 8 मई को नई दिल्ली स्थित आयोग सचिवालय में भी सुना जहां एक ओर श्री रूडी ने आरोप लगाया कि पूरे चूनाव क्षेत्र में श्री लालू प्रसाद यादव एवं उनके समर्थकों, विशेषकर उनके साले श्री सुभाष यादव, द्वारा बूथ कब्जा एवं हिंसा के कारण मतदान दूषित था, वहीं दूसरी ओर श्री लालू प्र. यादव द्वारा आरोप लगाया गया कि कुछ मतदान केन्द्रों पर भाजपा प्रत्याशी एवं समर्थकों द्वारा कब्जा करने के फलस्वरूप मतदान दूषित हुआ किन्तु पूरे क्षेत्र में आमतौर पर मतदान शांतिपूर्ण था।

11. जांच दल, आयोग के पर्यवेक्षकों तथा निर्वाची पदाधिकारी के उपरोक्त प्रतिवेदनों पर सावधानीपूर्वक विचार एवं विश्लेषण के पश्चात आयोग की सर्वसम्मत राय यह है कि 26 अप्रील 2004 को 7 छपरा संसदीय क्षेत्र के मतदान को स्वतंत्र एवं निष्पक्ष नहीं कहा जा सकता है। स्वतंत्र एवं निष्पक्ष मतदान में सहायक शांतिपूर्ण वातावरण हेतु क्षेत्र में उचित एवं उपयुक्त सुरक्षा प्रबंध नहीं किया गया था। निर्वाची पदाधिकारी (जिलाधीश), आरक्षी उपमहानिरीक्षक, आरक्षी अधीक्षक एवं अन्य वरीय पुलिस अधिकारियों की सफाई यह थी कि उन्हें समुचित संख्या में केन्द्रीय अर्द्धसैनिक बल उपलब्ध नहीं कराये गये जिससे मतदान केन्द्रों एवं मतदान कर्मियों के लिए वांछित सुरक्षा प्रदान करने एवं पूरे क्षेत्र में शांतिपूर्ण माहौल बनाने, जिससे मतदाताओं में निर्भयतापूर्वक मतदान करने का विश्वास पैदा किया जा सके, में बाधा आयी। किन्तु दूसरी ओर जांच दल एवं आयोग के पर्यवेक्षकों के प्रतिवेदनों से स्पष्ट होता है कि कथित अपर्याप्त केन्द्रीय अर्द्धसैनिक बल की भी उपयुक्त प्रतिनियुक्ति नहीं की गई तथा मतदान के दिन दोपहर तक प्रतिनियुक्ति की प्रतीक्षा में उन्हें पर्यवेक्षकों द्वारा पुलिस केन्द्रों में सोते हुए पाया गया। कतिपय मामलों में प्रतिनियुक्ति स्थल तक पहुंचाने के लिए परिवहन व्यवस्था उपलब्ध नहीं कराये जाने के परिणामस्वरूप वे बेकार समय बिताते रहे। इन प्रतिवेदनों से यह भी स्पष्ट होता है कि पुलिस अधिकारियों द्वारा बनायी गयी सुरक्षा बल तैनाती की योजना के अनुसार कतिपय मतदान केन्द्रों पर गृहरक्षकों की

तैनाती का भी प्रावधान नहीं किया गया था। इससे आयोग के साथ की गई शिकायतों एवं जांच टीम द्वारा क्षेत्र के कतिपय गांवों के भ्रमण के दौरान की गई शिकायतों, कि मतदान केन्द्रों पर खुली छूट का माहौल था एवं उपद्रवियों द्वारा बिना किसी रोक-टोक के बूथ कब्जे की आजादी थी, की परिपुष्टि होती है। एक निर्दलीय प्रत्याशी को छोड़कर सभी प्रत्याशी, जो 2 मई को जांच टीम के समक्ष उपस्थित हुए, ने एक दूसरे के विरूद्ध हिंसा एवं बूथ कब्जे की शिकायतें की। आयोग की मंशा यह निर्णय देना नहीं है कि किसने निर्वाचन प्रक्रिया की शुद्धता को कितना नुकसान पहुंचाया एवं मतदान को किस सीमा तक दूषित किया और न ही उन्हें निर्वाचन की पवित्रता को क्षति पहुंचाने के लिए उत्तरदायी करार देना है। यह पुलिस अधिकारियों एवं अनुसंधान एजेन्सियों का काम है कि सही अपराधी का पता हो क्योंकि प्रत्याशियों एवं उनके कार्यकर्त्ताओं तथा समर्थकों द्वारा अपने प्रतिद्वन्दियों के विरूद्ध बूथ कब्जा एवं हिंसा और कई मामलों में बम फेंकने से सम्बन्धित प्राथमिकी दर्ज कराये गये हैं। आयोग के लिए यह निष्कर्ष ही पर्याप्त है कि बड़े पैमाने पर बूथ कब्जे के फलस्वरूप मतदान दूषित हुआ तथा क्षेत्र में व्याप्त भय एवं आतंक के वातावरण के कारण न केवल उपद्रवियों को बूथ कब्जा करने का अवसर मिला बल्कि मतदाताओं के मन में डर व्याप्त हो गया, जिससे मतदाता अपने मताधिकार का प्रयोग करने हेतु मतदान केन्द्रों तक आने में हतोत्साहित एवं बाधिक हुए। प्रत्याशियों एवं उनके समर्थकों द्वारा कदाचार एवं मतदान में धांधली कर निर्वाचन की प्रजातांत्रिक प्रक्रिया को कमजोर किए जाने की आयोग तीव्र भर्त्सना एवं निन्दा करता है।

12. जांच दल का प्रतिवेदन ऐसी वीभत्स स्थिति का भी खुलासा करता है जिसमें मतदान कर्मियों की मिलीभगत से किसी एक या दूसरे पक्ष को लाभ पहुंचाने के लिए मतदान में धांधली की गई। स्पष्टत: मतदान से जुड़े अधिकारी इतने आतंकित एवं संबंधित प्रत्याशियों के गलत प्रभाव से ग्रस्त थे कि वे यह साहस नहीं जुटा पाये कि अपने प्रतिवेदनों एवं डायरियों में सही तथ्यों का उल्लेख करें और वे अपनी मौन सहमति से मतदान की धांधली में शामिल हो गये। मतदान केन्द्रों पर अपने दुराचरण को छुपाने के लिए हेरा-फेरी की और जिसके ढ़ेर उदाहरण जांच दल के प्रतिवेदन में दिए गए हैं, यह सुस्पष्ट करता है किस प्रकार बूथ कब्जा एवं मतदान की धांधली में उनकी मौन सहमति एवं मिली-भगत थी। इन मतदान कर्मियों ने स्पष्टत: यह सोचा था कि मतदान की समाप्ति के उपरान्त न तो इन पंजियों को खोला जायेगा और न ही इनकी जांच की जायेगी और उनके कुकृत्यों का खुलासा नहीं होगा।

13. उपरोक्त बातों और छपरा भेजे गये जांच दल के प्रतिवेदन, आयोग के पर्यवेक्षकों एवं निर्वाची पदाधिकारी के प्रतिवेदनों तथा स्वयं आयोग द्वारा इलेक्ट्रोनिक मीडिया पर मतदान के दिन क्षेत्र में कानून एवं व्यवस्था की दहलाने वाली स्थिति के अवलोकन के साथ-साथ आयोग के समक्ष उपलब्ध सभी तथ्यों एवं परिस्थितियों पर

समग्रता से विचार करते हुए आयोग पूरे तौर पर कायल एवं पूर्णतः संतुष्ट है कि 26 अप्रील 2004 को 7-छपरा संसदीय क्षेत्र के सभी विधान सभा खंडों में बड़ी संख्या में मतदान केन्द्रों पर कब्जा करने के फलस्वरूप मतदान व्यापक रूप से दूषित था और इससे निर्वाचन परिणाम प्रभावित होना संभावित है।

14. अतः संविधान के अनुच्छेद 324 की धारा 58 ए (2) एवं अपराध 58 (2) के साथ-साथ जन प्रतिनिधि अधिनियम की धारा 135 ए के अन्तर्गत निर्वाचन के संचालन निर्देशन एवं नियमन हेतु निहित परिपूर्ण अधिकारों का प्रयोग करते हुए आयोग 26 अप्रील 2004 को 7-छपरा संसदीय क्षेत्र के सभी मतदान केन्द्रों के मतदान को अकृत एवं शून्य घोषित करता है तथा मतदान को निरस्त (Countermand) किया जाता है।

पुनर्मदान 31 मई 2004 को कड़ी सुरक्षा व्यवस्था के अन्तर्गत होगा जिस हेतु आयोग अलग से निर्देश जारी करेगा। निष्पक्ष एवं स्वतंत्र पुनर्मतदान सुनिश्चित करने के उद्देश्य से सभी आनुषंगिक एवं अनिवार्य कदम उठाये जायेंगे जिसके लिए आयोग अलग से निर्देश जारी करेगा।' (भारत का निर्वाचन आयोग, संदर्भ ' लोकसभा चुनाव के बिहार राज्य के 7-छपरा संसदीय क्षेत्र के संबंध में, आदेश)

2004 में लोकसभा चुनाव में सभी मतदान केंन्द्रों पर ई.वी.एम. से मतदान हुआ। धांधली की गुंजाइश न रहे, इस परिप्रेक्ष्य में देश भर में यह प्रयोग शुरू हुआ। कागज-पत्तर के झंझट से मुक्त मतदान का इंतजाम हुआ। मतदाता उत्साह के साथ ई. वी.एम. में वोट डालने गये। लेकिन ई.वी.एम. से भी मतदान की प्रक्रिया तनावमुक्त नहीं हुई। राज्य सरकार की एक रिपोर्ट के अनुसार 204 स्थानों पर ई.वी.एम. टूटा और लूटा गया। सीतामढ़ी संसदीय क्षेत्र के निर्वाची अधिकारी की 27 अप्रैल, 2004 की रिपोर्ट के अनुसार बाबूबरहा टोला मध्यविद्यालय के बूथ नम्बर 183 के ई.वी.एम. को असामाजिक तत्वों ने तोड़ डाला। इसी तरह बूथ नम्बर 183, 193, 196 पर मशीन तोड़ दी गयी। कई स्थानों पर तकनीकी गड़बड़ी के कारण मतदान नहीं हो सका।

फिलहाल मतदान की तकनीक में परिवर्तन से भी बूथ कब्जे पर काबू पा सकने के आसार नहीं हैं। 'दबंगों' की लाइन खत्म नहीं हो रही। लगता यही है कि अशिक्षा, असमानता के बीच जीती दस करोड़ की आबादीवाले बिहार में मतदाताओं का जागरूक होना ही एकमात्र समाधान रह गया है। जागरूक मतदाता ही संगठित होकर मतदान कर सकते हैं और बूथ लुटेरों से अपने मताधिकार की रक्षा भी कर सकते हैं।

मतदान केन्द्रों की राजनीति

बिहार में लम्बे समय से मतदान केन्द्रों की राजनीति होती रही है। मतदान केन्द्रों की ऐसी व्यवस्था शासक दल, प्रभुत्वशाली वर्ग, दबदबा रखने वाला समुदाय प्रशासन के साथ मिलकर करता है, जहां 'मतदाता' आसानी से पहुंच न पायें।

'अ' गांव के मतदाताओं का जिसमें अधिकांश दलित हों, मतदान केन्द्र उनके गांव

से तीन-चार किलोमीटर दूर बना दिया जाता है। फलत: वे वोट देने जाते ही नहीं। बिहार के गांवों के भूगोल से परिचित आदमी अच्छी तरह जानता है कि किस गांव के लोग किसको वोट देंगे। ऐसे में विरोधी शक्तियां चाहती हैं कि मतदान केन्द्रों तक मतदाता पहुंचे नहीं। बिहार के सुदूर गांवों में सामंती दबदबा बनाये रखने वाला वर्ग प्रशासन के साथ मिलकर मतदान केन्द्रों की राजनीति को अंजाम देता है।

दलितों, हरिजनों और कमजोर वर्ग के लोगों का मतदान केन्द्र प्रभुत्वशाली वर्गों, जातियों के गांवों या उसके आसपास स्थापित करा दिया जाता है। ऐसा करके एक अदृश्य दबाव पैदा कर दिया जाता है, जिससे कमजोर वर्ग के लोग मतदान नहीं कर पाते।

चुनाव आयोग ने 'मतदान केन्द्रों की इस राजनीति' के खिलाफ नयी पहलकदमी ली है और आयोग का भी मानना है-'आयोग की जानकारी में यह बात आयी है कि विभिन्न दिशाओं से पड़ने वाले अनुचित दबाव/प्रभाव के कारण मतदान केन्द्रों की स्थिति इस प्रकार नियत की गयी है कि आबादी के कमजोर वर्ग से संबंधित मतदाताओं को अपने मताधिकार का प्रयोग करने से रोका जाता है, अभित्रस्त किया जाता है। मतदान केन्द्र या तो आबादी के प्रभावशाली वर्गों की प्रधानता वाले गांवों/कॉलोनियों में बनाये जाते हैं अथवा वे इस प्रकार बनाये जाते हैं कि कमजोर वर्ग के मतदाताओं को वहां तक पहुंचने के लिए ऐसे गांवों/कॉलोनियों से गुजर कर जाना पड़ता है जहां ऊंची जातियों और प्रभावशाली वर्गों का दबदबा होता है।'

'इस प्रकार के छलयुक्त दांवपेंच कमजोर वर्ग के लोगों को अपने मताधिकार के लोकतांत्रिक अधिकार का स्वतंत्रतापूर्वक उपयोग करने से रोकते हैं अथवा किसी भी स्थिति में उनकी भागीदारी के प्रतिशत को कम करते हैं और उस सीमा तक उम्मीदवारों के निर्वाचन में निर्वाचकीय चयन सही रूप में परिलक्षित नहीं होता है। आयोग समय-समय पर मतदान केन्द्रों की उचित स्थापना की आवश्यकता पर जोर देता रहा है ताकि प्रत्येक व्यक्ति बिना भय अथवा दबाव के अपने अधिकार का प्रयोग कर सकें। वर्ष 1994 में चुनाव आयोग ने मतदान केन्द्रों की सौ फीसदी जांच की है और संशोधन के लिए सुझाव प्राप्त करने के बाद मतदान केन्द्रों की नयी सूचियां अनुमोदित की है।

बिहार में 1995 विधानसभा चुनाव के लिये 324 विधान सभा क्षेत्रों में कुल 18948 नये मतदान केन्द्र स्थापित किये गये हैं। राज्य में स्थापित होने वाले मतदान केन्द्रों की संख्या बढ़कर 82459 हो गयी। 1990 विधान सभा चुनाव के दौरान राज्य में 63511 मतदान केन्द्र स्थापित किये गये थे। 2000 के विधानसभा चुनाव में 83153 मतदान केन्द्र बनाये गये थे। 2004 के लोकसभा चुनाव में मतदान केन्द्रों की संख्या 49683 थी।

वर्ष	मतदान केन्द्र	वर्ष	मतदान केन्द्र
1952	19489	1977	40938
1957	20407	1980	54539
1962	24213	1985	56620
1967	29457	1990	63511
1969	31453	1995	82459
1972	47595	2000	83153

बिहार में मतदान केन्द्रों की राजनीति का आलम यह है कि मतदान केन्द्रों की संख्या पहले आम चुनाव के बाद लगातार बढ़ती गयी, लेकिन 1977 में मतदान केन्द्रों की संख्या घटा दी गयी थी। 1972 में मतदान केन्द्रों की संख्या 47595 थी, पर 1977 में मतदान केन्द्रों की संख्या घटाकर 40938 कर दी गयी, अर्थात् 13.98 प्रतिशत मतदान केन्द्रों को खत्म कर दिया गया। मतदान केन्द्रों की राजनीति के क्रम में बिहार में मतदान केन्द्रों की संख्या घटाये जाने की यह पहली घटना थी।

चुनाव आयोग का कहना है कि मतदान केन्द्रों के नये ढंग से स्थापित कराये जाने के बावजूद इस सम्बन्ध में उसे शिकायतें मिलती रही हैं। आयोग द्वारा 29 जून 1994 को राज्य के मुख्य निर्वाचन पदाधिकारी को भेजे गये निर्देश में कहा गया है- शिकायतें मिली हैं कि अभी भी आबादी के कुछ हिस्से या भाग ऐसे हैं, जो आज तक अपने मताधिकार का प्रयोग नहीं कर पाये हैं। आयोग ने आजादी के 47 वर्षों के बाद भी इस प्रकार के हालातों पर गहरी चिंता व्यक्त की है।

तदनुसार, आयोग ने मुख्य निर्वाचन अधिकारियों/जिला निर्वाचन अधिकारियों को निर्देश दिया कि वे यह सुनिश्चित करें कि प्रत्येक निर्वाचक बिना भय एवं दबाव के अपने मताधिकार का प्रयोग करने की स्थिति में हों।

आयोग ने ऐसे गांवों में खासकर जहां कमजोर वर्ग के लोगों की बहुलता हो, मतदान केन्द्र स्थापित करने का निर्देश दिया है। पहले के निर्देशों में कमजोर वर्ग के लोगों की बस्ती में, जहां मतदाताओं की संख्या 500 से कम भी हो, मतदान केन्द्र स्थापित करने का निर्देश दिया था। अब आयोग ने कहा है कि जिन गांवों में कमजोर वर्ग के लोगों की प्रधानता हो, चाहे मतदाताओं की संख्या कम भी हो, वहां मतदान केन्द्र स्थापित किये जायें। आयोग ने यह भी कहा है कि ऐसे मामलों में निर्वाचकों की संख्या के लिए कोई न्यूनतम सीमा नहीं है और केवल मतदाताओं की सुविधा ही विचारणीय है।

आयोग ने मुख्य निर्वाचन पदाधिकारियों को भेजे गये निर्देश में कहा है कि 'आयोग चाहता है कि ऐसे इलाकों की पहचान करने और मतदान केन्द्रों का पता लगाने में कल्याण संघों या संगठनों को शामिल किया जाये, जो कमजोर वर्गों के लोकतांत्रिक अधिकारों की बहाली का समर्थन करते हैं।' आयोग ने 2003 में यह निर्देश दिया कि एक मतदान केन्द्र पर मतदाताओं की संख्या 15 सौ से अधिक नहीं होगी।

बहरहाल, आयोग के नये निर्देशों से 'मतदान केंद्रों की राजनीति' को कुछ झटका लगा है लेकिन इसका असर कितना स्थायी रहेगा, यह लोकतंत्र के प्रति 'स्टेट' की प्रतिबद्धता पर निर्भर है।

संदर्भ

1. राज्य के तत्कालीन मुख्य निर्वाचन अधिकारी सतीश भटनागर द्वारा भेजी गयी रिपोर्ट
2. मुख्य निर्वाचन अधिकारी की प्रकाशित रिपोर्ट, 1956-57
3. मुख्य निर्वाचन अधिकारी की प्रकाशित रिपोर्ट, 1962
4. माकपा नेता गणेश शंकर विद्यार्थी से बातचीत
5. प्रेरणा नारायण की रिपोर्ट (नवभारत टाइम्स)
6. विधान सभा में वाद-विवाद, बाबू लाल शास्त्री, 1977
7. उदयन शर्मा प्रथम पुरुष 'रविवार' 7 दिसम्बर 1986
8. चुनाव आयोग का निर्देश, 1980

डमी : दलीय राजनीति का निर्दलीय मोहरा

बिहार में विधानसभा का चुनाव लड़ने वाले प्रत्याशियों की फौज लगातार बढ़ती जा रही है। मान्यता प्राप्त राष्ट्रीय दलों व राज्य स्तरीय दलों के अतिरिक्त बड़े पैमाने पर निर्दलीय उम्मीदवार मैदान में उतरते हैं। ऐसे उम्मीदवार एक प्रतिशत मत भी नहीं प्राप्त करते हैं और अपनी जमानत राशि भी गवां देते हैं।

चुनाव घोषणा के साथ ही ऐसे प्रत्याशी अचानक टिड्डी दलों की तरह मैदान में अपना भाग्य आजमाने उतर जाते हैं। चुनाव मैदान में उतरने वाले गैर-संजीदा उम्मीदवारों की संख्या का आलम यह है कि बिहार में हुए दस विधानसभा चुनावों में प्रत्याशियों की फौज में साढ़े चार गुना की वृद्धि हुई है। निर्दलीय उम्मीदवार के नाम पर डमी उम्मीदवार के खड़े होने का ग्राफ लगातार बढ़ रहा है।

चुनावों में निर्दलीय उम्मीदवारों की बहुलता का प्रमुख कारण है – 'डमी' उम्मीदवारों का खड़ा किया जाना। मान्यता प्राप्त दलों के उम्मीदवार राजनीतिक लाभ के लिए डमी उम्मीदवार खड़े करते हैं। डमी उम्मीदवारों को खड़ा करा कर वे कई तरह के फायदे उठा लेते हैं। सामान्य और तात्कालिक फायदा तो यह है कि उम्मीदवार के बहाने अतिरिक्त चुनाव एजेंट, बूथों के लिए एजेंट तथा मतगणना के दौरान सोलह एजेंट, प्रचार वाहन आदि उपलब्ध हो जाते हैं।

वस्तुतः प्रतिद्वंद्वी पार्टी के वोट काटने के लिए कोई पार्टी निर्दलीय डमी उम्मीदवार को खड़ा करती है। डमी उम्मीदवार के नाम पर अतिरिक्त सुविधाएं पाती है। इसके माध्यम से वह हर बूथ से लेकर मतगणना के दिन तक अपने पक्ष में अतिरिक्त जनबल जुटा लेती है। चुनाव की तारीख नजदीक आते-आते डमी उम्मीदवार उसीके पक्ष में बैठ जाता है!तब तक मतपत्र में उसका नाम और निशान छप चुका होता है। अब हर हाल में उसी निर्दलीय उम्मीदवार को वोट देने के लिए प्रतिबद्ध वोटर क्या करे? अब तक के चुनाव परिणामों से यह संकेत मिलता है कि हजारों वोट अंत में किसी पार्टी के पक्ष में बैठे डमी उम्मीदवार के नाम पड़ते हैं और 'बेकार' हो जाते हैं। यह भी होता है कि संशयग्रस्त वोटर मतदान के दिन वोट देने नहीं जाता। डमी को खड़ा करने और बिठाने वाली पार्टी को इसमें भी प्रतिद्वंद्वी पार्टी के वोट कटने का लाभ नजर आता है। यानी यह पूरा मामला चुनाव में खड़े होने की स्वतंत्रता के अधिकार से जुड़ी 'निर्दलीय उम्मीदवार की अवधारणा' के दलीय इस्तेमाल का राजनीतिक खेल है!

बिहार में विधानसभा और लोकसभा का चुनाव लड़ने वाले ऐसे निर्दलीय उम्मीदवारों की संख्या सर्वाधिक होती है, जो सौ वोट भी नहीं ला पाते हैं। लोकसभा के लिए 1991 में हुए चुनाव में 90.43 प्रतिशत उम्मीदवारों की जमानत जब्त हुई। 1990 के विधानसभा चुनाव में 5892 उम्मीदवारों अर्थात 91.50 प्रतिशत उम्मीदवारों की जमानत जब्त हुई।

1952 के पहले आम चुनाव में विधानसभा के लिए कुल 1602 उम्मीदवार खड़े हुए थे। 1957 में यह संख्या घट कर 1394 हो गयी, लेकिन 1990 में इनकी संख्या बढ़ कर 6439 हो गयी। 1967 से उम्मीदवारों की संख्या में वृद्धि की रफ्तार तेज हुई। 1972 का चुनाव अपवाद रहा, जब उम्मीदवारों की संख्या घटी। 1977 के बाद चुनाव लड़ने वाले उम्मीदवारों की संख्या में लगातार इजाफा हुआ। उम्मीदवारों की संख्या बढ़ने के साथ ही जमानत जब्त होने वाले उम्मीदवारों की संख्या में वृद्धि हुई है।

बिहार विधानसभा का चुनाव लड़ने वाले निर्दलीय प्रत्याशियों की संख्या 1990 में 5235 और 1995 में 5674 रही। यों 1995 के विधानसभा चुनाव में सभी पार्टियों को मिला कर सबसे अधिक 8410 प्रत्याशी खड़े हुए थे। विधानसभा चुनावों के इतिहास में सबसे अधिक प्रत्याशी इसी चुनाव में खड़े हुए थे। इनमें 7720 की जमानत जब्त हो गयी थी। हालांकि 1990 में 30 और 1995 में 24 निर्दलीय जीते थे। सन् 2000 के चुनाव में 1484 निर्दलीय प्रत्याशी खड़े हुए और 20 जीते। निर्दलीय प्रत्याशियों में 1418 की जमानत जब्त हो गयी। इस चुनाव में सभी पार्टियों तथा निर्दलीय प्रत्याशियों की संख्या 3941 थी, जिसमें 3182 की जमानत जब्त हो गई। वैसे, 1995 के चुनाव की तुलना में सन् 2000 में खड़े होने वाले प्रत्याशियों की संख्या आधी रही लेकिन इसे 'कम होना' नहीं कहा जा सकता। लोकसभा चुनाव लड़ने वाले प्रत्याशियों की संख्या के बढ़ने-घटने की दर भी उम्मीदवारों की फौज कम होने के ट्रेंड का संकेत नहीं करती। लोकसभा के चुनाव में सबसे अधिक प्रत्याशी 1996 के चुनाव में खड़े हुए थे। उनकी संख्या 1448 थी। 1991 के चुनाव में 1171 प्रत्याशी खड़े हुए थे, जिसमें 1059 उम्मीदवारों की जमानत जब्त हो गई थी। 1998 और 1999 में क्रमश: 469 और 479 प्रत्याशी खड़े थे। उम्मीदवारों की बढ़ती फौज, किसी साल उसकी संख्या में उछाल आना और फिर उसमें कुछ कमी आना कुल मिलाकर लोकतंत्र में 'पावर' का कुछ राजनीतिक संस्थाओं में केंद्रित होने और बाकी आर्थिक-सामाजिक- सांस्कृतिक केंद्रों के शक्तिविहीन होने का संकेत है। उम्मीदवारों की बढ़ती संख्या भारतीय लोकतंत्र में जनता के पास किसी प्रत्याशी को बतौर जनप्रतिनिधि 'इलेक्ट' करने का दायित्व होने लेकिन किसी को प्रत्याशी के रूप में 'सेलेक्ट' करने का अधिकार न होने के कारण पैदा होने वाली विडंबना की भी अभिव्यक्ति है।

राजनीतिक महत्वाकांक्षा के कारण भी चुनाव लड़ने वाले प्रत्याशियों की फौज में वृद्धि हुई है। पार्टियों द्वारा टिकट नहीं मिलने के कारण वे चुनाव में निर्दलीय खड़े हो

जाते हैं। कुछ अपवादों को छोड़कर 90 प्रतिशत से अधिक निर्दलीय प्रत्याशी अपनी जमानत जब्त कराते हैं।

'निर्दलीय उम्मीदवारी की अवधारणा' दागी लोगों के राजनीतिज्ञ बनने का 'खुला दरवाजा' है। उम्मीदवारों की फौज में 'दागी' प्रत्याशी शामिल होते हैं। पेशेवर अपराधी, भ्रष्ट और तस्कर – जिन पर मुकदमे तो चल रहे होते हैं, लेकिन सजा नहीं मिली होती– चुनाव लड़ते हैं और राजनीतिज्ञ का बिल्ला पा जाते हैं। ऐसे 'दागी' प्रत्याशियों को डमी बनाकर खड़े करने या फिर पार्टी का टिकट देने में भी राजनीतिक पार्टियां पीछे नहीं रहतीं।

नियमतः वैसे प्रत्याशी चुनाव नहीं लड़ सकते हैं, जिन्हें दो वर्ष की सजा मिल चुकी होती है। विधानसभा में ऐसे लोगों की संख्या लगातार बढ़ी है, जिन पर मुकदमे चल रहे हैं, लेकिन सजा नहीं मिली। ये 'बाहुबली' कहलाते हैं। चुनाव जीत कर विधानसभा–लोकसभा में जा बैठते हैं। 1990 से 2000 तक के विधानसभा चुनाव में ऐसे जीतने वाले दागी बाहुबलियों की संख्या 30 थी। 'पूर्व चुनाव आयुक्त जी.वी.जी. कृष्णमूर्ति ने 27 सितम्बर, 1997 को राजनीति के अपराधीकरण के बारे में पूछने पर बताया कि 1996 के लोकसभा में 13952 प्रत्याशियों में डेढ़ हजार प्रत्याशियों पर हत्या, डकैती और बलात्कार जैसे आरोप लगे थे । इनमें 40 प्रत्याशी जीतकर माननीय संसद सदस्य बन गये हैं, जबकि इन्हें जेल में होना चाहिए था। देश के 4072 विधायकों में 700 से अधिक आपराधिक पृष्ठभूमि वाले हैं। संसद में 543 सदस्यों में 350 की पृष्ठभूमि आपराधिक है।' ('आज', 28 सितम्बर 1997)

2004 के चुनाव में चुने गये 545 संसद सदस्यों में 125 सदस्य ऐसे हैं, जिनके खिलाफ बलात्कार, हत्या और तोड़फोड़ जैसे अनेक आपराधिक मामले दर्ज हैं। 'पब्लिक एफेयर्स सेंटर, बंगलूर के एक अध्ययन के अनुसार 125 सदस्यों में आधे बिहार, उत्तर प्रदेश, झारखंड और मध्य प्रदेश के हैं। अध्ययन के अनुसार बिहार के 23 सदस्य आपराधिक मामले में फंसे हैं। उनमें राजद के 43.5, कांग्रेस के 7.6 और भाजपा के 10.9 प्रतिशत सांसद हैं। ('हिन्दुस्तान', 29 अक्टूबर 2004)

राजनीति के अपराधीकरण के खिलाफ सर्वोच्च न्यायालय के निर्देश के बाद अब चुनाव लड़नेवाले प्रत्याशियों के लिए सम्पति और आपराधिक रिकार्ड का ब्योरा देना आवश्यक कर दिया गया है। चुनाव आयोग ने यह आदेश 27 मार्च, 2003 को जारी किया। 2004 के लोकसभा चुनाव में प्रत्याशियों को शपथ पत्र भरना पड़ा। प्रत्याशियों के लिए अपनी शैक्षिक योग्यता को बताना आवश्यक कर दिया गया है। अब चुनाव घोषणा के बाद से ही प्रत्याशी और पार्टी को खर्चे का ब्योरा देना होगा।

चुनाव आयोग ने 1984 में उम्मीदवारों की बढ़ रही फौज – मूर्ख और मंदबुद्धि अभ्यर्थियों – पर रोक लगाने के लिए कुछ सुझाव दिये थे : (1) संसदीय निर्वाचन क्षेत्र के लिए जमानत की राशि पांच हजार रुपये तथा विधानसभा के लिए ढाई हजार

होनी चाहिए (2) संसदीय निर्वाचन के लिए प्रत्येक विधानसभा क्षेत्र से कम से कम एक प्रस्तावक और पूरे क्षेत्र से दस प्रस्तावाकों के नाम निदेशन पत्र में होना चाहिए। इसी प्रकार विधानसभा क्षेत्र के लिए निर्वाचन सूची के विभिन्न भागों से एक-एक प्रस्तावक - अधिकतम दस प्रस्तावक - होना चाहिए (3) उम्मीदवारों को दी जाने वाली सुविधाओं से निर्दलीय उम्मीदवारों को वंचित रखा जाये (4) मतपत्रों पर नामों के वर्ण क्रम में मान्यता प्राप्त राष्ट्रीय एवं राज्यीय दलों के अभ्यर्थियों को एक साथ पहले ही वर्ण क्रम में रखा जाये। उसके बाद गैर-मान्यता प्राप्त दलों एवं निर्दलीय अभ्यर्थियों के नाम रखे जायें। (5) जमानत की राशि की वापसी के लिए वांछित मतों की संख्या 1/6 से बढ़ाकर 1/4 कर दी जाये। साथ ही एक निर्धारित न्यूनतम वोट प्रतिशत प्राप्त करने में असमर्थ होने पर उसे निर्वाचन में खड़े होने के लिए अयोग्य घोषित कर दिया जाये।

आयोग के इन सुझावों पर अमल नहीं किया जा सका। उम्मीदवारों की बढ़ रही फौज पर चिंतित होने के अलावा आयोग कुछ नहीं कर सका। हां, विधानसभा चुनाव के लिए जमानत की राशि पांच हजार और अनुसूचित जाति-जनजाति के लिए ढाई हजार और लोकसभा चुनाव के लिए जमानत की राशि दस हजार और अनुसूचित जाति-जनजाति के लिए पांच हजार कर दी गयी है। लेकिन इसके साथ एक और नियम बन गया है। अब विधानसभा चुनाव में एक प्रत्याशी 50 लाख तथा लोकसभा चुनाव में एक करोड़ खर्च कर सकता है। चुनाव में 'खर्च करने' की इस छूट से 'उदारीकरण' की अर्थव्यवस्था के तहत चुनाव में 'काला धन' खपाने के ऐसे-ऐसे तरीके आजमाने के अवसर निकल आये हैं कि काले धन पर जिंदा किसी भी भ्रष्ट-अपराधी-तस्कर-माफिया के लिए जमानत के नाम पर पांच-दस हजार गंवाना कतई महंगा सौदा नहीं लगता। जीत गये तो 'बाहुबली' विधायक-सांसद बन गये, हार गये तो महज पांच-हजार रुपये गंवाकर राजनीति में आने-जाने का दरवाजा खुला रखने का इंतजाम कर लिया!

इधर चुनाव आयोग ने उम्मीदवारों की अधिकता पर फिर से चिंता जतायी है। आयोग ने कहा है- 'यदि नामांकन वापस लेने के लिए अंतिम तिथि के बाद निर्वाचन प्रक्रिया के दौरान किसी स्थिति में एक उम्मीदवार सार्वजनिक रूप से यह घोषणा करता है कि वह किसी अन्य उम्मीदवार के पक्ष में चुनाव से रिटायर हो रहा है या किसी अन्य कारण से, जो भी हो, सार्वजनिक घोषणा करता है, किसी अन्य उम्मीदवार के लिए समर्थन बढ़ाता है या जुटाता है, तो रिटर्निंग आफिसर तत्काल संबंधित पुलिस या अन्य अधिकारियों को निदेश देगा कि वे उसकी व्यक्तिगत सुरक्षा, वाहनों के प्रयोग के परमिटों आदि जैसी सभी सुविधाओं को वापस ले लें।'

आयोग ने कहा है- 'यदि मतदान के दिन किसी स्थिति पर किसी शिकायत या रिपोर्ट पर या अन्यथा रिटर्निंग आफिसर इस निष्कर्ष पर पहुंचता है कि किसी विशिष्ट

उम्मीदवार या उसके एजेंट के व्यक्तिगत प्रयोग के लिए चलनेवाले किसी प्राधिकृत वाहन का उपयोग किसी अन्य उम्मीदवार द्वारा या उनके एजेंटों के उपयोग के अतिरिक्त किसी अन्य प्रयोजन के लिए किया जा रहा है, तो रिटर्निंग आफिसर जिला पुलिस अधीक्षक या किसी अन्य सक्षम अधिकारी को निदेश देगा कि वे उक्त वाहन को जब्त कर लें और मतदान की प्रक्रिया समाप्ति तक नहीं छोड़ें।'

चुनाव आयोग के ऐसे निदेश शायद ही उम्मीदवारों की फौज को रोकने में कोई कारगर भूमिका अदा कर पाते हैं। ये निदेश जड़ का इलाज करने की बजाय बीमार पेड़ की डाल पर बैठे चिड़ियों के झुंड को उड़ाने जैसी कार्रवाइयों के संकेत हैं। वस्तुतः कोई कानून ही नहीं है, जिससे चुनाव लड़नेवाले और पांच सौ वोट भी न पाने वाले लोगों की फौज पर अंकुश लग सके। ऐसे लोग चुनाव पर होने वाले खर्च को बढ़ाते हैं, जिसका बोझ अंततः जनता पर ही पड़ता है। वास्तव में उम्मीदवारों की फौज को रोकने के लिए कुछ कठोर नियम बनाने होंगे। यह सुझाव बरसों से हवा में है कि विधायिका द्वारा यह नियम बनाया जाय कि दस प्रतिशत मत पाने वाला ही दोबारा चुनाव लड़ सकता है, दस प्रतिशत मत नहीं लाने पर आगे के चुनाव (कम से कम दो) में भाग लेने पर पाबंदी लगेगी। चुनावी लोकतंत्र में वोटर के अधिकारों पर डाका पड़ने की किसी भी प्रक्रिया पर अंकुश के हिमायती जानकार मानते हैं कि 'डमी' प्रत्याशी पर सिर्फ निर्दलीय नहीं बल्कि पार्टी प्रत्याशी बनकर अगले चुनाव में खड़े होने पर भी अंकुश लगाने संबंधी कोई न कोई नियम बनना चाहिए। विधायी नियम नहीं बनेंगे तो सिर्फ कार्यपालक आदेशों से उम्मीदवारों की फौज को रोकना शायद ही संभव होगा। और, इस सुझाव को सैद्धांतिक विमर्श की लंबी प्रक्रिया से निकाल कर अमल की राह पर लाने का वक्त आ गया है कि लोकतंत्र में वोटर जनता को अपने मताधिकार के प्रयोग से सिर्फ जनप्रतिनिधि 'चुनने' का दायित्व नहीं बल्कि प्रत्याशी 'चयन' में भागीदार होने का अधिकार भी मिलना चाहिए। विधायक-सांसद के मामले में वोटर को 'प्रतिनिधि वापसी का अधिकार' की बहस तो बरसों पहले 'व्यवहारतः संभव नहीं' कहकर बेमानी करार दी गयी। लेकिन पंचायती राज व्यवस्था में 'प्रतिनिधियों' की वापसी के कुछ नियम बने हैं और मध्यप्रदेश में उनपर अमल किये जाने और उनमें और सुधार की गुंजाइश होने की बातें प्रकाश में आयी हैं। इस पर व्यापक विचार-विमर्श हो तो उम्मीदवारों की फौज पर अंकुश के लिए कई नये उपाय निकल सकेंगे। इन सबसे उम्मीदवारों की फौज में कोई भारी कमी आये या न आये, चुनावी लोकतंत्र में किसी निर्दलीय/डमी उम्मीदवार के दलीय राजनीति के खेल का मोहरा बनने के मौकों पर अंकुश लगेगा – लोकतंत्र में चुनाव 'तंत्र' को मजबूत करने को विवश करनेवाला साधन नहीं बल्कि 'लोक' को सशक्त करने का साधन बन सकेगा।

विधानसभा चुनाव उम्मीदवारों का बढ़ता ग्राफ

वर्ष	खड़े हुए	जमानत जब्त	प्रतिशत
1952	1602	854	53.30
1957	1394	655	46.98
1962	1529	811	53.09
1967	2025	1308	64.09
1969	2154	1366	63.41
1972	1982	1248	62.96
1977	2973	2283	76.79
1980	2559	2209	74.64
1985	4238	3530	83.29
1990	6439	5892	91.50
1995	8410	7720	91.79
2000	3941	3182	80.74

निर्दलीय उम्मीदवार

वर्ष	खड़े हुए	जीते	जमानत जब्त	प्रतिशत
1952	638	14	513	80.40
1957	561	–	412	73.44
1962	367	12	325	88.55
1967	801	33	667	83.27
1969	426	24		
1972	586	17	497	84.81
1977	2197	23	2103	95.72
1980	1318	23	1249	94.76
1985	2786	12	2666	97.08
1990	4320	30	4244	98.24
1995	5674	24	5635	99.31
2000	1484	20	1418	95.55

लोकसभा चुनाव

वर्ष	खड़े हुए	जमानत जब्त	प्रतिशत
1957	232	76	32.75
1962	233	108	46.35
1967	315	193	61.26
1971	421	299	71.02
1977	340	239	70.29
1980	594	457	76.93
1984	676	561	82.98
1989	711	576	81.01
1991	1171	1059	90.93
1996	1448	1325	91.50
1998	469	342	72.92
1999	479	380	79.73
2004	478	372	77.82

चुनावी मोर्चे पर पार्टियां

कांग्रेस : गिरता ग्राफ

बिहार में चुनावी मोर्चे पर पहले आम चुनाव से तीसरे आम चुनाव तक कांग्रेस की जबरदस्त पकड़ रही। पहले के दौर में लंबे समय तक समाजवादियों और कम्युनिसटों ने लगातार कांग्रेस को सत्ताच्युत करने की कोशिश की लेकिन बार-बार उन्हें मुंह की खानी पड़ी।

कांग्रेस के अन्दर गुटबंदी पहले आम चुनाव के समय ही दिखायी पड़ने लगी थी। यह सिलसिला अपने वीभत्स रूप में आज भी जारी है। 1967 के गैर-कांग्रेसवाद के नारे का असर बिहार पर भी पड़ा और कांग्रेस के प्रभाव वाले इस राज्य में उसे मात खानी पड़ी। 1967 में कांग्रेस सरकार नहीं बन सकी।

बिहार में लोकसभा चुनाव और विधानसभा चुनावों में कांग्रेस को मिले सीटों और मतों का प्रतिशत बताता है कि कांग्रेस की स्थिति लगातार कमजोर होती गयी है और उसकी ताकत में क्रमिक ह्रास होता गया है।

कांग्रेस को राज्य में हुए पहले विधानसभा चुनाव में कुल 42.1 प्रतिशत मत मिले थे और 223 सीटें मिली थीं। 1952 के चुनाव के बाद राज्य में दस चुनाव हो चुके हैं, लेकिन सीटों के लिहाज से कांग्रेस को कभी इतनी सीटें नहीं मिल सकीं। पहले आम चुनाव के बाद लगातार चौथे आम चुनाव तक कांग्रेस को मिले मतों के प्रतिशत में लगभग दस प्रतिशत की गिरावट आयी। इसके साथ ही सीटों की संख्या में भी ह्रास हुआ। पहले आम चुनावों के मुकाबने में चौथे आम चुनाव तक कांग्रेस को 105 सीटों की हानि हुई। 1967 के आम चुनाव के बाद जो कांग्रेस की स्थिति बिगड़ी, तो बिगड़ती चली गयी। 1969 के मध्यावधि चुनाव में भी कांग्रेस की स्थिति नहीं बदली लेकिन 1972 में उसने सरकार बनाने भर सीटें प्राप्त कर ली। 1972 में कांग्रेस को 167 सीटें मिली और 33.23 प्रतिशत मत मिले। 1967-69 के बाद 1972 में स्थिति कुछ बेहतर हुई, तो आ गया 1977 का चुनाव। इसमें कांग्रेस को अब तक विधानसभा चुनावों के इतिहास में सबसे कम 57 सीटें मिली तथा उसे 23.53 प्रतिशत ही मत मिले। 1977 के लोकसभा चुनाव में कांग्रेस का तो पूरी तरह सफाया हो गया। उसके सभी उम्मीदवार हार गये तथा मात्र 22.87 प्रतिशत मत मिले। कांग्रेस को 1980 के

मध्यावधि चुनाव में जनता पार्टी के विघटन का फायदा हुआ और कांग्रेस विधानसभा की 167 सीटों के साथ सत्ता में लौट आयी तथा उसे 34.17 प्रतिशत मत मिले। 1985 के चुनाव में उसे 196 सीटें मिलीं। लेकिन, 1990 के विधानसभा चुनाव में उसे 71 सीटें मिली और मत मिले 24.65 प्रतिशत! 1995 के चुनाव में कांग्रेस ने 320 प्रत्याशियों को मैदान में उतरा था, उस विधानसभा चुनाव में काग्रेस के 291 प्रत्याशी पराजित हो गये! सिर्फ 29 प्रत्याशी ही जीत सके! सन् 2000 के चुनाव में कांग्रेस ने 324 प्रत्याशियों को चुनाव में खड़ा किया और उसके 301 प्रत्याशी पराजित हो गये। उस चुनाव में कांग्रेस के 231 प्रत्याशियों की जमानत जब्त हो गयी। सिर्फ 23 प्रत्याशी ही जीत सके! कांग्रेस के मतों का प्रतिशत गिरकर 11.06 प्रतिशत हो गया। झारखंड राज्य बनने के बाद लोकसभा चुनावों में भी कांग्रेस की स्थिति लगातार खराब होती गयी। खासतौर से 1989 के बाद कांग्रेस का आधार वोट बैंक भाजपा की तरफ मुखातिब हो गया। 1989 में चार, 1991 में एक, 1996 में 2, 1998 में पांच, 1999 में चार, और 2004 के चुनाव में राजद के साथ तालमेल के बावजूद उसे सिर्फ तीन सीटों पर ही संतोष करना पड़ा! 2004 के लोकसभा चुनाव में कांग्रेस को सिर्फ 4. 8 प्रतिशत मत मिले!

कांग्रेस का गिरता ग्राफ

चुनाव वर्ष	उम्मीदवार	जीते	मतों का प्रतिशत
1952	–	223	42.1
1957	312	210	42.2
1962	318	185	41.63
1967	318	128	33.08
1969	318	118	30.46
1972	261	167	33.23
1977	285	57	23.53
1980	368	167	34.17
1985	323	196	38.62
1990	323	71	24.65
1995	320	29	16.27
2000	324	23	11.06

लोकसभा

1952	54	45	45.53
1957	51	41	44.46
1962	53	39	43.89
1967	53	34	34.88
1971	47	39	40.06
1977	54	0	22.87
1980	54	30	36.4
1984	54	48	51.84
1989	54	04	28.06
1991	48	01	24.12
1996	54	02	11.26
1998	21	05	7.27
1999	16	04	8.74
2004	4	03	4.8

समाजवादी : टूट का अटूट सिलसिला

बिहार की संसदीय राजनीति में समाजवादियों और कम्युनिस्टों का गहरा प्रभाव रहा है। समाजवादियों और कम्युनिस्टों ने सामाजिक रूप से उत्पीड़ित आबादी के बीच अपनी अलग पहचान बनायी थी।

बिहार में पहले आम चुनाव के पहले से समाजवादियों और कम्युनिस्टों का हिस्सा कांग्रेस में रह कर काम कर रहा था। बाद के दौर में कांग्रेस सोशलिस्ट पार्टी, किसान मजदूर प्रजा पार्टी और सोशलिस्ट पार्टी की स्थापना के बाद समाजवादी अपने मंच से सक्रिय हुए। उधर कम्युनिस्ट रूझान के लोग किसान सभा में सक्रिय थे। बाद में कम्युनिस्ट पार्टी की स्थापना हुई। बिहार में संसदीय राजनीति के इतिहास में समाजवादी कभी भी एकमत नहीं हो सके और कम्युनिस्ट अपने स्वतंत्र अस्तित्व को विकसित नहीं कर सके। वे पिछलग्गू की भूमिका निभाते रहे। एक ही सामाजिक आधार के बीच काम करने वाले समाजवादी बिखराव के शिकार रहे और उनके साथ कम्युनिस्टों की एकता कभी नहीं हो सकी। कम्युनिस्ट उन कथित समाजवादियों, जिन्हें बाद के दौर में मध्यवर्गीय दल कहा जाने लगा, के साथ चलकर विधान सभाओं और संसद में अपना स्थान बनाने के चक्कर में रहे।

आंदोलन की जमीन या चुनाव का चारागाह

बिहार ने राज्य के बाहर से आये अनेक नेताओं को आंदोलन की जमीन दी है - आंदोलन खुला हो या भूमिगत या हो चुनावी लड़ाई। महात्मा गांधी, डा. राममनोहर लोहिया से लेकर विनोद मिश्र तक को यहीं मिली आंदोलन की जमीन। धुर वामपंथी पार्टियों - एमसीसी और पीडब्ल्यूजी के लिए भी है यहां आधार क्षेत्र। बिहार में हर समय कुछ नया करने वाले के लिए जगह है। यूं चुनाव के नजरिये से कुछ लोग यह भी कहते हैं कि बाहरी नेताओं के लिए चारागाह है बिहार।

बिहार की संसदीय राजनीति में सबसे पहले बिहार से लोकसभा में जानेवाले प्रसिद्ध नेता आचार्य जे.बी. कृपलानी थे। हालांकि आचार्य जी गांधी जी के चम्पारण आगमन के समय ही सक्रिय थे और प्रोफेसर थे। उन्होंने 1953 का उपचुनाव भागलपुर पूर्व से जीता था। 1957 का चुनाव प्रो. कृपलानी ने सीतामढ़ी से जीता। यों इसके पहले बिहार से कंस्टियूएंट एसेम्बली के लिए चुने जाने वाले 31 सामान्य क्षेत्रों के सदस्यों में सरोजनी नायडू भी थीं। 1957 में रांची से मीनू आर. मसानी ने जे.एच.पी. के टिकट पर चुनाव जीता। प्रसिद्ध समाजवादी नेता मधुलिमये ने 1962 में संयुक्त सोशलिस्ट पार्टी के टिकट पर मुंगेर से चुनाव जीता था। 1971 में वह चुनाव हार गये। 1977 में श्री लिमये बांका से लोकसभा चुनाव में जीते, लेकिन 1980 में हार गये। रांची से ही भाजपा के रवीन्द्र वर्मा 1977 में लोकसभा गये। भाजपा के साथ तालमेल करने वाले समाजवादी नेता जार्ज फर्नांडिस 1977 से बिहार से संसद में जाते रहे हैं। 1977-80 और 1989-91 का चुनाव जार्ज ने मुजफ्फरपुर से जीता। बाद में नीतीश कुमार उन्हें कुर्मियों का गढ़ 'नालंदा' ले आये। जार्ज ने 96-98 और 99 का चुनाव नालंदा से ही जीता। हालांकि उनके 'चुनावी निशान' जरूर बदलते रहे। 2004 में उन्हें पुन: मुजफ्फरपुर का रुख करना पड़ा और उन्होंने धीरे से नीतीश कुमार के लिए नालंदा की सीट खाली कर दी।

बिहार की राजनीति में 1990 में लालू प्रसाद यादव का प्रादुर्भाव हुआ, तो उन्होंने बिहार के बाहर से आये शरद यादव को मधेपुरा में उतार दिया। शरद यादव ने 1991-96 लोकसभा चुनाव में जीत हासिल की। लालू और शरद के बीच खटास उत्पन्न हुआ, तो लालू ने 1998 के लोसभा चुनाव में उसी सीट पर शरद को हरा दिया। पर एक ही साल बाद हुए 1999 के चुनाव में 'राजा का बाजा बज गया' और लालू हार गये। इस हार का बदला लालू ने 2004 के चुनाव में लिया। शरद यादव हार गये। लेकिन तब तक बिहार में शरद यादव की राजनीतिक जमीन पुख्ता हो गयी। सो लोकसभा जाने से वंचित हुए तो राज्यसभा में पंहुच गये। नीतीश कुमार की पार्टी जदयू ने ने शरद यादव को 2004 में ही राज्यसभा भेज दिया। उधर लोकसभा चुनाव में छपरा से भी जीतनेवाले लालू प्रसाद ने 'मधेपुरा' सीट छोड़ दी। उपचुनाव हुआ। लोकसभा चुनाव में लोजपा के टिकट पर पूर्णिया सीट पर मात खानेवाले पप्पू यादव ने पाला बदल कर लालू से हाथ मिलाया और राजद के टिकट पर मधेपुरा सीट जीत ली। लालू प्रसाद ने पूर्व राज्यपाल युनूस सलीम को भी कटिहार से 1991 में लड़ाया था। जीतकर वह एमपी बने। 1991 में लालू प्रसाद ने लोकसभा चुनाव में पूर्व प्रधानमंत्री इंद्रकुमार गुजराल को पटना सीट से खड़ा किया, लेकिन बड़े पैमाने पर गडबड़ी होने के आरोप-प्रत्यारोप के कारण उस सीट का चुनाव रद्द हो गया। तब गुजराल बिहार से राज्यसभा में भेजे गये। बिहार से राज्यसभा भेजे जानेवालों में ओबेदुल्ला आजमी, प्रेमचंद्र गुप्ता, सरोज दूबे, कांग्रेस के कपिल सिब्बल और आर.के. धवन शमिल हैं। बिहार में भाजपा ने भी टीवी के चर्चित धारावाहिक 'महाभारत' के 'कृष्ण' नीतीश जनार्दन भारद्वाज को 1996 में जमशेदपुर से मैदान में उतारा था।

संसदीय राजनीति के दायरे में कांग्रेस का विकल्प बनने का सपना समाजवादियों को वाम और संघ के साथ एक मंच पर ले गया। राष्ट्रीय स्तर से लेकर राज्य के स्तर पर ये प्रयोग होते रहे, मगर कांग्रेस का विकल्प नहीं प्रस्तुत किया जा सका। राज्य के स्तर पर 1967 के गैर-कांग्रेसवाद के लोहिया के प्रयोग और 1974 के संपूर्ण क्रांति आंदोलन ने एक नयी छाप छोड़ी। 1974 के आंदोलन ने जय प्रकाश नारायण सरीखे राजनीति से संन्यास लेने वाले व्यक्ति को सत्ता के खिलाफ उतार दिया। लेकिन, लोहिया, जे.पी. के 'स्कूल' का तो शायद उनके जीवन काल में ही क्षरण शुरू हो गया था। 1977 के विकल्प व उसका विघटन और 1989 का जुड़ाव और फिर 1994 का विघटन समाजवादियों के इस चिंतन को ही बताते हैं कि समाजवादियों के बीच कभी एक राय नहीं बन सकी। वे संघ और भाजपा के मोह को छोड़ नहीं पाये। वी.पी. सिंह सरकार के पतन के बाद मोहभंग की प्रक्रिया शुरू हुई और बाबरी मस्जिद के ध्वस्त किये जाने के बाद मध्यवर्ग की इस राजनीति को एक किनारा मिला और भाजपा से मोह टूटा। समाजवादियों के टूटने-जुड़ने की प्रक्रिया आज भी उसी रूप में जारी है। फिलहाल अपने को समाजवादी विचार की कहने वाली पार्टियां- जनता दल, जनता दल (जार्ज), समाजवादी पार्टी आदि मैदान में हैं।

बिहार में, जैसा कहा जा चुका है, समाजवादियों का अच्छा खासा प्रभाव रहा है। बिहार जय प्रकाश नारायण, रामनन्दन मिश्र, योगेन्द्र शुक्ल सरीखे नेताओं की कर्मभूमि रही है। बिहार के पहले आम चुनाव में समाजवादियों को काफी उम्मीद थी। जय प्रकाश नारायण को उम्मीद थी कि उनकी सरकार बिहार में बन जायेगी। कांग्रेस के बाद राज्य में समाजवादियों का ही राजनीति में वर्चस्व था। कांग्रेस सोशलिस्ट पार्टी का संगठनात्मक ढांचा सुदृढ़ था और वह वाम विचारों की सबसे बड़ी पार्टी थी। लेकिन, 1952 के आम चुनाव के परिणाम ने समाजवादियों को काफी हतोत्साहित किया। बिहार में सोशलिस्ट पार्टी ने लोकसभा के लिए 47 तथा विधान सभा के लिए 247 उम्मीदवार खड़े किये थे। यह पार्टी लोकसभा की तीन तथा विधान सभा की 24 सीटों पर ही कब्जा जमा सकी, लेकिन उसे कुल 20.4 प्रतिशत मत मिले। कांग्रेस पार्टी, जो 223 सीटों पर जीती थी, उसे 42.1 प्रतिशत मत मिले थे। सीटों के लिहाज से प्रजा सोशलिस्ट पार्टी का परिणाम आशाजनक नहीं था, लेकिन इस पार्टी को मिले मतों के आधार पर भारी पराजय के बाद भी कांग्रेस के बाद यह दूसरे नम्बर की पार्टी थी।

दूसरे और तीसरे आम चुनावों में प्रजा सोशलिस्ट पार्टी ने क्रमश: 31 और 29 सीटें जीती। 1957 में 220 तथा 1962 में 199 सीटों पर उसके उम्मीदवार मैदान में उतरे थे। सोशालिस्ट पार्टी 1957 में 81 सीटों पर लड़ी थी और मात्र दो सीटें जीत पायी। 1962 में सोशलिस्ट पार्टी 132 स्थानों से लड़ी लेकिन मात्र सात सीटों पर उसकी जीत हुई।

प्रजा सोशलिस्ट पार्टी को जहां दूसरे आम चुनाव में 16.3 प्रतिशत तथा सोशलिस्ट को 5.1 प्रतिशत मत मिले, वहीं 1962 के चुनाव में प्रजा सोशलिस्ट पार्टी

को 14.37 प्रतिशत तथा सोशलिस्ट पार्टी कों 5.20 प्रतिशत मत मिले। 1965 में प्रजा सोशलिस्ट पार्टी और सोशलिस्ट पार्टी का विलय हुआ और संयुक्त सोशलिस्ट पार्टी का गठन किया गया। 1967 के चुनाव में संयुक्त सोशलिस्ट पार्टी को 68 और प्रजा सोशलिस्ट पार्टी को 18 सीटें मिलीं। चुनाव में किसी दल को बहुमत नहीं मिला। जोड़-तोड़ की बदौलत सरकारें बनती-बिगड़ती रहीं। 1969 में मध्यावधि चुनाव हुआ। इस चुनाव में संयुक्त सोशलिस्ट पार्टी को 52 तथा प्रजा सोशलिस्ट पार्टी को 18 सीटें मिलीं। संयुक्त सोशलिस्टं पार्टी को 13.64 प्रतिशत तथा प्रजा सोशलिस्ट पार्टी को 5.64 प्रतिशत मत मिले। शोषित दल को 3.68 प्रतिशत मत मिले।

समाजवादी विचारधारा को मानने वाले सोशलिस्टों के बीच विलय हो जाने के बाद भी तालमेल नहीं होता था, फलतः पुरानी पार्टी भी जिन्दा रहती थी। 1969 के चुनाव में कमोवेश वही स्थितियां रहीं, जो 1967 में थीं। 1972 में पुनः चुनाव हुआ। 1972 में सोशलिस्ट पार्टी को 34 सीटें और 16.30 प्रतिशत मत मिले। प्रसोपा को 4 सीटें मिली।

1977 के चुनाव में एक बार फिर सभी समाजवादी विचारधारा वाले एक प्लेटफार्म पर आये और जनता पार्टी का गठन हुआ। बिहार विधान सभा के चुनाव में जनता पार्टी को 214 सीटें मिलीं और उसे 42.77 प्रतिशत मत मिले। जनसंघ भी जनता पार्टी के साथ था। लेकिन, दोहरी सदस्यता के सवाल पर पार्टी का पुनः विघटन हो गया। 1980 के मध्यावधि चुनाव में 'कथित समाजवादी' से अलग हुए जनता पार्टी (चरण) को 42, जनता पार्टी (जे.पी.) को 13, जनता पार्टी (राजनानायण) को 1 सीट मिली। इन दलों को क्रमशः 15.60 प्रतिशत, 7.41 प्रतिशत तथा 1.62 प्रतिशत मत मिले। 1985 के चुनाव में लोकदल को 40 सीटें तथा 14.71 प्रतिशत जनता पार्टी को 12 सीटें तथा 7.25 प्रतिशत मत मिले। 1990 के चुनाव में जनता दल को 121 सीटें मिलीं। और मत मिले 25.37 प्रतिशत। 1995 के विधान सभा चुनाव में पहले जनता दल का विभाजन हो गया और नीतीश कुमार ने समता पार्टी बना ली। समता पार्टी को इस चुनाव में गहरा धक्का लगा! समता ने 310 सीटों पर अपने प्रत्याशियों को उतारा था, लेकिन उसके सात प्रत्याशी ही जीत सके! उसे मात्र 7.06 प्रतिशत ही मत मिल सके। जद ने 265 प्रत्याशियों को चुनाव में उतारा था, उसके 167 प्रत्याशी जीते और उसे लगभग 28 प्रतिशत मत मिले। सन् 2000 के चुनाव में राजद के 124 प्रत्याशी जीते और समता के 34! उस चुनाव में राजद और कांग्रेस तथा भाजपा व समता के बीच तालमेल हुआ था। इस चुनाव के बाद नीतीश कुमार की सरकार बनी लेकिन वे बहुमत साबित नहीं कर सके और उन्होंने अपना इस्तीफा दे दिया।

2004 के लोकसभा चुनाव में राजद को 22 सीटें मिली और उसे 30.8 प्रतिशत मत मिले। 1996 के चुनाव में जद को 22 और समता को छह सीटें मिली थी! लेकिन 1998 के पहले जद को छोड़ बन गए जद-राजद। इस चुनाव में राजद को 13, जद को एक तथा समता को 10 सीटें मिली। 1999 के चुनाव में राजद को सिर्फ सात सीटें

मिली और जद को 18 सीटें, लेकिन उसके बाद राम विलास की पार्टी लोजपा अस्तित्व में आयी और 2004 के चुनाव में लोजपा को 4 और नीतीश की पार्टी को छह सीटें मिली। लालू की पार्टी का ग्राफ एक बार फिर ऊंचा हो गया।

गुटों में बटी समाजवादी पार्टियां विधानसभा

चुनाव वर्ष	पार्टियां	उम्मीदवार	जीते	मतों का प्रतिशत
1952	सोशलिस्ट पार्टी		24	20.4
	के.एम.पी.पी.			2.30
1957	पी.एस.पी.	223	31	16.30
	सोशलिस्ट	81	2	5.3
1962	पी.एस.पी.	199	29	14.37
	सोशलिस्ट	132	7	5.20
1967	पी.एस.पी.	181	18	9.96
	सं. सोशलिस्ट पार्टी	197	60	17.16
1969	संसोपा	190	52	13.64
	प्रसोपा	94	18	5.64
	भाक्रांद	140	06	1.94
	शोषित दल	122	06	3.68
1972	सोशलिस्ट पार्टी	257	34	16.38
1977	जनता पार्टी	310	214	42.77
1980	जपा	240	13	7.41
	जपा (चरण)	254	42	15.60
	जपा (राजा ना.)	153	01	1.62
1985	लोकदल	260	46	14.71
	जनता पार्टी	230	12	7.25
1990	जनता दल	275	121	25.37
1995	जद	265	167	27.98
	समता	310	07	7.06
2000	राजद	293	124	28.34
	समता	120	34	8.65

लोकसभा

चुनाव वर्ष	पार्टियां	उम्मीदवार	जीते	मतों का प्रतिशत
1952	सोशलिस्ट	47	3	23.68
1957	पी.एस.पी	40	2	21.63
	समाजवादी	46	3	20.95
1962	पी.एस.पी.	32	2	12.69
	समाजवादी	24	1	6.12
1967	संसोपा	34	7	17.83
	पी.एस.पी	32	1	7.37
1971	संसोपा	28	2	9.46
	पी एस पी	12	–	1.14
1977	लोकदल	53	53	64.88
1980	जनता पार्टी	54	8	23.53
	जनता (एस)	36	5	16.58
1984	जनता पार्टी	31	1	6.70
	लोकदल	28	1	13.72
1989	जनता दल	37	31	36.39
1991	जनता दल	33	28	3319
1996	जद	44	22	31.80
	समता	20	6	15.44
1998	राजद	38	17	26.58
	जद	35	1	8.72
	समता	21	10	15.44
1999	राजद	36	7	29.07
	जद-यू.	23	18	21.05
2004	राजद	26	22	30.8
	जद-यू	24	6	23.8
	लोजपा	8	4	8.7

वामपंथी : कभी तालमेल, कभी घालमेल

बिहार में वामपंथी विचारधारा को मानने वाले लोग कांग्रेस तथा सोशलिस्ट पार्टी में रह कर काम कर रहे थें। वाम रूझान के कांग्रेसी लोगों ने 1934 में कांग्रेस सोशलिस्ट पार्टी का गठन किया था। 1938 में मुंगेर में मजदूर किसान लीग (लेबर पीजेण्ट लीग) का गठन हुआ था। यह भी वाम रूझान वाला संगठन था। आर.एस.पी., फारवर्ड ब्लाक (सुभाष बोस) और फारवर्ड ब्लाक (मार्क्सवादी) का गठन पहले आम चुनाव के पूर्व हो चुका था किसानों के बीच किसान सभा की स्थापना 1928 में हुई थी और इसके नेता थे सहजानन्द सरस्वती।

बिहार में भारतीय कम्युनिस्ट पार्टी की स्थापना 20 अक्तूबर 1939 में मुंगेर में हुई। सुनील मुखर्जी पार्टी के सचिव चुने गये। कमेटी के अन्य सदस्य थे पंडित राहुल सांकृत्यायन, अली अशरफ, ज्ञान विकास मैत्र और विनोद मुखर्जी। कार्यानन्द शर्मा और महापंडित राहुल सांकृत्यायन जैसे लोग किसान सभा से कम्युनिस्ट पार्टी में आये थे।

पहले आम चुनाव में कम्युनिस्ट पार्टी स्वतंत्र रूप से मैदान में उतरी और उसे मात्र 1.1 प्रतिशत मत मिले। दूसरे आम चुनाव के पहले 1956 के विधानसभा के उप चुनाव में चन्द्रशेखर सिंह बेगूसराय से चुनाव जीते। चन्द्रशेखर सिंह बिहार विधानसभा में पहुंचने वाले पहले कम्युनिस्ट विधायक थे। 1957 के आम चुनाव में पार्टी ने विधानसभा के चुनाव में कुल 61 तथा लोकसभा के लिए 13 उम्मीदवार खड़े किये। विधानसभा चुनाव में कम्युनिस्ट पार्टी को 7 सीटें और 5.1 प्रतिशत मत मिले, जबकि लोकसभा के चुनाव में उसे एक भी सीट नहीं मिल सकी। हालांकि उसे विधानसभा चुनाव से अधिक मत (5.5 प्रतिशत) मिले। 1962 के चुनाव में कम्युनिस्ट पार्टी को 6.34 प्रतिशत मत मिले और उसने विधानसभा की 12 सीटे जीती। लोकसभा के लिए उसका एक उम्मीदवार चुना गया। लोकसभा चुनाव में उसे 6.37 प्रतिशत मत मिले। इस बीच कम्युनिस्ट पार्टी का 1964 में विभाजन हुआ और कम्युनिस्टों का एक हिस्सा भारतीय कम्युनिस्ट पार्टी से अलग हो गया। 1964 के बाद भारतीय कम्युनिस्ट पार्टी और मार्क्सवादी कम्युनिस्ट पार्टी, सी.पी.आई. (एम.) अस्तित्व में आयी।

1967 के विधानसभा चुनाव में भाकपा ने 99 और माकपा ने 30 उम्मीदवार खड़े किये। भाकपा को कुल 24 सीटें मिलीं, जबकि माकपा को मात्र तीन। 1967 के लोकसभा चुनाव में भाकपा को 5 सीटें मिली जबकि उसने 17 उम्मीदवार खड़े किये थे। लोकसभा चुनाव में भाकपा को 9.93 प्रतिशत मत मिले।

1967 का चुनाव बिहार की राजनीति में खास महत्व रखता है। भारतीय कम्युनिस्ट पार्टी संविद सरकार में शामिल हुई। भाकपा के चन्द्रशेखर सिंह बिजली व सिंचाई, इंद्रदीप सिंह राजस्व मंत्री बने। दो अन्य सदस्य भी मंत्री बनाये गये। संविद सरकार ज्यादा दिन चली नहीं। विचारों का टकराव होने लगा। कम्युनिस्ट पार्टी बटाईदारों के अधिकार

तथा महाजनों से जमीन वापस लेने के मसले पर मुखर थी, उधर जनसंघ और राजा रामगढ़ इसका विरोध कर रहे थे। ये उर्दू का भी विरोध कर रहे थे। एक और बात यह थी कि सरकार ने राजा रामगढ़ के खिलाफ चल रहे जमीन सम्बन्धी मुकदमों को उठा लिया था और भाकपा इसका विरोध कर रही थी। कांग्रेस ने अन्तर्विरोधों का फायदा उठाया और दलबदल का सिलसिला जारी हुआ। सरकारों के गिरने और बनने का नया सिलसिला शुरू हो गया। संविद सरकार एक वर्ष से भी कम चली।

1967 के आम चुनाव के बाद चार बार सरकारें बनी, तीन मुख्यमंत्री बने और दल-बदल की असंख्य घटनाएं घटी। दल-बदल करने वाले मंत्रियों को मंत्री बनाने का नया सिलसिला शुरू हो गया। 29 जून 1968 को राज्य में राष्ट्रपति शासन लगा दिया गया।

1969 का मध्यावधि चुनाव 9 फरवरी को हुआ। इस चुनाव में भी किसी दल को पूर्ण बहुमत नहीं मिला पर विपक्षी दल बहुमत में थे। स्थिति ऐसी थी कि भाकपा और संघ को साथ लिये बगैर सरकार का बनना संभव नहीं था। भाकपा वैसी किसी सरकार में शामिल नहीं होना चाहती थी, जिसमें जनसंघ शामिल हो। पार्टी बाहर से सरकार को समर्थन देने के पक्ष में थी। जोड़-तोड़ की राजनीति में भारतीय कम्युनिस्ट पार्टी ने पहली बार खुलेआम कांग्रेस का समर्थन किया और उसके ही समर्थन से कांग्रेस की दारोगा राय सरकार बनी। 1969 के चुनाव में भाकपा को 25 सीटें मिलीं तथा उसे लगभग 10 प्रतिशत मत मिले। दारोगा राय सरकार के समर्थन के बाद भाकपा ने अपने लिये नयी भूमिका-पिछलग्गू की भूमिका तलाश ली थी। 1971 का लोकसभा चुनाव भाकपा ने कांग्रेस से तालमेल कर लड़ा तथा उसे पांच सीटें मिलीं। 1972 का विधानसभा चुनाव भी भाकपा ने तालमेल से ही लड़ा था परन्तु आठ सीटों पर उसका कांग्रेस के साथ टकराव था। 1972 में उसने 55 उम्मीदवार खड़े किये और माकपा ने 50 उम्मीदवार। भाकपा को 35 सीटें मिली और माकपा एक सीट भी नहीं जीत सकी।

1974 के जय प्रकाश आंदोलन और 1975 की इमर्जेन्सी के दौर में भाकपा कांग्रेस के साथ हो गयी थी। जब बिहार में छात्र युवा आंदोलन चल रहा था, भाकपा एंटी फासिस्ट सम्मेलन करा रही थी। भाकपा ने इमर्जेन्सी का समर्थन किया। 1977 के लोकसभा चुनाव में भाकपा 22 स्थानों से लड़ी और बुरी तरह पराजित हुई, उसे एक भी सीट नहीं मिल सकी। उसे 5.62 प्रतिशत मत मिले। 1977 के विधानसभा चुनाव में उसे 21 सीट मिले 7.06 प्रतिशत मत। माकपा को चार सीटें मिली। भाकपा ने 75 सीटों और माकपा ने 16 सीटों पर चुनाव लड़ा था। 1977 के चुनाव में कांग्रेस का सफाया हो गया और जनता पार्टी की सरकार बनी। जपा सरकार ज्यादा दिन नहीं चल सकी और उसका पतन हुआ। 1980 में मध्यावधि चुनाव हुआ। भाकपा 133 विधानसभा सीटों से चुनाव लड़ी तथा माकपा 28 सीटों पर। भाकपा को 23 सीटें तथा माकपा को 6 सीटें मिलीं। इस चुनाव में भाकपा को 9.07 प्रतिशत तथा माकपा को 1.76 प्रतिशत मत मिले। 1980 में एस. यू.सी.आई. सात सीटों पर चुनाव लड़ा और उसे एक सीट मिली। 1980

के लोकसभा चुनाव में भाकपा को चार तथा उपचुनाव में दो सीटें मिलीं। 1984 के लोकसभा चुनाव में भाकपा 2 सीटें ही जीत सकी।

1985 के चुनाव में भाकपा ने 168 सीटों पर उम्मीदवार खड़े किये तथा माकपा ने 46 सीटों पर, भाकपा को 12 सीटें (8.96 प्रतिशत) तथा माकपा को एक सीट मिली तथा 1.63 प्रतिशत मत मिले। आई.पी.एफ. 85 सीटों से लड़ा, लेकिन उसका एक भी उम्मीदवार जीत नहीं सका।

1989 के लोकसभा चुनाव के पूर्व राष्ट्रीय मोर्चा बन गया था, जिसमें वामपंथी शामिल हो गये थे। बिहार के 1989 के लोकसभा चुनाव में भाकपा 12 सीटों से लड़ी तथा उसे चार सीटें मिलीं और 7.96 प्रतिशत मत मिले। 1990 के विधानसभा चुनाव में भाकपा को 23, माकपा को 6 तथा आई.पी.एफ. को 7 सीटें तथा क्रमशः 6.65 प्रतिशत, 1.31 प्रतिशत तथा 2.90 प्रतिशत मत मिले। मार्क्सवादी समन्वय समिति को 2 सीटें मिली। राज्य में जनता दल की सरकार बनी। लालू सरकार का भाकपा और माकपा ने बाहर रहकर समर्थन किया, आई.पी.एफ. ने सरकार बनने के आरम्भ में लालू सरकार का समर्थन किया और बाद में उसने अपना समर्थन वापस लिया।

भाकपा का रिश्ता 1995 के चुनाव तक लालू प्रसाद की पार्टी के साथ ठीक-ठाक रहा। 1995 के चुनाव में भाकपा ने 26, माकपा ने छह तथा माले ने 6 सीटें जीतीं। लेकिन बोकारो सम्मेलन के बाद भाकपा ने लालू विरोध की लाइन ले ली। सन् 2000 के चुनाव में भाकपा ने 165 प्रत्याशी उतारे जिसमें मात्र पांच सीटों पर उसे सफलता मिली। झारखंड के बनने के बाद विधानसभा में भाकपा के सिर्फ दो सदस्य रह गये। माकपा ने 1995 और 2000 के विधानसभा चुनाव में क्रमशः 6 और 2 सीटें जीतीं। माले ने भी दोनो चुनावों में छह-छह सीटें जीतीं।

भाकपा की स्थिति बिहार से लोकसभा में 1991 तक अच्छी रही। 1991 में उसके आठ सदस्य जीते थे, लेकिन लालू प्रसाद की पार्टी के साथ तालमेल नहीं होने के कारण लोकसभा में उसका प्रतिनिधित्व कम होने लगा। 1996 के चुनाव में उसके सिर्फ तीन सदस्य जीत सके। उसके बाद हुए तीन चुनावों 1998, 1999, 2004 के चुनाव में भाकपा का कोई सदस्य नहीं जीत सका। भाकपा के आधारों में भारी क्षरण हुआ।

विधानसभा में भाकपा की उपलब्धि

चुनाव वर्ष	उम्मीदवार	जीते	मतों का प्रतिशत
1952	64	0	1.1
1957	61	7	5.1
1962	84	12	6.34

चुनाव वर्ष	उम्मीदवार	जीते	मतों का प्रतिशत
1967	99	24	7.26
1969	165	25	10.18
1972	55	35	7.2
1977	75	21	7.06
1980	133	31	9.07
1985	168	12	8.96
1990	111	23	6.65
1995	61	26	4.76
2000	153	05	3.60

माकपा

1967	30	3	0.86
1969	30	0	1.09
1972	50	0	0
1977	16	4	0.91
1980	27	6	1.76
1985	46	1	1.63
1990	31	6	1.31
1995	31	6	1.44
2000	21	2	1.89

माले

1985	85	0	
1990	86	7	2.90
1995	89	6	2.36
2000	107	6	2.50

भाकपा

लोकसभा चुनाव की उपलब्धि

चुनाव वर्ष	उम्मीदवार	जीते	प्रतिशत
1957	13	0	5.50
1962	16	1	6.38
1967	17	5	9.93
1971	17	5	9.84

चुनाव वर्ष	उम्मीदवार	जीते	प्रतिशत
1977	22	0	5.62
1980	13	6	7.28
1984	16	2	8.24
1989	12	4	7.96
1991	8	8	8.17
1996	7	3	5.08
1998	15	0	3.40
1999	9	0	2.68
2004	6	0	2.00

1989 में आरा की सीट इंडियन पीपुल्स फ्रंट ने जीता। 1991 के लोकसभा चुनाव में माकपा ने नवादा सुरक्षित सीट जीती। 1999 के चुनाव में माकपा ने भागलपुर सीट पर कब्जा जमाया था, लेकिन 2004 में माकपा प्रत्याशी पराजित हो गया।

भाजपा : एक पांव जन में और दूसरा संघ में

भारतीय जनसंघ से लेकर भारतीय जनता पार्टी तक के सफर में बिहार में यह सीटों और मतों के लिहाज से कम्युनिस्टों से आगे रही है, लेकिन राज्य में अपनी पैठ नहीं बना सकी। भाजपा चुनावों में 'हिन्दू और राम लहर', 'बाबरी मस्जिद' के मुद्दे को भुना नहीं सकी। बिहार में पहले विधानसभा आम चुनाव में जनसंघ एक सीट भी नहीं जीत सका और उसे मात्र 1.2 प्रतिशत मत मिले। 1957 के दूसरे आम चुनाव में पार्टी ने 0.1 प्रतिशत की वृद्धि की और उसे 1.3 प्रतिशत मत मिला। 1962 के आम चुनाव में उसका 'बिहारी राजनीति' में खाता खुला। जनसंघ ने इस चुनाव में 75 उम्मीदवार खड़े किये थे और उसने तीन सीटें जीतीं और उसे 2.64 प्रतिशत मत मिले।

1967 के आम चुनाव में जनसंघ को कुल 26 सीटें मिलीं और उसे 10.35 प्रतिशत मत मिले। जनसंघ 'संयुक्त मोर्चे' की सरकार में शामिल हुआ। जनसंघ के तीन सदस्य मंत्री बनाये गये। संयुक्त मोर्चा सरकार के पतन के बाद कई सरकारें आयीं और गयीं। 1969 में मध्यावधि चुनाव हुए। इस चुनाव में जनसंघ ने अपनी ताकत में इजाफा किया। उसे 34 सीटें और 15.63 प्रतिशत मत मिलें उसने 309 सीटों पर अपने उम्मीदवार खड़े किये। 1969 के चुनाव में भी किसी भी दल को स्पष्ट बहुमत नहीं मिल सका। भारतीय कम्युनिस्ट पार्टी ने 'लाइन' ले ली थी कि वह जनसंघ के साथ सरकार में शामिल नहीं होगी। भाकपा ने कांग्रेस के दारोगा राय सरकार का समर्थन किया।

1972 के चुनाव में जनसंघ को 25 सीटें तथा 11.65 प्रतिशत मत मिले।

271 स्थानों से जनसंघ ने चुनाव लड़ा था। 1977 के चुनाव के दौरान जनता पार्टी का गठन हो गया और जनसंघ भी उसमें शामिल हो गया। इसके 65 सदस्य जीते, हालांकि चुनाव जपा के टिकट पर लड़ा गया था। दुहरी सदस्यता के मुद्दे पर विवाद के कारण जनता पार्टी टूट गयी और 1980 में भारतीय जनता पार्टी की स्थापना हुई 1980 के चुनाव में भाजपा ने 244 सीटों से अपने उम्मीदवार खड़े किये। पार्टी को 25 सीटें और 8.41 प्रतिशत मत मिले।

1985 के चुनाव में भाजपा को 15 सीटें और 7.50 प्रतिशत मत मिले। 1990 के विधानसभा में उसके 39 सदस्य जीते और उसे 11.43 प्रतिशत मत मिले। 1992 में पार्टी को विभाजन का खतरा झेलना पड़ा। उसके 11 सदस्य पार्टी से अलग हो गये जिनमें तीन पुनः भाजपा में लौट आये। लोकसभा के 1984 के चुनाव में भाजपा ने कुल 32 उम्मीदवारों को खड़ा किया था लेकिन उसका एक भी प्रत्याशी विजयी नहीं हो सका। उसे 3.92 प्रतिशत मत मिले। 1991 के चुनाव में भाजपा ने 5 सीटों पर कब्जा जमाया तथा उसे 17.17 प्रतिशत मत मिले।

भारतीय जनता पार्टी को बिहार में समता के साथ तालमेल का लाभ मिला। 2000 के विधानसभा चुनाव में उसे 67 सीटें मिली। यह अब तक के भाजपा की चुनावी उपलब्धियों का रिकार्ड है। 1995 के चुनाव में उसे 41 सीटें मिली थी। लोकसभा के चुनावों में भाजपा को 1996 में 18, 1998 में 20 और 1999 में 23 सीटें मिलीं। लेकिन 2004 के लोकसभा के चुनाव में भाजपा को सिर्फ पांच सीटों पर संतोष करना पड़ा। उसका वोट प्रतिशत 22.84 प्रतिशत से घट कर 14.2 प्रतिशत रह गया।

कुल मिलाकर, बिहार में भाजपा दो नावों पर सवार होकर संतुलन साधने की कोशिश कर रही है। वह एक पांव लालू और कांग्रेस विरोधी पार्टियों से समझौता कर 'जन की नाव' में टिकाये हुए है और उसका दूसरा पांव हिंदुत्व की लहर पर हिचकोले लेती 'संघ परिवार की नाव' पर है।

जनसंघ से भाजपाः विधानसभा

चुनाव वर्ष	उम्मीदवार	जीते	प्रतिशत
1952	0	0	1.2
1957	0	0	1.3
1962	75	3	2.64
1967	272	26	10.35
1969	303	34	15.63
1972	271	25	11.65
1980	244	21	8.41
1985	239	15	7.50

चुनाव वर्ष	उम्मीदवार	जीते	प्रतिशत
1990	233	39	1143
1995	315	41	12.96
2000	168	67	21.00

लोकसभा

1984	32	0	3.92
1991	49	5	17.17
1996	32	18	20.54
1998	32	20	20.03
1999	29	23	22.84
2004	16	5	14.2

झारखंडी पार्टियां : दिक्कू से कम नहीं

बिहार में पहले आम चुनाव के बाद बिहार विधानसभा में कांग्रेस के बाद जयपाल सिंह की पार्टी झारखंड महासभा प्रतिपक्ष की पार्टी थी। 1952 के चुनाव में इस पार्टी के 31 विधायक जीते थे और 1957 के चुनाव में 32। पहले तथा दूसरे आम चुनाव में उसे क्रमश: 8.4 प्रतिशत और 6.9 प्रतिशत मत मिले। झारखंडी पार्टियों के मतों का प्रतिशत लगातार घटता गया है। पहले और दूसरे आम चुनावों के बाद तीसरे आम चुनाव में उसे 20 सीटें ही मिल सकीं। मतों का प्रतिशत घटकर 4.48 पर आ गया।

1965 में जयपाल सिंह झारखंड महासभा के साथ कांग्रेस में जा मिले। 1967 में झारखंड पार्टी को 9 सीटें मिली। जयपाल सिंह के कांग्रेस में मिलने के बाद बागुन सुम्बई ने ऑल इण्डिया झारखंड पार्टी का गठन कर लिया। इस पार्टी के भी गुट बन गये-झारखंड पार्टी (होरो गुट) तथा हुल झारखंड। 1969 के चुनाव में हुल झारखंड को 5 सीटें और 0.36 प्रतिशत मत मिले। 1972 के चुनाव में सभी झारखंडी पार्टियां मैदान में उतरीं-हुल झारखंड को 2 सीटें, प्रोग्रेसिव हुल झारखंड को 1, अखिल भारतीय झारखंड को 4 तथा झारखंड होरो गुट को एक सीट मिली। चारों दलों को कुल 2.09 प्रतिशत मत मिले।

झारखंड की राजनीति में 1974 का साल काफी महत्व रखता है। शिबू सोरेन आंधी की तरह झारखंड के नेता के रूप में उभरे और झारखंड मुक्ति मोर्चा का गठन हुआ। लेकिन, 1980 में जयपाल सिंह के तर्ज पर झारखंड मुक्ति मोर्चा कांग्रेस के साथ तालमेल में चला गया। 1980 के चुनाव में झारखंड मुक्ति मोर्चा ने ग्यारह सीटों पर कब्जा किया और उसे '1.67 प्रतिशत मत मिले। झारखंड (होरो) को मात्र एक सीट पर संतोष करना पड़ा।

दलबदल : कभी दिल बहला, कभी दिल बदला

भले दल बदल को लेकर भजनलाल चर्चा में रहे हों, लेकिन बिहार में सिर्फ दो सालों में सौ विधायकों ने दो-दो बार दलबदल किया। दिलचस्प तथ्य यह है कि बिहार देश का इकलौता राज्य है जहां 1967 से 1977 के बीच दस वर्षों में तेरह मुख्यमंत्री बने। तब से विधायकों के दलबदल करने और मंत्री बनने की कहानी में एक से एक नाम जुड़ते चले गये। 1990 में जब लालू प्रसाद यादव जब मुख्यमंत्री बने, माले, भाकपा, भाजपा से लेकर बसपा तक के विधायक दलबदल के शिकार हुए। तब से इस प्रक्रिया में गुणात्मक परिवर्तन हुआ। फिल्मी कहानियों से लेकर शल्य चिकित्सा तक में 'दिल बदलना' लाख मुश्किल साबित हुआ हो, राजनीति में दल बदलते ही आसानी से दिल बदलने की कई-कई घटनाएं हुईं। तब से दलबदल विरोधी कानून की धज्जियां उड़ने लगीं और 'दलबदल' प्रयाशी चयन का कारगर 'पैमाना' बन गया।

'दलबदल और राज्यों की राजनीति' नामक पुस्तक के अनुसार - 'बिहार में फरवरी 1967 के चौथे आम चुनावों के बाद विधानसभा का विघटन होने तक दल बदल की दो सौ घटनाएं हुई। 85 विधायकों ने कम-से-कम दो बार दल-बदल किया और उनमें से कुछ ने चार-चार बार। दल-बदल की घटनाओं के कारण चार मुख्यमंत्री और तीन सरकारें बनीं-बिगड़ीं।'

बिहार में 1952 के पहले चुनाव से लेकर 5 मार्च 1967 तक चार मुख्यमंत्री बने- श्री कृष्ण सिंह, दीप नारायण सिंह, विनोदानंद झा और के.बी. सहाय। पांच मार्च 1967 के बाद सिर्फ एक दशक में तेरह मुख्यमंत्री बने। यह दौर डा. रामनोहर लोहिया के गैरकांग्रेसवाद का था - पाला बदलने को मजबूरी को प्रेरणा में तब्दील करने की राजनीति का दौर। रातोंरात विधायकों ने अपनी पार्टियां बदल लीं। खरीद-फरोख्त का भी आरोप लगा। उस दौर में विधायकों ने कई गुल खिलाये - 10 साल में 13-13 नेताओं को मुख्यमंत्री की कुर्सी पर बिठाया और उतारा। पाला बदलने और मुख्यमंत्री बदलने के बीच कार्य-कारण के ऐसे संबंध बने कि पाला बदलना गुनाह की बजाय गुण-कर्म बन गया! सिर्फ एक दशक में महामाया प्रसाद सिन्हा, सतीश सिंह, बी.पी. मंडल, भोला पासवान शास्त्री, सरदार हरिहर सिंह, भोला पासवान शास्त्री, दारोगा प्रसाद राय, कर्पूरी ठाकुर, भोला पासवान शास्त्री, केदार पांडेय, अब्दुल गफूर, जगन्नाथ मिश्र और कर्पूरी ठाकुर मुख्यमंत्री बने। और, पाला बदलना विधायक से मंत्री बनने का 'शॉर्टकट' बन गया।

1977 की 'दूसरी आजादी' के बाद तो पाला बदलने के 'प्रभाव' से दलबंदी और गुटबंदी जैसे राजनीतिक खेलों की रफ्तार और आकर्षण में वृद्धि हुई। कर्पूरी ठाकुर मुख्यमंत्री बने, लेकिन उन्हें दो सालों में जाना पड़ा, तब 1979 में रामसुंदर दास मुख्यमंत्री बने। जनता पार्टी की सरकार के पतन के बाद 1980-90 के बीच डा. जगन्नाथ मिश्र, चंद्रशेखर सिंह, बिंदेश्वरी दूबे, भागवत झा आजाद, सत्येंद्र नारायण सिन्हा और डा. जगन्नाथ मिश्र मुख्यमंत्री बने। यानी कांग्रेस पार्टी की सरकार स्थिर रही, मगर नेता बदलते गये!

1990 में लालू प्रसाद यादव के सत्ता में आने के बाद जोड़-तोड़ की राजनीति के दायरे में सभी दल आ गये। उसके पूर्व तक दलबदल ऐसा गुण-कर्म था, जिसके तहत कोई नेता दल बदलते हुए यह सफाई अवश्य देता था कि उसने विचार और सिद्धांत से समझौता नहीं किया, उसने पाला बदल कर 'समान विचारवाली' पार्टी का ही दामन थामा है। अन्यथा 'बदनाम होने' या बेशर्म कहाने का खतरा बना रहता था। लेकिन 1990 के बाद से यह खतरा नहीं रहा। भाजपा के नेता इंदर सिंह नामधरी, समरेश सिंह, ज्ञानेश्वर यादव निकल आये और पार्टी बनायी। बाद में सबके सब जनता दल में शामिल हो गये। श्री नामधरी मंत्री बने। लालू सिर्फ दक्षिण पंथी पार्टी भाजपा को ही नहीं बल्कि वामपंथी पार्टी भाकपा-माले विधायक के.डी. यादव, सूर्यदेव सिंह, भगवान सिंह, उमेश सिंह और रामधार सिंह को भी तोड़ने में कामयाब हुए। वैसे, दलबदल करने वाले माले के कुछ विधायकों का राजनीतिक कैरियर समाप्त हो गया। वे न घर के रहे न घाट के। बाद के दौर में लालू सरकार से जब भाकपा ने समर्थन वापस लिया तो भाकपा के छह विधायकों - राम लषण राम रमण, रामचंद्र यादव, लालबिहारी यादव, यमुना यादव, राजकिशोर प्रसाद और प्रयाग चौधरी ने क्रांतिकारी कम्युनिस्ट पार्टी बना ली और राजद के साथ गठबंधन कर लिया। इन विधायकों में से सिर्फ दो लोग वर्ष 2000 के चुनाव में दो जीत पाये - राम लषण राम रमण और प्रयाग चौधरी। वे राबड़ी मंत्रिमंडल में मंत्री बने। कांग्रेस के समर्थन से वर्ष 2000 में गठित राबड़ी सरकार को कांशीराम की पार्टी बसपा ने समर्थन दिया। लेकिन अचानक बसपा के महाबली सिंह, राजेश सिंह, सुरेश पासी, मो. जाकिर सीधे राजद में शामिल हो गये। दलबदल के बाद महाबली सिंह और राजेश सिंह राबड़ी सरकार में मंत्री बन गये। पिछले लोकसभा चुनाव में भी नेताओं के दल और दिल बदलने का सिलसिला जारी रहा। छेदी पासवान, मोनाजिर हसन, पूर्णमासी राम जैसे मंत्रियों ने भी पाला बदला। 2005 विधानसभा चुनाव के पहले गणेश प्रसाद यादव, विश्वमोहन चौधरी और श्याम सुंदर सिंह धीरज ने नीतीश कुमार की पार्टी जदयू को छोड़ कर 4 नवम्बर 2004 को लालू प्रसाद यादव का दामन थाम लिया।

झारखंड मुक्ति मोर्चा ने 1985 के चुनाव में 56 सीटों पर चुनाव लड़ा, उसके 9 उम्मीदवार जीते और 1990 में उसे 19 सीटें मिली और 3.19 प्रतिशत मत मिलें। झारखंड मुक्ति मोर्चा के सामने छोटी-बड़ी झारखंडी पार्टियां प्रायः संसदीय मोर्चों से समाप्त हो गयी। 1990 के चुनाव में होरो गुट को एक, आजसू को एक तथा झामुमो समर्थित एक सदस्य (निर्दलीय) जीत सका। इस तरह 1990 के चुनाव में झारखंडी पार्टियों को कुल 21 सीटें मिली।

झारखंड मसले पर आजसू के सूरज सिंह बेसरा ने विधानसभा से इस्तीफा दे दिया। इधर झारखंड मुक्ति मोर्चा में दो गुट हो गया। एक जद समर्थक कृष्णा मार्डी गुट तथा दूसरा शिबू सोरेन का गुट।

1995 के चुनाव में झामुमो को 10 सीटें मिली और 2000 के विधानसभा चुनाव में 12 सीटें। 1996 के लोकसभा चुनाव में झामुमो ने 20 सीटों पर चुनाव लड़ा तथा उसका एक प्रत्याशी जीता। 1998 और 1999 के लोकसभा चुनाव में झामुमो का एक भी प्रत्याशी नहीं जीत सका। इस बीच सन् 2000 में राज्य के विभाजन के फलस्वरूप 81 सीटें झारखंड में चली गयी। झारखंड में भाजपा-समता की सरकार बनी। 2004 के लोकसभा चुनाव में झामुमो ने 6, कांग्रेस ने 5, भाकपा और भाजपा ने एक-एक सीट जीती। एक निर्दलीय प्रत्याशी जीता। झारखंड में लोकसभा की कुल 14 सीटे हैं।

लोकसभा

1996	झामुमो	20	1	2.48
1998	झामुमो	08	–	2.45
1999	झामुमो	13	–	3.04

झारखंड की पार्टियां

चुनाव वर्ष	पार्टियां	उम्मीदवार	जीते	प्रतिशत
1952	झारखंड महासभा	0	31	8.4
1957	झारखंड महासभा	68	32	6.9
1962	झारखंड पार्टी	75	20	4.48
1967	आ. झा.झा. पार्टी	0	09	0
1969	हुल झारखंड	13	05	0.36
1972	हुल झारखंड	10	02	0.54
	प्रोग्रेसिव हुल झारखंड	5	01	0.17
	आ. झा.झा.पा	44	04	0.86
	झारखंड होरो	44	01	0.52
1977	झारखंड होरो	27	18	0.38
1980	झामुमो	27	11	1.67
	झा. हारो	31	01	0.13
1985	झामुमो	56	09	0.84
1990	झामुमो	83	19	3.19
1995	झामुमो	63	10	2.32
2000	झामुमो	85	12	4.00

अतिपिछड़ा : सतह से उठने को बेचैन

आजादी के बाद बिहार में दबंग द्विजों के आगे जैसी स्थिति पिछडों की थी, वैसी स्थिति आज भी 32 फीसदी आबादी वाले निम्न शूद्रों की है। दबंग द्विजों की तरह दबंग शूद्र निम्न शूद्रों का हक मार लेने में कोई कोताही नहीं बरतते। यही कारण है कि 1952 के बाद निम्न शूद्रों की स्थिति में कोई परिवर्तन नहीं हुआ है। सामाजिक न्याय और सामाजिक परिवर्तन का नारा निम्न शूद्रों के लिए नहीं बल्कि दबंग व उच्च शूद्रों के लिए है।

आजादी के बाद बिहार विधानसभा और राज्य मंत्रिमंडल की बनावट में परिवर्तन तो हुआ है, लेकिन इस परिवर्तन पर दबंग शूद्रों का एकाधिकार है। हालांकि उन्हें इसके लिए संघर्ष करना पड़ा है, पर उन्हें नैतिक समर्थन या सक्रिय समर्थन देनेवाली जातियां विधानसभा और राज्य मंत्रिमंडल के दायरे में दिखाई नहीं पड़ती। वस्तुतः निम्न शूद्रों की एक तिहाई आबादी को पहचान के संकट से गुजरना पड़ रहा है। 32 फीसदी आबादी का यह संकट वैसा है, जैसा पचास या साठ के दशक में शूद्र जातियों के समक्ष था।

बिहार में पिछड़ी जातियों की आबादी 51.3 प्रतिशत है। इनमें यादव, कुर्मी, कोइरी और बनिया जातियों की सम्मिलित आबादी 19.3 प्रतिशत है। शेष दो तिहाई आबादी वैसे शूद्रों की है जो निम्न शूद्र कहे जा सकते हैं। धानुक, कहार, कानू, कुम्हार, लोहार, नाई, ततमा, तेली जैसी जातियों की आबादी 16 प्रतिशत है। इसके साथ वैसी जातियां जिनकी संख्या एक प्रतिशत से कम है, उनकी आबादी भी 16 प्रतिशत है। ये जातियां कुल 32 फीसदी आबादी का निर्माण करती हैं। ऐसी ही छोटी-छोटी जातियां मिल कर एक बड़ी संख्या का निर्माण कर देती हैं, जो दबंग पिछड़े समुदायों से ज्यादा है। हैरी डब्ल्यू ब्लेयर के शब्दों में बिहार विधानसभा में 1962 में 30 प्रतिशत अतिपिछड़ी जातियों का कोई प्रतिनिधि नहीं था और 26 प्रतिशत आबादी का 1967 में कोई प्रतिनिधि नहीं था। (पाल ब्रास, रेडिकल पॉलिटिक्स इन साउथ एशिया, पृष्ठ-326)

बिहार में सामाजिक जागरण और पिछड़ों के संघर्ष की पृष्ठभूमि में हम पाते हैं, कि पिछड़े समुदायों का अगुआ हिस्सा सामने आया है और अपनी उपस्थिति दर्ज कराने लगा। 1952 में गठित पहले मंत्रिमंडल में पिछड़े वर्ग के दो प्रतिनिधि सामने आये- शिवनंदन प्रसाद मंडल और देवशरण सिंह। एक यादव थे और दूसरे कुर्मी। एक मधेपुरा के थे और दूसरे नालंदा (पटना) के।

पिछड़ों के नेतृत्वकारी समुदाय को परंपरागत कुलीन परिवारों से आना था और वही हुआ भी।

वीरचंद पटेल, जो गंगा पार के थे, राज्य मंत्री बनाये गये। 1952 के मंत्रिमंडल में पिछड़ों का यही नेतृत्वकारी हिस्सा था। देवशरण सिंह विधान परिषद के सभापति और विधानसभा उपाध्यक्ष भी बने।

1957 के मंत्रिमंडल में वीरचंद पटेल कैबिनेट में लाये गये तथा तीन राज्य मंत्री सहदेव महतो (कोइरी), दरोगा प्रसाद राय और देवनारायण यादव बनाए गये। पिछड़े के लिए लोकतंत्र का यही खुलना था। 1957 से 1962 के बीच पिछड़ों के बीच से वीरू बाबू (वीरचंद पटेल) ही एकमात्र कैबिनेट मंत्री रहे। वस्तुतः पिछड़ों को पहचान के संकट से गुजरना पड़ रहा था और वह भी दबंग शूद्रों-यादव, कुर्मी और कोइरी जैसी जातियों को, जो नेतृत्वकारी ऊंची जाति से लगभग डयोढ़ थे और उनका प्रतिनिधित्व नहीं के बराबर था। अब कुलीन पिछड़ा नेतृत्व को सामने रख कर बहुसंख्यक शूद्रों को गोलबंद नहीं किया जा सकता था। श्रीकृष्ण सिंह की मृत्यु के बाद स्थितियां भी बदल रही थी। भूमिहार शक्ति की पकड़ ढीली पर गयी थी। विनोदानंद झा ज्यादा दिनों तक सत्ता में काबिज नहीं रह सके, हालांकि उन्होंने ब्राह्मण, राजपूत एकता बनायी। 1962 में सोशलिस्टों ने अपने प्रभाव का विस्तार किया और उसकी सदस्य संख्या एक लाख हो गयी। समाज में उनका आधार बढ़ रहा था।

1963 के बाद शूद्रों की स्थितियों में नये सिरे से परिवर्तन होना शुरू हो गया। सत्ता पर पकड़ बनाये रखने के लिए नये संश्रय बने। यह संश्रय 1963 में बना, जब के.बी. सहाय सत्ता में आये। बिहार मंत्रिमंडल के इतिहास में एक साथ तीन पिछड़े कैबिनेट मंत्री बनाये गये- राम लखन सिंह यादव, वीरचंद पटेल और सुमित्रा देवी। वास्तव में सामाजिक हलचल को, जो त्रिवेणी संघ के रूप अभिव्यक्त हुआ था, उसे परंपरागत अगड़ी जातियों के खिलाफ इस्तेमाल करना था और साथ ही साथ शक्ति संतुलन के लिए यह जरूरी शर्त थी। पिछड़ा माने सौ में साठ और सौ में शोषित नब्बे हैं, नब्बे भाग हमारा है, को सामाजिक मान्यता मिल रही थी। ऐसे में, गुटों में विभक्त कांग्रेसी नेतृत्व के लिए जरूरी था कि परंपरागत जातीय समीकरणों से हटकर उत्पीड़ित समुदायों से शक्ति संतुलन कायम किया जाये। कृष्ण वल्लभ सहाय के बाद पहली बार मंत्रिमंडल में ऊंची जाति का प्रतिनिधित्व 40 प्रतिशत हुआ और पिछड़ी जातियों का प्रतिशत 30 प्रतिशत पहुंचा।

रामलखन सिंह यादव के.बी. सहाय के दाहिने हाथ थे। 1957 में वीरचंद पटेल को डा. श्रीकृष्ण सिंह मंत्रिमंडल में शामिल किये जाने के बाद गठित तीन मंत्रिमंडलों में पिछड़ी जाति का कोई कैबिनेट मंत्री नहीं बन सका। के. बी. सहाय ने इस मर्म को समझा और यादव, कुर्मी और कोइरी कैबिनेट मंत्री बनाये गए। पिछड़ों के प्रतिनिधित्व में, पिछड़े में अगड़े शूद्रों को प्रतिनिधित्व मिला। इसमें 'शूद्रों में शूद्र'

कहीं नहीं थे। एक कर्पूरी ठाकुर अपवाद रहे। दूसरे, 1980 के डाक्टर मिश्र मंत्रिमंडल में एक निम्न शूद्र मंत्री बना। लालू मंत्रिमंडल में मंगनी लाल मंडल और विद्यासागर निषाद क्रमशः धानुक और मल्लाह थे। 1997 में गठित राबड़ी मंत्रिमंडल में निम्न शूद्रों का कोई प्रतिनिधि कैबिनेट मंत्री नहीं बनाया गया। 1990 के विधानसभा में अति पिछड़ी जातियों के पहुंचने की रफ्तार कुछ बढ़ी और विधान परिषद में भी इन जातियों के कुछ चेहरे दिखाई पड़ने लगे। सन् 2002 में विधान परिषद् के 51 सदस्यों में अति पिछड़ी जाति के सदस्यों की संख्या नौ थी। विधान परिषद में उषा सहनी मल्लाह, कामेश्वर चौपाल चौपाल, मंगनी लाल मंडल धानुक, महावीर लाल विश्वकर्मा बढ़ई, रवीन्द्र कुमार तांती, रामकरण पाल गड़ेरी, रामकरण सहनी मल्लाह, बद्री नारायण लाल कहार, गंगा प्रसाद पनेरी, बादशाह प्रसाद आजाद चंद्रवंशी अति पिछड़ी जाति के सदस्य हैं। (विधान परिषद की परिचय पुस्तक 2004)। विधान परिषद में अति पिछड़ी जाति के सदस्यों की संख्या 10 है।

1967 के चुनाव ने नई स्थितियां पैदा कीं। महामाया मंत्रिमंडल में 2 यादव, एक कुर्मी, एक कोइरी और एक नाई जाति से लिए गये। कैबिनेट मंत्रियों की संख्या 17 थी। जिसमें पिछड़े पांच थे। कर्पूरी ठाकुर पहले व्यक्ति थे जो निम्न शूद्र जाति से थे और उप मुख्यमंत्री बनाये गये। इसके पहले निम्न शूद्रों में से कोई कैबिनेट मंत्री नहीं बनाया गया था। पिछड़ी जाति से पांच राज्यमंत्री भी बने। पहली बार कोई विधानसभा अध्यक्ष निम्न जाति से आया। वह थे धनिक लाल मंडल। बिहार विधानसभा और मंत्रिमंडल के सामाजिक ढांचे का यह पहलू रहा कि संपूर्ण पिछड़ों की आबादी का लाभ खासतौर से यादवों को और आम तौर पर कुर्मी और कोइरी जाति को मिला। यह डा. लोहिया की जाति नीति की जीत थी जिसने संपूर्ण भारत में बिहार को समाजवादियों के गढ़ के रूप में चिन्हित किया। लेकिन उनकी जाति नीति का दूसरा पहलू यह रहा कि पिछड़े शूद्र समूहों की घोर उपेक्षा हुई और पुराने द्विज ढांचे ब्राह्मण, भूमिहार, राजपूत और कायस्थ के स्थान पर यादव, कुर्मी, कोइरी, बनिया फिट हो गए। पिछड़े हुए समुदायों को ऊपर उठाने की चिंता सिद्धांत बनकर रह गयी और दोतिहाई आबादी पिछड़ी ही रह गई। 1962 में तीस प्रतिशत निम्न पिछड़ी जाति का विधानसभा में कोई प्रतिनिधि नहीं रहा। 1967 में निम्न शूद्रों के बस 5 विधायक थे। जबकि कुल पिछड़े विधायकों की संख्या 82 पहुंच गई थी। बिहार विधानसभा में 1967 से 1985 के बीच 35 फीसदी छोटी आबादी वाली जाति के विधायकों की संख्या अधिकतम 7 रही। इस संख्या का औसत 1.54 प्रतिशत से 1.23 प्रतिशत के बीच रहा। 1969 को छोड़कर 1985 की विधानसभा में उनकी संख्या सिर्फ 4-5 रही। 1967 से 72 उथल-पुथल का दौर रहा। उस बीच 8 सरकारें बनी गिरीं। इसी बीच बी.पी. मंडल, भोला पासवान शास्त्री और कर्पूरी ठाकुर की सरकारें बनीं। यह सभी पिछड़ी और दलित जाति से आये

थे। इसी बीच ही हरिहर सिंह सरकार के समय राम नारायण मंडल पहले विधानसभाध्यक्ष बने, जो यादव जाति से थे। बी.पी. मंडल सरकार में 8 पिछड़े कैबिनेट मंत्री बने। लेकिन निम्न पिछड़े कैबिनेट के घेरे में नहीं आ सके। लालू की सत्ता में इस बार आने पर गुलाम सरवर पिछड़े मुसलमान को विधानसभाध्यक्ष पद से हटाकर देव नारायण यादव को विधानसभाध्यक्ष बनाया गया। गंभीर कोशिश के बदले हल्के फुल्के प्रयास हो रहे थे। कांग्रेस के इतिहास में पहली बार ही अनन्त प्रसाद शर्मा (भांट) को प्रदेश कांग्रेस का अध्यक्ष 1968 में बनाया गया जो पिछड़े समुदायों से थे। उसके बाद सीताराम केसरी (बनिया) को 70-72 में प्रदेश अध्यक्ष बनाया गया। 83-84 में रामशरण सिंह (कुर्मी) और 85-88 में डुमर लाल बैठा (हरिजन) कांग्रेस अध्यक्ष बने। हालांकि 60-62 में अब्दुल कयूम अंसारी भी प्रदेश अध्यक्ष बनाये गये थे जो मुसलमान के पिछड़े समुदायों का प्रतिनिधित्व करते थे।

बहरहाल, कांग्रेस सहित अन्य पार्टियों की पूरी योजना में पिछड़ी जातियों का ऊपरी हिस्सा ही केन्द्र में रहा, और इस धुरी में यादव, कुर्मी, कोइरी और बनिया ही रहे। वास्तव में बिहार विधानसभा, मंत्रिमंडल तथा अन्य निकायों की बनावट के चार पहलू हैं। 1. परंपरागत दबदबा वाली जातियों का प्रभुत्व, ब्राह्मण, भुमिहार, राजपूत, कायस्थ 1967 तक राजनीति की धुरी में रहे। 2. हरिजन आदिवासियों को संरक्षण। 3. डा. लोहिया के नेतृत्व में पिछड़ा उभार जिसकी धुरी बनी-यादव, कोइरी, कुर्मी व अन्य पिछड़ी जातियां। 4. मुसलमानों का ख्याल खासतौर से अशराफ मुसलमानों का 52-96 तक मुसलमानों में 246 विधायक बने। इसमें 199 (81 प्रतिशत) उच्च समुदाय तथा 47 (19 प्रतिशत) पिछड़े समुदाय से आये थे, जबकि मुसलमानों में पिछड़े समुदाय ही बहुसंख्यक हैं।

दरअसल, सामाजिक राजनीतिक संस्थाओं की बनावट का पूरा ढांचा ही समृद्ध और बढ़े हुए समुदायों के कब्जे में रहा। जैसा कि हम पाते हैं, 67 से 85 के बीच पिछड़े हुए समुदायों की 32 फीसदी आबादी का प्रतिनिधित्व 1.85 प्रतिशत विधायक करते थे। 1977 में उनका यह प्रतिशत घटकर 1.23 प्रतिशत हो जाता है। कहार, ततमा और धानुक जैसी जातियों का प्रतिनिधित्व 90 में बढ़कर 8 हो गया और 95 में 17 पहुंचा। अर्थात संसदीय घेरे का अधिकतम प्रतिनिधित्व। 1995 में पहली बार कहार और गंगौता तीन-तीन तथा केवट चार की संख्या में विधानसभा में पहुंचे। विधानसभा में स्थान घेरने के मामले में इनका प्रतिशत 5.27 हो गया। सन् 2000 के विधानसभा चुनाव में उनकी संख्या 12 है। 1967-2000 के 33 वर्षों के कालखंड में अति पिछड़ी जाति के 66 सदस्य विधानसभा में पहुंच सके। यह अधिकतम प्रतिनिधित्व 32 फीसदी आबादी का है। अर्थात विधानसभा के 44.44 प्रतिशत सीट (144) पर उच्च पिछड़े समुदाय का कब्जा है जो आबादी का 19.3 प्रतिशत है। विधानसभा की तरह बिहार से लोकसभा में निम्न पिछड़ों का प्रतिनिधित्व नगण्य है। 1957-62 तक कोई प्रतिनिधि नहीं था। 1967 में एक कहार

लखन लाल कपूर पीएसपी से लोकसभा में गए। 71 में पुन: कोई प्रतिनिधि नहीं था। 1977 से 1989 के बीच एक-एक नाई, धानुक व नोनिया लोकसभा में जा सके। 1991 और 1996 में कोई निम्न शूद्र लोकसभा में नहीं पहुंच सका।

1996 के लोकसभा चुनाव में जनता दल, भाजपा, इंका, माले, भाजपा व भाकपा सभी पार्टियों ने मिलकर लोकसभा की 54 सीटों के लिए मात्र 7 उम्मीदवार निम्न शूद्र जातियों से बनाये, जिसमें 3 केवट, मल्लाह, एक नोनिया, एक नाई तथा 2 धानुक व एक अन्य था। सभी पार्टियों द्वारा शूद्रों को दी गयी टिकट की दर मात्र 3.80 प्रतिशत बैठती है। निम्न शूद्रों की उम्मीदवारी की दर यह बताती है कि राजनैतिक पार्टियों की प्राथमिकता की सूची में निम्न शूद्र कहां है? अति पिछड़ों के संगठन 'उपेक्षित एवं अत्यंत पिछड़ा वर्ग संघर्ष समिति' के अनुसार सन् 2000 के विधानसभा चुनाव में राजद ने 12, भाजपा ने 4, समता ने 10 और जद यू ने 4 अति पिछड़ी जाति के सदस्यों को टिकट दिए। (6 फरवरी 2000 को संवाददाता सम्मेलन में जारी हैंडआउट) 2004 के लोकसभा चुनाव में राजद के भगवान लाल सहनी को छोड़ कर किसी भी पार्टी ने अति पिछड़ी जाति के किसी प्रत्याशी को टिकट नहीं दिया। मुजफ्फरपुर से पिछला चुनाव जीतने वाले प्रत्याशी जयनारायण प्रसाद निषाद का टिकट भी कट गया। 1999 में अति पिछड़ी जाति से आने वाले माकपा के सुबोध राय को भागलपुर में मुंह की खानी पड़ी। 2004 के लोकसभा चुनाव में बिहार से अति पिछड़ी जाति का कोई प्रत्याशी नहीं है।

विधानसभा और लोकसभा के बाद अब संगठनात्मक स्तर पर निम्न शूद्रों के प्रतिनिधित्व का जायजा लें। जनता दल के 49 जिलाध्यक्षों में एक मल्लाह और एक तुरहा जाति से हैं। भाजपा के 58 जिलाध्यक्षों की सूची में एक लोहार, कांग्रेस के 44 जिलाध्यक्षों में एक मल्लाह, भाकपा के 45 जिलाध्यक्षों की सूची में एक खरवार, समता के 41 जिलाध्यक्षों में 2 धानुक और एक पनेरी जाति से था। सन 2000 के बाद भी पार्टियों के स्तर पर सागंठनिक ढांचे के अंदर कोई खास परिवर्तन नहीं हुआ है। विधानसभा के 2000 के चुनाव में राजद ने 12, भाजपा ने 4, समता ने 10, जद यू ने 4 अति पिछड़ी जाति के प्रत्याशियों को अपना प्रत्याशी बनाया था। विधानसभा और लोकसभा में अति पिछड़ी जाति के सदस्यों को टिकट नहीं मिलता है।

अब जरा 2001 के पंचायत चुनाव में अति पिछड़ी जातियों के प्रतिनिधित्व का जायजा लें। पंचायत चुनाव में निर्वाचित मुखियों में 7682 की जातिगत सूची उपलब्ध है। इसमें लगभग 32 प्रतिशत आबादी वाली अति पिछड़ी जातियों के प्रतिनिधियों की संख्या 200 से नहीं पार कर सकी। सिर्फ 179 मुखिया अति पिछड़ी जातियों से चुने गए। अति पिछड़ी जातियों को मुखिया के पदों पर मात्र 3.9 प्रतिशत प्रतिनिधित्व मिल सका। जिला परिषद् के 1160 प्रतिनिधियों में अति पिछड़ी जातियों की संख्या मात्र 38 है। गंगोता 3, धानुक 6, बढ़ई 3, लोहार 2, हजाम 1, कुम्हार 1, चनेऊ 1, बिंद 2, सुर्यापुरी 1, मंडल 1, मुल्लाह-गोड़ी 14, नागर 1 चुने जा सके।

जिला परिषद् सदस्यों की जातिगत विवरणी
राज्य में जिला परिषद् सदस्यों की कुल संख्या–1160

क्र.	जाति	सदस्यों की कुल संख्या	प्रतिशत
1.	यादव	281	24.2
2.	मुस्लिम	151	13.0
3.	ब्राह्मण	58	5.0
4.	राजपूत	120	10.3
5.	भूमिहार	106	9.1
6.	कायस्थ	10	0.9
7.	नागर	1	0.1
8.	दुसाध	65	5.6
9.	मारवाड़ी	3	0.3
10.	धोबी	11	0.9
11.	गंगोता	3	0.3
12.	कोयरी	60	5.2
13.	कुर्मी	48	4.1
14.	धानुक	6	0.5
15.	मुसहर	9	0.8
16.	हलवाई	1	0.1
17.	वैश्य/बनिया	51	4.4
18.	बड़ई	3	0.3
19.	बढ़ई/लोहार	2	0.2
20.	सूढ़ी/तेली	10	0.9
21.	मल्लाह/गोढ़ी	14	1.2
22.	पासी	14	1.2
23.	कानू	2	0.2
24.	अनु.जाति	97	8.4
25.	आदिवासी	7	0.6
26.	हजाम	1	0.1

क्र.	जाति	सदस्यों की कुल संख्या	प्रतिशत
27.	कुम्हार	1	0.1
28.	चनेउ	1	0.1
29.	बंगाली	1	0.1
30.	बिंद	2	0.2
31.	सूर्यापूरी	1	0.1
32.	मंडल	1	0.1
33.	कलवार	6	0.5
34.	नोनिया	1	0.1
35.	थारू	1	0.1
36.	अन्य	9	0.8
37.	लम्बित	1	0.1

विधानसभा में निम्न शूद्र (1967–2000)

जाति	1967	1969	1972	1977	1980	1985	1990	1995	2000
कहार	1		1-				1	3	1
धानुक	2		1					1	2
ततमा	1								1
मल्लाह	–	2	1		2	2	2	1	4
नाई	–	1	1	1	1	1		1	1
भांट		–	1						
खरवार	1	1	1	1			1	1	
नोनिया				1	2		1	2	1
बढ़ई				1		–			
गंगौत							1	2	1
केवट								4	
रजवार								1	
पनेरी		1							
प्रतिशत	1.54	1.85	1.54	1.23	1.54	1.23	2.46	5.24	

माय में मुसलमान

बिहार में पिछड़े और दलित मुसलमानों को लेकर राजनीति करवट ले रही है। यह लड़ाई अगड़े मुस्लिम समुदायों द्वारा की जा रही हकमारी के खिलाफ केन्द्रित है। शिक्षा-दीक्षा में पीछे और हाशिये पर पड़े दलित व सताये हुए मुसलमानों के बारे में सुगबुगाहटें तेज हुई तो पसमांदा और पिछड़े हुए मुसलमानों के संगठनों पर ही सवाल उठने शुरू हो गये। पसमांदा मुसलमानों ने जब कहा कि उन्हें राजनीतिक संरक्षण की जरूरत है, तो कहा जाने लगा कि यह मुसलमानों की एकता में फूट डालने की कार्रवाई है।

बिहार में मुसलमानों का अशराफ तबका ही कुल मुस्लिम आबादी का प्रतिनिधित्व करता है। शिक्षा का क्षेत्र हो अथवा राजनीति या जमीन, सभी मामले में अशराफ समुदाय ही आगे रहा है। पिछड़े-पसमांदा मुस्लिम समुदाय का हिन्दू पिछड़ों के त्रिवेणी संघ की तरह कोई संगठन कारगर पहलकदमी नहीं ले सका। यों अब्दुल कयूम अंसारी ने 40 के दशक में मोमिन तहरीक के जरिये ऐसी कोशिश की थी और उसने अपनी एक स्वतंत्र पहचान भी बनायी, पर आजादी के बाद उसे एक सिलसिला नहीं दिया जा सका। मोमिन राजनीति के झंडाबरदार पार्टियों और गुटों में बंट कर राजनीति करते रहे। ऊपर से देखने से लगता है कि मुसलमानों में ऊंच-नीच अथवा गैरबराबरी का भेद नहीं है, लेकिन वास्तविकता इससे अलग है। मुस्लिम समुदायों में अगड़े का अर्थ है– सैयद, शेख, पठान और मल्लिक। यह सिलसिला आज भी उसी अंदाज में जारी है–कोदो–मडुआ अन्न नहीं, जोलहा धुनिया जन नहीं। मोमिन तहरीक के आंदोलन के कारण पिछड़े हुए मोमिनों को अपनी पहचान और संख्या बल का लाभ यह हुआ कि राजनीति में इक्के-दुक्के मोमिन नेता भी दिखाई पड़ने लगे। चुनाव के समय ऐसे संगठन मोल-तोल करने के लिए मैदान में आ जाते हैं और चुनाव के बाद शीत निद्रा में चले जाते। अथवा अब्दुल कयूम अंसारी के जन्म दिन के अवसर पर सालाना जलसा होता है और काम खत्म। कहानी यहीं खत्म हो जाती।

बिहार में नये सिरे से पिछड़े और दलित मुसलमानों के बारे में सोचने का सिलसिला तब शुरू हुआ, जब एक बिहारी मुसलमान पत्रकार अली अनवर ने दलित मुसलमानों को लेकर कई लेख लिखे और 'मसावात की जंग' नामक किताब लिखी। मुसलमानों

के पिछड़े हुए समुदायों के बारे में तब हिन्दी पट्टी अथवा हिन्दू दुनिया ने जाना कि मुसलमानों के बीच देशज जातीय समाज का असर है। मुसलमानों में उसूलन जातिगत भेद-भाव नहीं होने की बात दोहरायी जाती है, लेकिन अमलन वहां भी हिन्दू समाज की तरह ही जातिगत भाव है। कई जातियों की हालत तो हिन्दू दलितों से भी खराब है। यों डा. भीम राव अम्बेडकर ने अंग्रेजी राज में की गयी जनगणना के हवाले से मुसलमानों के बीच ऊंच-नीच के भेद का उल्लेख किया है। हिन्दू समाज में व्याप्त जातिगत बुराइयों से अलग हिन्दी पट्टी के मुसलमानों की कोई तस्वीर नहीं बनती। यों सच यह भी है कि जातिगत भेद-भाव के साथ शिक्षा और आर्थिक मामले में भी मुसलमानों का यह समुदाय हाशिये पर है। 2001 की जनगणना के अनुसार मुसलमानों में साक्षरता दर 42 प्रतिशत है। महिला साक्षरता दर 31.5 प्रतिशत है। बहरहाल, एक जमाने में जनगणना में अपना नाम मोमिन के स्थान पर शेख मोमिन लिखवाने का सिलसिला शुरू हुआ था। हाल के वर्षों में ऊंची जाति के मुसलमानों में मल्लिक और शेख समुदायों के लोगों ने अपना नाम अति पिछड़ों में दर्ज कराने के लिए आवेदन दिया। यह सब परिस्थितियों की मार थी। आरक्षण के दायरे से ये समुदाय बाहर थे। उन्हें लगा कि ऐसा करने से आरक्षण का फायदा मिल सकता है। दलित और पिछड़े मुसलमानों ने इस बात को जब जाना तो उसका विरोध किया। पिछड़ा वर्ग आयोग ने भी इन आवेदनों को रद्द कर दिया। यह तथ्य भी प्रकाश में आया कि अगड़े मुसलमान पिछड़े वर्गों का सर्टिफिकेट लेकर नौकरियों में जा बैठे। यहां उन्हें पिछड़ा कहलाने में कोई संकोच नहीं था। यही वह दौर था जब दलित और पिछड़े मुसलमानों पर काम शुरू हुआ था। बैकवर्ड मुस्लिम मोर्चा नामक एक संगठन सक्रिय था। नब्बे के दशक में उभरे मंडल आंदोलन का असर पिछड़े मुसलमानों पर था, यह संगठन उसी को लेकर चल रहा था। लेकिन इस संगठन ने फर्जी सार्टिफिकेट के जरिये नौकरियों में घुसपैठ और ऊंची जातियों के पिछड़े वर्ग में शामिल होने पर मौन धारण कर लिया।

दलित मुसलमानों के बारे में नये चिंतन की शुरूआत हुई। उपेक्षित जन समुदायों के बारे में नयी सोच विकसित हुई और एक नये सगंठन पसमांदा मुस्लिम महाज का जन्म हुआ। 25 अक्टूबर, 1998 को यह संगठन अस्तित्व में आया। उसने अति पिछड़े हिन्दुओं को भी साथ लेकर 13 दिसम्बर को उसी साल आरक्षण बचाओ रैली की। एक अध्ययन के क्रम का विस्तार जन संगठन के रूप में हो जाना अपने आप में नयी बात है। मुस्लिम धोबी, नट बक्खो, पंवरिया, हलालखोर, भठियारा, गदहेड़ी, लालबेगी, पासी, डफाली, नालबंद आदि मुस्लिम पेशेवर जातियां हिन्दू दलितों की तरह ही हैं, लेकिन उन्हें हिन्दू दलितों की तरह सुविध ा नहीं मिलती। पसमांदा मुस्लिम महाज ने इन उपेक्षित मुस्लिम आबादी को अपना एजेंडा बनाया। इसमें शक की कोई गुंजाइश नहीं कि हिन्दू जाति समुदायों की श्रेणियों की तरह मुस्लिम समुदायों में श्रेणियां विकसित हुई हैं, लेकिन उनका सशक्तीकरण नहीं हो सका है। राजनीति से लेकर सरकारी नौकरियों और शिक्षा-दीक्षा में अगड़े समुदायों का एकाधिकार है।

माना जा सकता है कि राजनीति में मुसलमानों की मध्य जाति समुदायों का कुछ असर दिखाई पड़ता है। हिन्दू अति पिछड़ी जाति समुदायों की तरह भोमिनों में कुछ राजनैतिक प्रतिनिधित्व दिखाई पड़ता है, लेकिन उससे नीचे के दलित हाशिये से बाहर नजर आते हैं। राजनीति में इक्के-दुक्के अंसारी, कुंजड़ा, मुकेरी, कुल्हैया, शेरशाहाबादी नेता दिखाई पड़ सकते हैं, लेकिन उन समुदायों का प्रतिनिधित्व नहीं के बराबर ही है। पिछले लोकसभा चुनाव में सामाजिक न्याय की पार्टियों में मुस्लिम समाज से जीतने वाले नेताओं की संख्या छह से तीन हो गयी। कहा जाता है कि यह मुसलमानों की नयी राजनीति के कारण हुआ। इन पार्टियों ने अगड़े समुदायों के मुसलमानों को टिकट दिया, जिसका नतीजा हुआ उनके प्रत्याशी हार गये। दलित और पिछड़े मुसलमानों के बीच कहा गया-'अभी हाफ हुए हैं, आगे साफ होंगे।' यों 2000 के विधानसभा चुनाव में प्रायः बिहार की सभी पार्टियों ने दलितों और पिछड़े मुसलमानों के एजेंडे को स्वीकार लिया। कांग्रेस ने मुसलमानों में अपनी बैठ बनाने की नीयत से मुसलमानों को पचास से अधिक टिकट दी। माई समीकरण वाले राजद ने भी मुसलमानों का कोटा बढ़ाया। वाम से लेकर दक्षिणपंथी पार्टियों की प्रत्याशियों में भी मुसलमानों की संख्या में इजाफा हुआ, लेकिन इसका अर्थ यह नहीं कि सब कुछ बदल गया है। दलित और पिछड़े मुसलमानों की मांगों के बारे में सकारात्मक नजरिया रखने का अर्थ यह नहीं कि लड़ाई खत्म हो गयी।

परम्परागत रूप से राजनीति पर कब्जा जमाये अगड़े मुसलमानों का प्रभुत्व अभी भी बरकरार है। उनका नजरिया है- मुसलमानों के बीच जातिगत आधार पर प्रतिनिधित्व देने की मांग मुसलमानों की एकता को तोड़ने वाला है। इसलिए वे सेक्शनल रिजर्वेशन नहीं बल्कि टोटल रिजर्वेशन की मांग कर रहे हैं। टोटल रिजर्वेशन का मतलब यह है कि पूरे मुस्लिम समुदाय को बैकवर्ड मान लिया जाये और उनको आरक्षण के दायरे में ले आया जाये। सामाजिक न्याय के बड़े दिग्गज नेता भी सिर्फ पिछड़े मुसलमानों को संरक्षण देने से परहेज करते हैं। वह भी इसे वोट की दृष्टि से सभी मुसलमानों को एक साथ रखने में ही अपना भला देखते हैं। दूसरी ओर इस विचार के खिलाफ लोगों का कहना है- वोट हमारा राज तुम्हारा नहीं चलेगा। बहुत हो गया। बिहार विधान सभा में मुसलमानों का प्रतिनिधित्व उनकी आबादी की तुलना में लगभग आधा से भी कम रहा है। 1985 में सर्वाधिक 34 मुसलमान विधान सभा में चुनकर आए। लोकसभा में बिहार से मुसलमानों की सर्वाधिक संख्या 6 रही है। बिहार में मुसलमानों की आबादी 13,722,048 है। मुसलमान कुल आबादी में 16.5 प्रतिशत हैं।

राज्य में ब्रिटिश काल में गवर्नमेंट ऑफ इंडिया ऐक्ट के तहत दो आम चुनाव हुए- पहला जनवरी 1937 में और दूसरा मार्च 1946 में। प्रांतीय ऐसेम्बली के लिए कुल 152 सीटें थीं, जिनमें 129 क्षेत्रीय, 79 साधारण, 39 मुसलमानों के लिये तथा 4 महिलाओं के लिये सुरक्षित थी। इनमें एक सीट मुस्लिम महिला के लिए थी, अर्थात् कुल 40 स्थान

मुसलमानों के लिए सुरक्षित थे।

पहले चुनाव में मतदाताओं की सहभागिता 59.2 प्रतिशत थी और सबसे अधिक 98 सीटें जीत कर कांग्रेस सबसे ऊपर थी। मुस्लिम इंडिपेंडेट पार्टी को 20 स्थान मिले थे। यह दूसरे नम्बर पर थी।

सरकार बनाने के लिए राज्यपाल के आमंत्रण को कांग्रेस पार्टी द्वारा ठुकराये जाने पर मुस्लिम इंडिपेंडेंट पार्टी के बैरिस्टर मोहम्मद युनूस ने बिहार में अल्पमत की पहली तदर्थ अंतरिम सरकार का गठन किया।

'जिस दिन मंत्रिमंडल बना उस दिन पटना में कुछ लोगों ने मि. युनूस के विरूद्ध प्रदर्शन किया, जिनमें मुख्य थे जय प्रकाश नारायण। वह गिरफ्तार कर लिये गये। उन पर मुकदमा चला तथा कुछ सजा भी मिली। बाद में मि० युनूस ने सजा की मियाद पूरी होने के पहले ही उन्हें छोड़ दिया।' ('आत्मकथा', डा. राजेन्द्र प्रसाद, पृष्ठ 539)

बाद में कांग्रेस ने जुलाई 1937 में सरकार बनाना स्वीकार कर लिया और श्रीकृष्ण सिंह के प्रधानमंत्रित्व में मंत्रिमंडल का गठन हुआ।

दूसरा चुनाव 1946 में हुआ। मुसलमानों के लिए सुरक्षित सीटों में 34 सीटों पर मुस्लिम लीग ने कब्जा जमा लिया, जबकि 1937 के चुनाव में लीग ने सिर्फ दो सीटें जीती थीं। 5 सीटें जमीअत मोमिन तथा एक सीट कांग्रेस को मिली। कांग्रेस और जमीयत मोमिन का चुनावी तालमेल था। जमीयत मोमिन ने 18 सीटों पर अपने उम्मीदवार खड़े किये थे। शाहाबाद की सीट पर जमीअत मोमिन सिर्फ आठ वोट से हार गयी थी। जमीअत मोमिन ने ट्रिब्यूनल में इस शिकायत के साथ मामला दर्ज किया कि मुस्लिम लीग के प्रत्याशी ने अनेक मरे हुए लोगों के नाम पर वोट डलवाकर यह सीट जीत ली है। जांच में आरोप सही साबित हुआ। मुस्लिम लीग के उम्मीदवार मो. मोहयुद्दीन का चुनाव रद्द कर दिया गया। उनकी जगह जमीअत मोमिन के हाफिज मंजूर हुसैन विजयी घोषित किये गये। इस तरह जमीयत मोमिन की कुल सीटें छह हो गयीं और लीग की एक सीट घट कर 33 पर आ गयी। जमीयत मोमिन के नेता अब्दुल कयूम अंसारी थे जो रांची सह-सिंहभूम क्षेत्र से जीते। इनको श्रीकृष्ण सिंह के मंत्रिमंडल में भी शामिल किया गया। इस चुनाव में कांग्रेस के एक मात्र प्रत्याशी डा. सैय्यद जीते।

लीग को छोड़कर अन्य पार्टियां कांग्रेस के साथ मिलकर काम कर रही थीं। यह तथ्य है कि पहले चुनाव में मुस्लिम लीग को सिर्फ दो सीटें मिली। आम मुसलमानों का झुकाव कांग्रेस की ओर था। वे राष्ट्रीय मुक्ति आंदोलन में हिन्दुओं के साथ कंधे से कंधा मिलाकर लड़ रहे थे। लेकिन, बिहार में हुए रामगढ़ कांग्रेस के बाद लाहौर में 1940 में लीग का सम्मेलन हुआ। सम्मेलन में लीग ने पाकिस्तान के पक्ष में प्रस्ताव पास किया। इसने मुस्लिम राजनीति को एक नया मीड़ दिया। बिहार में पहले प्रदेश कांग्रेस कमिटी के अध्यक्ष नवाब सरफराज खान बहादुर थे। इस कमेटी का गठन

1908 में हुआ था। सैयद हसन इमाम, सैयद नजमुल होदा और मजहरूल हक प्रदेश कांग्रेस कमेटी के महत्वपूर्ण सदस्य थे। बिहार में मुस्लिम लीग का प्रादेशिक संगठन 15 मार्च 1908 को मजहरूल हक की अध्यक्षता में गठित हुआ। तब बिहार प्रदेश मुस्लिम लीग साम्प्रदायिकता से ग्रसित नहीं थी। असहयोग आंदोलन एवं खिलाफत आंदोलन की मुख्यधारा में थी। इस बात की तसदीक सर सच्चिदानन्द सिन्हा ने भी की है।

'पूरे भारत में बिहार के मुसलमान तथा गैर-मुसलमान समुदाय के लोगों ने ही एक समान आदर्श और प्रेरणा से प्रेरित होकर एवं कंधा से कंधा मिला कर कार्य करने की तस्वीर पेश की है।' (सर सच्चिदान्द सिन्हा, 'पॉलिटिकल इलिट्स ऑफ बिहार', शशि शेखर झा।)

1942 के कौंसिल के चुनाव के मौके पर मुस्लिम लीग और हिन्दू महासभा द्वारा साम्प्रदायिकता को हवा दी गयी। अप्रैल और मई में मुंगेर, सासाराम, मुजफ्फरपुर, दरभंगा में भीषण दंगे हुए। प्रसिद्ध समाजशास्त्री ए.आर. देसाई ने लिखा है– 'दोनों ही पार्टियां जमींदारों और प्रतिक्रियावादियों के हित में काम कर रही थीं।'

कांग्रेस के महत्त्वपूर्ण बिहारी मुस्लिम नेताओं का मोहभंग कांग्रेस से होता गया था। मजहरूल हक ने तो राजनीति से सन्यास ले लिया था। 8 मार्च 1927 को अंजुमन इस्लामिया हॉल में आयोजित सम्मेलन में लीग ने मुसलमानों के अलग मताधिकार हेतु प्रस्ताव पारित किया। इस दौरान मोमिन जमात, जमीयत उलेमा, अहरार पार्टी, खाकसार आदि पार्टियां लगातार मुस्लिम लीग का विरोध करती रहीं। इन पार्टियों और नेताओं को लीग ने गद्दार घोषित कर दिया था और इनके खिलाफ प्रस्ताव भी पारित किया था।

भारत के विभाजन के बाद लीग जहां बिहार में पाकिस्तान दिवस मनाया करता था, वहीं जमीयत मोमिन, जमीयत उलेमा, अहरार पार्टी हिन्दुस्तान दिवस मनाया करती थीं। बिहार में मुसलमानों के बीच स्पष्ट रूप से दो धाराएं काम कर रहीं थीं। यह विभाजन सामाजिक और आर्थिक रूप से सम्पन्न अभिजात समुदायों तथा पिछड़े समुदायों के बीच था। पर पाकिस्तान बनने के बाद बिहार के लीगी नेता पाकिस्तान नहीं जा सके। वे मुंह दिखाने के काबिल नहीं थे। ये नेता मूलत: जमींदार व उच्च जाति वर्ग से आते थे। ये कम्युनिस्ट पार्टी में जा नहीं सकते थे और सोशलिस्ट इन्हें अपना भी नहीं सकते थे। ऐसे में कांग्रेस ही इनके लिए एक पनाहगार थी। चूंकि लीग और कांग्रेस का जमींदारपरस्त आर्थिक आधार एक जैसा था, सो लीग नेता कांग्रेस में जा मिले।

स्वतंत्रता सेनानी हबीबुर्रहमान कहते हैं–''कांग्रेस को तो गुलाम मुस्लिम लीडर चाहिए थे, आजाद नहीं। सो उसने पूर्व मुस्लिम लीगियों को तरजीह दी। दरअसल, वे लीडर कांग्रेस में पनाह लेने गये थे। रूलिंग पार्टी कोई दूसरी होती तो उसके साथ भी

वे जुड़ जाते। (अली अनवर की पुस्तक मसावात की जंग पृष्ठ-171)

बिहार में चार विधान सभा के आम चुनावों का अध्ययन बताता है कि मुसलमानों को टिकट दिये जाने के संबंध में कांग्रेस अव्वल रही है। 1969 के विधानसभा चुनाव में कांग्रेस ने 9.43 प्रतिशत, 1977 में 10.5 प्रतिशत, 1985 में 12.07 तथा 1990 में 8.72 प्रतिशत मुसलमानों को टिकट दिया।

1969 में पी.एस.पी. और एस.एस.पी. ने क्रमश 9.9 प्रतिशत तथा 10 प्रतिशत, भाकपा ने 7.87 प्रतिशत, 1977 में जनता पार्टी ने 8.64 प्रतिशत, भाकपा ने 6.25 प्रतिशत, 1985 में लोकदल ने 8.30 प्रतिशत, भाकपा ने 8.33 प्रतिशत तथा 1990 में जनता दल ने 8.72 प्रतिशत व भाकपा ने 11.71 प्रतिशत टिकट मुसलमानों को दिये।

आजादी के बाद हुए बिहार के चुनावों में कांग्रेस के टिकट पर ही अधिकांश मुसलमान उम्मीदवार चुनाव जीते। 1952 से 1985 तक के आंकड़े बताते हैं कि कांग्रेस के टिकट पर ही अधिकांश विधायक चुनाव जीत कर विधानसभा में पहुंचे। 1985 में सर्वाधिक 34 मुसलमान विधायक जीते, जिनमें 29 कांग्रेस के टिकट पर जीते।

अली अनवर का मानना है "उस वक्त बिहार के मुख्यमंत्री पद पर कांग्रेस के नेता चन्द्रशेखर सिंह काबिज थे। मगर, चुनाव के बाद बिंदेश्वरी दुबे मुख्यमंत्री बने। चन्द्रशेखर सिंह ने 1983-85 के अपने शासन-काल में मुस्लिम समुदाय के तीन कैबिनेट और चार राज्य मंत्री बनाये थे। यह संख्या तब के लिए रिकार्ड थी। इस रिकार्ड को लालू प्रसाद यादव ने चार कैबिनेट और चार राज्य मंत्री बनाकर तोड़ा। चन्द्रशेखर सिंह ने बगैर किसी हो हल्ला के पसमांदा (पिछड़े) मुसलमानों के लिए बेहतर काम किया। उनके समय में हस्तकरघा उद्योग की हालत सुधरी थी। उनके ही शासन-काल में 'अंसारी' पिछड़ा वर्ग अनुसूची-एक में शामिल किये गये थे। उन्हें दोबारा मुख्यमंत्री नहीं बनने देने में तबका-ए-अशराफिया के लीडरों का बहुत बड़ा हाथ था।"

1990 के चुनाव में कुल 20 मुसलमान जीते, इसमें ग्यारह जनता दल के थे। कांग्रेस पार्टी से सिर्फ 5 मुसलमान जीते। विधानसभा में सिर्फ 6.19 प्रतिशत मुसलमानों ने सीटों पर अपना कब्जा जमाया।

मुसलमानों के अंदर बिरादरियों के लिहाज से देखें तो बिहार की मुस्लिम राजनीति पर अगड़े मुसलमानों का ही दबदबा कायम रहा। 1952 से 2000 तक बिहार विधान सभा के कुल बारह चुनाव हुए। इन चुनावों में कुल 275 मुस्लिम विधायक जीते, जिनमें 215 विधायक सिर्फ तीन जातियों-शेख, सैय्यद, पठान के हुए। मल्लिक बिरादरी का भी एक विधायक 1952 में चुनाव जीता। दूसरी तरफ पिछड़े मुसलमानों को सिर्फ 58 सीटें मिलीं। सर्वाधिक आश्चर्यजनक बात यह है कि लालू-राबड़ी के 15 साल के 'सामाजिक न्याय' के दौर में भी पिछड़े मुसलमानों को न्याय नहीं मिला।

लोकसभा चुनाव में अल्पसंख्यक मुसलमानों के पहुंचने की दर में वृद्धि वस्तुतः

1984 में हुई। इस वर्ष लोकसभा के लिए छह मुसलमान चुने गये। ये सभी कांग्रेस से थे। 1991 में जनता दल के टिकट पर भी छह मुसलमान जीते। बिहार में लोकसभा के लिए मुसलमानों को भेजे जाने की दर 11.11 प्रतिशत रही।

1952 से 2004 तक लोकसभा के कुल चौदह चुनाव हुए। इनमें बिहार से कुल 51 मुसलमान एम.पी. बने। विधानसभा की तरह इसमें भी अगड़े मुसलमानों का ही बोलबाला रहा। सिर्फ 14 पिछड़े मुसलमान लोकसभा के सदस्य बन सके।

राज्य में मुसलमानों को आबादी के अनुसार टिकट भी नहीं मिलता और न ही विधानसभा में उनके पहुंचने की दर ही आबादी के अनुरूप होती है। विधानसभा में इनके पहुंचने का अधिकतम 10.19 प्रतिशत रहा है तथा निम्नतम 1967 में 5.66 प्रतिशत।

रामाश्रय राय के अध्ययन के अनुसार 1952 से 1970 के विधानसभा चुनावों में कांग्रेस पार्टी से ही अधिकतर मुसलमान निर्वाचित हुए। 1950 में बिहार प्रदेश कांग्रेस कार्यकारिणी में मुसलमानों का प्रतिनिधित्व 20 प्रतिशत था, जो 1970 तक आते-आते पांच से छह प्रतिशत रह गया। ('इन्टर पार्टी कनफ्लिक्ट इन द बिहार कांग्रेस - एशियन सर्वे', रामाश्रय राय)

मुसलमानों का झुकाव कांग्रेस की ओर था लेकिन यह स्थिति आगे चल कर बरकरार नहीं रह सकी। राज्य और देश में हो रहे दंगों के कारण उनके अंदर नया चिंतन पैदा हुआ। भागलपुर के दंगे और बाबरी मस्जिद के ध्वस्त किये जाने के बाद मोहभंग की प्रक्रिया ने मुसलमानों को पूरी तरह कांग्रेस से अलग कर दिया। बिहार में माय समीकरण (एम वाई) बढ़ा, जिसने मुसलमानों को लालू के समर्थन में खड़ा कर दिया। दूसरी बात यह भी है कि बिहार में लाल कृष्ण आडवाणी की गिरफ्तारी ने मुसलमानों को लालू का मुरीद बना दिया।

मुसलमानों का झुकाव जनता दल और दूसरी पार्टियों की ओर बढ़ा। वी.पी. सिंह सरकार ने भाजपा के उत्थान को रोकने के लिए मंडल आयोग की सिफारिशों को लागू किया। इससे मुसलमान भी प्रभावित हुए जिनके दो कारण थे-यह हिन्दू साम्प्रदायिकता के मुकाबले के रूप में एक मजबूत अस्त्र के रूप में दिखा तथा दूसरा पिछड़े मुसलमानों को मंडल में शामिल किये जाने से नौकरियों में उनकी भागीदारी होनी थी। इसका नतीजा यह निकला कि हिंदू समाज में जो हलचल शुरू हुई, उससे मुस्लिम समाज भी अछूता नहीं रह सका। यह भी सच्चाई है कि मुसलमान लगातार बहुसंख्यक हिंदू समाज से प्रभावित होता रहा है और भारतीय राजनीति में आये उतार-चढ़ाव में यह समुदाय लगातार मुख्य धारा से जुड़े रहने की कोशिश करता रहा है। यही वजह है कि भारतीय मुसलमान खासकर बिहार के मुसलमान अपनी कोई अलग पहचान बिहार की राजनीति में नहीं बना पाये और सियासी पार्टियों के लिए मात्र इस्तेमाल होते रहे।

बिहार विधान सभा में मुसलमान
1952-2000

पार्टियां	1952	1957	1962	1967	1969	1972	1977	1980	1985	1990	1995	2000
कांग्रेस	23	23	16	8	13	14	8	19	29	5	4	5
स्वतंत्र		3										
पी.एस.पी.			1	2	1							
भाकपा			1	4	2	3		1				
एस.एस.पी.				1	1							
संगठन कांग्रेस						4		1				
जे.के.डी.			1									
सोसलिस्ट						2						
माकपा					1							
लोकदल									3			
जनता पार्टी							13					
जनता (एस)								3				
जनता (जेपी)								2	1			
जनता दल (राजद)									11	13	15	

पार्टियां	1952	1957	1962	1967	1969	1972	1977	1980	1985	1990	1995	2000
झामुमो										2		
निर्दलीय	1	2		2	1	2	4	1	1	2	2	2
कुल	24	25	21	18	19	25	25	28	34	20	19	20
प्रतिशत	7.27	7.84	6.60	5.66	5.97	7.85	7.72	8.64	10.50	6.19	5.88	9.05
कुल सीटें	330	319	319	319	318	318	324	324	324	324	323	243
										(323 में)		

बिहार विधान सभा में मुसलमान

पार्टियां	1952	1957	1962	1967	1971	1977	1980	1984	1989	1991	
कांग्रेस	3	2	4	2	4		4	6	1		
जनता		1									
जनता पार्टी						2					
जनता दल									2	6	
कुल	3	3	4	2	3	2	4	6	3	6	
प्रतिशत	5.45	5.45	5.54	3.77	5.45	3.77	7.40	11.11	5.55	11.3	
कुल सीटें	55	53	53	53	53	53	54	54	54	54	

1990 के चुनाव में कुल 20 मुसलमान जीते, इसमें ग्यारह जनता दल के थे। कांग्रेस पार्टी से सिर्फ 5 मुसलमान जीते। विधानसभा में सिर्फ 6.19 प्रतिशत मुसलमानों ने सीटों पर अपना कब्जा जमाया।

विधानसभा में विभिन्न मुस्लिम जातियां

	1952	1957	1962	1967	1969	1972	1977	1980	1985	1990	1995	जोड़	प्रतिशत
शेख	14	14	10	6	8	15	15	16	17	11	14	140	56.71
सैयद	5	6	3	4	5	2	2	3	3	1	1	35	14.22
पठान	1	2	2	1	2	3	2	4	4	2	–	23	9.34
मल्लिक	1	–	–	–	–	–	–	–	–	–	–	1	0.40
अंसारी	4	3	5	1	–	2	2	3	5	1	4	30	12.19
शेरशाह बादी	–	–	–	–	1	1	×	1	1	–	1	5	2.03
कुल्हैया	–	–	–	–	1	1	1	1	1	–	1	6	2.43
राइन	–	–	–	–	–	–	1	–	–	1	1	3	1.21
मुकेरी	–	–	–	–	–	–	–	1	–	1	1	3	1.21
कुल	25	25	20	12	17	24	23	29	31	17	23	246	

महिला और राजनीति

बीसवीं सदी के अंत से लेकर आज तक बिहार सहित देश में महिलाओं को 33 प्रतिशत आरक्षण की मांग को लेकर जिस तरह संघर्ष करना पड़ रहा है, ठीक उसी तरह बीसवीं सदी के आरंभ में वोट देने के अधिकार की मांग को लेकर संघर्ष करना पड़ा था। महिलाओं को तब वोट देने का भी अधिकार नहीं था।

महिलाओं के वोट देने के अधिकार से लेकर 33 प्रतिशत आरक्षण तक की लड़ाई वस्तुतः आज भी 'औरत का औरत होने के नाते होने वाले शोषण और अन्याय' के खिलाफ जारी लंबी लड़ाई का हिस्सा बनी हुई है। बिहार की महिलाओं ने परिवार और समाज के संदर्भ में 'विभिन्न सुधार' की मांगों को लेकर लम्बी लड़ाई लड़ी है। 1917 के महात्मा गांधी के आगमन के बाद पर्दा प्रथा, बाल विवाह, सती प्रथा, शिक्षा-दीक्षा के साथ-साथ आजादी की लड़ाई - असहयोग, स्वदेशी, खिलाफत, खादी के आंदोलन - में महिलाओं ने पुरुषों के साथ कंधा से कंधा मिला कर भाग लिया।

बिहार को जब बंगाल प्रेसिडेंसी से अलग किया गया, उस समय बिहार में स्कूल में पढ़ने वाली लड़कियों की संख्या बहुत कम थी। 1912 में 3.3 प्रतिशत, 1921 में 4.1 प्रतिशत और 1926-27 में 4.6 प्रतिशत। उसी दौरान सुधार आंदोलनों की गति तेज हुई। 1906 में हुए 'बिहारी सम्मेलन' में न्यायमूर्ति सर्फुद्दीन ने सामाजिक बुराइयों को दूर करने पर बल दिया। 1907 में भागलपुर में 'बाल विवाह' की भर्त्सना की गयी।[1] 1912 में पटना में राममोहन राय सेमिनरी में एक महिला सम्मेलन का आयोजन किया गया। श्रीमती मधोलकर ने इसकी अध्यक्षता की और बाल-विवाह के खिलाफ समिति बनाने का सुझाव दिया।[2]

उस वक्त बिहार सहित दूसरे राज्यों में भी महिलाओं के बीच सुधार आंदोलन चल रहे थे और उनमें महिलाओं के वोट देने का अधिकार जुड़ा हुआ था। 1910 में बंगाल में सरला देवी ने 'भारत स्त्री मंडल' की स्थापना की थी। 1917 में सरोजनी नायडू के नेतृत्व में एक प्रतिनिधिमंडल स्त्रियों की रक्षा और मताधिकार को लेकर मांटेग्यू चेम्स-फोर्ड से मिला।[3]

सरोजिनी नायडू 1918 में बम्बई में हुए कांग्रेस के विशेष अधिवेशन में महिलाओं के मताधिकार के प्रस्ताव को पास कराने के लिए सक्रिय रहीं। 1918 में ही कांग्रेस के दिल्ली अधिवेशन में 'महिलाओं की बराबरी के अधिकार' से संबंधित प्रस्ताव पास किया गया। मुस्लिम लीग ने भी इसका समर्थन किया। 1917 के सामाजिक सुधार कांफ्रेंस में महिलाओं के साथ भेदभाव की नीति के खिलाफ प्रस्ताव पास किया गया।[4] उसी साल 'होमरूल' की स्थापना हुई। एनी बेसेंट ने इसकी स्थापना की और महिलाओं के मताधिकार की मांग की।[5] 16 दिसम्बर को बांकीपुर (पटना) में 'होमरूल' लीग की स्थापना के मौके पर मजहरूल हक ने कहा कि स्वशासन भारतीयों का जन्मसिद्ध अधिकार है। उन्होंने यह भी कहा कि मुसलमानों में स्वयं खलीफा अनुयायियों के वयस्क मताधिकार द्वारा निर्वाचित होता है।[6] एनीबेसेंट ने अप्रैल 1918 में पटना में कहा कि सुधार योजना से व्यवहारत: कोई लाभ नहीं मिलेगा, जब तक औरतों को अधिकार नहीं मिलता। मोर्ले -मिन्टो सुधार से कोई लाभ नहीं हुआ...। जब तक भारत की संपूर्ण सत्ता पर आपका अधिकार नहीं होता आपकी सत्ता पंगु होगी।[7] चेम्स-फोर्ड सुधारों को लेकर कांग्रेस का जो विशेष अधिवेशन बम्बई में 1918 में हुआ, उसमें सुधारों के परिणाम को निराशाजनक बताते हुए बिहार के प्रसिद्ध बैरिस्टर हसन इमाम के नेतत्व में एक प्रतिनिधिमंडल इंगलैंड भेजा गया। प्रतिनिधिमंडल में श्रीमती हसन और उनकी बेटी शमी भी थी।[8]

महिलाओं के मताधिकार के मामले में मांटेग्यू-चेम्सफोर्ड चुप रहा, मगर इसकी पड़ताल के लिए 'साउथ बोरो कमेटी' की स्थापना की गयी। सरोजिनी नायडू और एनी बेसेंट सहित अन्य महिलाएं चेम्सफोर्ड सुधारों के परिष्कार के लिए गठित संयुक्त संसदीय समिति के सामने महिलाओं के मताधिकार के पक्ष में आवाज बुलंद करने के लिए 1919 में लंदन गयीं।[9] संयुक्त समिति ने इस सवाल को हल करने का दायित्व प्रत्येक प्रांत के भावी लेजिस्लेटिव कौंसिलों पर छोड़ दिया।[10]

पटना में जनवरी 1919 को 'अखिल भारतीय महिला सम्मेलन' हुआ, उसी साल 'बिहारी महिलाओं का सम्मेलन' भी हुआ। उस सम्मेलन में बाल-विवाह और दहेज प्रथा का विरोध तथा महिलाओं की शिक्षा पर जोर दिया गया।[11] गांधी जी ने 3 दिसम्बर, 1919 को सिकन्दर मंजिल बांकीपुर की एक सभा को संबोधित किया और देश के कल्याण के लिए दान देने का आग्रह किया था। उस सभा में पांच सौ महिलाएं शामिल हुईं, जो पर्दा प्रथा तोड़ कर बाहर आई थीं।[12] उसी साल रामनन्दन मिश्र ने पत्नी राजकिशोरी देवी के साथ मझवलिया, लहेरियासराय में 'बिहार महिला पीठ' की स्थापना की।[13] राष्ट्रीय कांग्रेस के 1921 के अधिवेशन में बिहार से भाग लेने के लिए आठ महिलाएं अहमदाबाद गयीं। असहयोग आंदोलन में तो महिलाओं ने बढ़-चढ़ कर हिस्सा लिया। पर्दा प्रथा, बाल-विवाह, दहेज प्रथा जैसी कुरीतियों के खिलाफ महिलाएं गोलबंद होने लगीं।

बिहार लेजिस्लेटिव कौंसिल में महिलाओं के वोट देने के अधिकार व लैंगिक भेदभाव को लेकर नवम्बर, 1921 को एक प्रस्ताव पेश किया गया। 1919 के एक्ट के अनुसार वे वोट नहीं दे सकती थीं। कौंसिल में इस मसले पर जमकर बहस हुई, लेकिन महिलाओं को वोट देने और अयोग्यता को हटाने वाला यह प्रस्ताव मात्र दस मतों से गिर गया।[14] बिहार सरकार ने 1928 में साइमन कमिशन को दिए गये ज्ञापन में इस बात का उल्लेख किया है कि कौंसिल के सदस्यों की रूढ़िवादिता के कारण महिलाओं की अयोग्यता को हटाने वाला यह प्रस्ताव गिर गया।[15] कलकता में पेश महिलाओं के मताधिकार देने से संबंधित प्रस्ताव भी भारी बहुमत से पराजित हो गया।[16]

बिहार के कौंसिल में महिलाओं के वोट देने का प्रस्ताव तो गिर गया, लेकिन महिलाओं का संघर्ष विभिन्न रूपों में जारी रहा। विदेशी वस्तुओं के बहिष्कार का आंदोलन हो या खादी का स्वदेशी आंदोलन अथवा छात्र आंदोलन, महिलाएं हर मोर्चे पर आगे थीं। महिलाओं के मताधिकार को लेकर बिहार लेजिस्लेटिव कौंसिल में पुन: 20 मार्च, 1925 को डी. एम. मदन ने प्रस्ताव पेश किया। महिलाओं के मताधिकार के सवाल पर दो दिनों तक बहस हुई और वह प्रस्ताव 14 मतों से फिर गिर गया। प्रस्ताव के पक्ष में 18 मत और विपक्ष में 32 मत पड़े। जबकि बंगाल की महिलाओं ने नगर निगम के चुनाव में वोट देने का अधिकार पा लिया। 1925 में बंगाल की कौंसिल ने (सीमित पैमाने पर) महिलाओं को मताधिकार दे दिया। 1926 में बंगाली महिलाओं ने इस अधिकार का उपयोग किया...। ये क्षेत्र अबतक पुरुषों के लिए सुरक्षित थे।[18] देश में मद्रास पहला प्रांत था, जहां कौंसिल ने स्त्री-पुरुष भिन्नता (सेक्स) पर आधारित अयोग्यता को समाप्त किया और कौंसिल में डा. मुथुलक्ष्मी रेड्डी नाम की एक महिला को सदस्य भी बनाया गया।[19] बम्बई और संयुक्त प्रांत में 1923 में और असम में 1924 में महिलाओं को वोट देने का अधिकार मिला। पंजाब और केन्द्रीय प्रांत में 1925 व 1927 में महिलाओं को वोट अधिकार मिला, लेकिन दिल्ली, बिहार और उड़ीसा में सबसे बाद में यानी 1929 में यह अधिकार महिलाओं को मिल सका।[20]

बिहार की महिलाओं ने 'वोट देने के अधिकार' पर एक पर्चा प्रकाशित कराया, जिसमें कहा गया था – 'बिहार-उड़ीसा में महिलाओं को वोट का अधिकार न देकर हंसी का पात्र मत बनाइए। दूसरे प्रांतों की बहनों ने वोट देने के अधिकार को पा लिया है।''[21]

बिहार लेजिस्लेटिव कौंसिल में महिलाओं के वोट देने के अधिकार से संबंधित प्रस्ताव 6 फरवरी, 1929 को तीसरी बार गोदावरी मिश्र ने पेश किया। इस बार 1921 और 1925 की तरह का नजारा नहीं था। 'लोकल सेल्फ गवर्नमेंट' के मंत्री सर गणेशदत्त सहित 14 सदस्यों ने महिलाओं के मताधिकार के प्रस्ताव का विरोध किया, लेकिन प्रस्ताव के पक्ष में 47 सदस्य थे, फलस्वरूप बिहार-उड़ीसा में महिलाओं के वोट देने के अधिकार से संबंधित प्रस्ताव पास कर दिया गया।[22]

बिहार एंड उड़ीसा लेजिस्लेटिव कौंसिल वाद-विवाद

वर्ष 1921

'महिलाओं को वोट देने का अधिकार' के समर्थक और विरोधीः

पक्ष में - 21 वोट

मधुसूदन दास, एस.के. विस्को, मिथिलाशरण सिन्हा, छोटे ना. सिंह, राय बहादुर, काशीनाथ सिंह, राजीवरंजन प्रसाद सिन्हा, लक्ष्मीमोहन सिन्हा, शिवशंकर झा, स्वामी विद्यानंद, राय बहादुर हरेन्द्रनाथ राय, राधागोविंद चौधरी, राय बहादुर गोपीकृष्ण, देवकी प्रसाद सिन्हा, ज्योतिर्मय चटर्जी, पी.के. सेन, राय बहादुर पूर्णेन्दु ना. सिन्हा, इमानुएल सुख, विश्वनाथ कार, ई.एच. व्हीटी, डी.एन. मदन, प्रीतम लूथर सिंह।

विपक्ष में - 31 वोट

जे.डी. सिफ्टन, जे.ए. हुब्बाक, एल.एल. एल्सन, श्यामनारायण सिन्हा शर्मा, राय साहब राय, गोपाल चौधरी, गणेशदत्त सिंह, रामेश्वर प्रसाद सिंह, मौलवी मालिक मुख्तार अहमद, द्वारिका प्रसाद सिंह, महाराजा बहादुर गुरु महादेव दास, राम प्रसाद शाही, हाफिज नुरुल हक, राय बहादुर द्वारिका दास, महा विश्वेश्वर शाही, निरसू ना. सिन्हा, सैयद मोबारक अली, अम्बिका प्रसाद उपाध्याय, मौलवी लताफत हुसेन खान, सैयद महमूद ताहिर, मीर फैयाज अली, ज्योतिन्द्रनारायण सिंह, मौलवी उम्मीद अली, वीरवर नारायण चंद्रधीर नरेन्द्र, रेवतीकांत घोष, भागवत प्रसाद शरण महापात्र, पीरास पटनायक, महंथ गदाधर रामानुज दास, खान बहादुर ख्वाजा अहमद नूर, ठकुरी गिरवर प्रसाद सिंह, दुलु मानकी, बाबू उमेशचंद्र बनर्जी। **(23 नवंबर, 1921, पृष्ठ संख्या - 90)**

वर्ष 1925

'महिलाओं को वोट देने का अधिकार' के समर्थक और विरोधीः

पक्ष में - 18 वोट

सच्चिदानंद सिन्हा, एच के. बोरिस्को, डब्ल्यू स्त्रीन, कृष्ण वल्लभ सहाय, नरेन्द्रनाथ मुखर्जी, जी.ई. फेवेंस, जालेश्वर प्रसाद, केदारनाथ प्रसाद साह, शिवबचन सिन्हा, लक्ष्मी घर मोहंती, राधारंजन दास, एफ. ई. एल मोरिस, इनामुएल सुख, विश्वनाथ कौर, प्रितम लूथर सिंह, डी.एम. मदन, एस. के तरफदार तथा सुल्तान अहमद।

विपक्ष में - 32 वोट

रजनधारी सिन्हा, गुरु सहाय लाल भुवनेश्वरी प्रसाद मंडल, गुप्तेश्वर प्रसाद सिंह,

विष्णु प्रसाद, मौलवी सैएदुल हक, अनंत प्रसाद, खान बहादुर सैयद महमूद नईम, राय साहब, खड़्ग नारायण, राजा राजेन्द्र नारायण, भंगा देव, भागवत प्रसाद लामनी महापात्र, जिमुत वाहन सेन, नागेश्वर बक्स राय, श्री नारायण सहाय, खान बहादुर नवाबजादा सैयद अराफातुरीन अहमद, बी.ए. फालेंस, राय बहादुर विष्णु स्वरूप, चंडीपत सहाय, रामेश्वर प्रसाद सिंह, खान बहादुर अनाफाक हुसैन, द्वारिका प्रसाद सिंह, शरदा प्रसाद सिंह, राजीव रंजन प्रसाद सिन्हा, सैयद महमूद अख्तर हुसैन, राय बहादुर द्वारिका नाथ, राम बहादुर चंद्रकेतु नारायण सिंह, मौलवी सैयद मोबारक अली, हरिशंकर सिन्हा, मौलवी मोहम्मद जहिरूल हक, महंथ ईश्वर गिर तथा राम निहोरा सिंह।

(21 मार्च, 1925, पृष्ठ 1650)

वर्ष 1929

'महिलाओं को वोट देने का अधिकार' के समर्थक और विरोधीः

पक्ष में 47 –

मौलवी अब्दुल बारी, कृष्ण वल्लभ सहाय, निरसू नारायण सिन्हा, राय वृजराज कृष्णा, कैलाश बिहारी लाल, सत्यनारायण सिंह, ठाकुर रामनंदन सिंह, हरिवंश सहाय, गिरिंद्र मोहन मिश्र, राय बहादुर द्वारिका नाथ, रामेश्वर नारायण अग्रवाल, कालिका प्रसाद सिंह, ब्रजराज मोहन पंडा, गोदावरी मिश्र, नारायण विरानर सामंता, लिंग राज मिश्रा, नंद किशोर दास, शिवशंकर झा, राम चरित्र सिंह, देवकी प्रसाद सिन्हा, रामेश्वर प्रसाद दत्त, केशरी प्रसाद सिंह, राजा पृथ्वी चंदलाल चौधरी, श्री कृष्ण सिन्हा, इनामुएल सुख, राय साहेब हेमेन्द्र नाथ बनर्जी, गुनेन्द्र नाथ राय, राय बहादुर शरतचंद्र राय, अमृत लाल ओझा, देवेन्द्र नाथ सामंत्रा, लक्ष्मीधर मोहंती, चंदेश्वर प्रसाद नारायण सिंह, प्रितम लूथर सिंह, ब्रजनंदन दास, ए.ई.डी. सिल्वा, दीवान बहादुर श्री कृष्ण महापात्र, डी. डगलस, डब्ल्यू स्वीन, बी.सी. हर्ट, डब्ल्ल्यू एस. विलमोरे, एच.ए. दुबे, ई. एल. ग्लास, ई.सी. एनसौगे, जी. ई. ओईन, फरवरूद्दीन खान बहादुर, सर सैयद महमूद आदि।

विपक्ष में 14–

सर गणेश दत्त सिंह, भगवति शरण सिंह, मौलवी मुबारक अली, अल्लाउद्दीन अहमद, खान बहादुर अब्दुल वहाब खान, रजनधारी सिन्हा, पंडित दुधनाथ पांडेय, बद्रीनारायण सिन्हा, महंत ईश्वर गिर, मौलवी मुहम्मद इश्हाक, अब्दुल गनी, हाजी मुहम्मद वक्श चौधरी, चौधरी भागवत प्रसाद सामंत्री महापात्र।

(6 फरवरी, 1929, पृष्ठ संख्या – 233–34)

महिलाओं के वोट के अधिकार से जुड़ी दिलचस्प घटना यह भी है कि बिहार में महिलाओं को जिस साल वोट का अधिकार मिला, उसके ठीक पहले पटना में अखिल भारतीय महिला कांफ्रेंस का पांच दिवसीय (3 से 7 जनवरी 1929) सम्मेलन हुआ। इस सम्मेलन में बिहार की 20 महिलाओं समेत मजहरूल हक की पत्नी भी शामिल हुईं।[23] बम्बई में हुए चौथे महिला सम्मेलन (1930) में बिहार से दस और लाहौर में हुए पांचवें कांफ्रेंस में दो महिलाएं शामिल हुईं। महिलाओं के 1934 के करांची कांफ्रेंस ने बिहार में भूकंप-पीड़ितों की सहायता के लिए तीस हजार रुपये इकट्ठा किये। महिला जागरण के इस दौर में 1 जनवरी से 20 फरवरी 1932 तक बिहार में 63 महिलाएं जेल जा चुकी थीं।[24]

बिहार में 1928 में महिलाओं ने साइमन कमिशन का जबर्दस्त विरोध किया। 1933 में अखिल भारतीय महिला सम्मेलन तथा दो अन्य संघों की ओर से राजकुमारी अमृत कौर और हामिद अली संवैधानिक सुधार समिति से मिले। डा. भीमराव अम्बेडकर ने पूछा – 'क्या आप समझती हैं कि साधारण निर्वाचक मंडल में भारत में स्त्री-पुरुष साम्प्रदायिक ढंग से काम नहीं करते? संयुक्त निर्वाचन क्षेत्र के बारे में राजकुमारी अमृत कौर ने बिहार के पटना का भी उदाहरण पेश किया। श्रीमती कौर ने कहा – 'पटना में विश्वविद्यालयों के चुनावों के उदाहरण भी हमारे पास हैं, जहां पुरुषों ने स्त्रियों को चुना और साम्प्रदायिकता के सवाल पर कोई कठिनाई नहीं हुई।[25] राजकुमारी अमृत कौर ने जिस महिला का हवाला दिया वह पटना विश्वविद्यालय में सिनेट-सिंडिकेट के हुए चुनाव में चुनी गई थीं। उनका नाम मिस हाजरा था। वह पटना हाईकोर्ट में वकील थीं।

बहरहाल, 1935 में नया विधान आया। बिहार में महिलाओं के लिए चार सीटें सुरक्षित की गयीं – तीन हिन्दू महिलाओं के लिए और एक मुस्लिम महिला के लिए। 1936 में कांग्रेस ने अपने चुनावी घोषणा-पत्र में स्पष्ट किया – 'कांग्रेस पहले ही यह घोषणा कर चुकी है कि सार्वजनिक जीवन में किसी भी क्षेत्र में नारी-पुरुष को न्यायिक एवं सामाजिक सुविधाएं मिलनी चाहिए। कांग्रेस प्रसव संबंधी सुविधा तथा स्त्री मजदूरों को संरक्षण देने के पक्ष में है। भारतीय नारियों ने स्वतंत्रता संघर्ष में प्रमुखता से भाग लिया है। कांग्रेस आशा करती है कि स्वतंत्र भारत की नारियों का नागरिक सुविधाओं एवं दायित्वों में पुरुषों के साथ समान हिस्सा हो।[26]

बिहार में 1937 में होने वाले चुनाव की घोषणा के साथ ही बिहार प्रदेश कांग्रेस कार्यकारणी ने स्वतंत्रता को लक्ष्य मानते हुए वयस्क मताधिकार के आधार पर देश में संविधानसभा बनाने पर बल दिया।[27]

बिहार में प्रांतीय सभाओं के चुनाव दोनों सदनों के लिए एक साथ हुए। विधानसभा की कुल सीटों के लिए मतदाताओं की संख्या 24,12,229 थी। इनमें आम निर्वाचक 20, 10,564 थे। अनुसूचित जाति के 2,25,000 मतदाता थे। महिला मतदाताओं की संख्या 1,83,335 थी। मुस्लिम मतदाताओं की संख्या 3,24,393 थी, जिसमें 31,854 महिलाएं थीं। परिषद चुनाव

के लिए क्षेत्रीय निर्वाचक मंडलों में कुल मतदाताओं की संख्या 7673 थी। सामान्य मतदाता 5455 थे और महिलाएं सिर्फ 655 थीं। 1723 मुस्लिम मतदाता थे, जिनमें महिलाएं सिर्फ 323 थीं। यूरोपीय मतदाताओं की संख्या 495 थी, जिसमें महिलाएं सिर्फ 78 थीं।[28]

राज्य की चार महिला सीटों पर कांग्रेस की ओर से पटना में कामख्या देवी को प्रत्याशी बनाया गया, उनके खिलाफ डी. बोस खड़ी हुईं। श्रीमती बोस की जमानत जब्त हो गयी। मुजफ्फरपुर सदर से शारदा कुमारी और भागलपुर से सरस्वती देवी कांग्रेस प्रत्याशी बनाई गयीं। सरस्वती देवी के खिलाफ अखिलेश्वरी सहाय, निर्दलीय, खड़ी हुईं। पटना सिटी 'मुहमडन अर्बन' से अनिस इमाम खड़ी हुईं। शारदा कुमारी और अनिस इमाम निर्विरोध चुनी गयीं। कामख्या देवी तथा सरस्वती देवी बहुमत से जीतीं। डब्ल्यू. जी. लेसी ने अपनी रिपोर्ट में कहा कि महिला क्षेत्रों में महिला मतदाताओं की भागीदारी अच्छी रही लेकिन सामान्य क्षेत्रों में महिलाओं की भागीदारी कम रही।

बिहार विधानसभा के 1945 के चुनाव में पटना क्षेत्र से सुंदरी देवी ने सुमित्रा देवी को पराजित किया। सुंदरी देवी को 17619 और रेडिकल डेमोक्रेटिक प्रत्याशी सुमित्रा देवी को सिर्फ 385 वोट मिले। श्रीमती भागवती कौर मुजफ्फरपुर शहर तथा सुषमा सेन भागलपुर से जीतीं। चुनाव जीतने वाली तीनों महिलाएं कांग्रेस की थीं, जबकि पटना सिटी मुहमडन सीट से मुस्लिम लीग की जोहरा अहमद चुनी गयीं।[29]

आजादी मिलने के बाद महिलाओं को बालिग मताधिकार के आधार पर वोट देने और चुनाव में प्रत्याशी बनने के लिए पुरुषों की तरह अधिकार तो मिला, लेकिन महिलाओं को आबादी के अनुरूप प्रतिनिधित्व नहीं मिल सका!

प्रतिनिधित्व के लिहाज से 'आधी आबादी' अब भी विधानसभा, विधान परिषद, लोकसभा और राज्यसभा में हाशिए पर है। सत्ता-राजनीति में प्रतिनिधित्व के लिए आजादी के 55 वर्ष बाद भी महिलाओं का समुचित सशक्तीकरण नहीं हो सका है। हालांकि स्वतंत्रचेता महिलाएं अब खुलकर चुनौती दे रही हैं।

बिहार में 2004 में हुए लोकसभा चुनाव में सिर्फ तीन महिलाएं जीतीं। चुनाव लड़ने वाली महिलाओं की संख्या 19 थी, जिनमें 13 प्रत्याशियों की जमानत जब्त हो गयी।

1999 के लोकसभा चुनाव में क्रमशः 22 और 20 महिलाएं खड़ी हुईं, जिनमें क्रमशः चार और पांच महिलाएं विजयी हुईं।[30] महिला प्रत्याशियों की यह संख्या अपने बाप में इस बात का प्रमाण है कि प्रमुख व प्रतिष्ठित पार्टियां भी महिलाओं को कम ही टिकट देती हैं। नाम के लिए दो-चार महिलाओं को टिकट दे दिया, बस काम खत्म।

बिहार विधानसभा के 2000 के चुनाव में सत्ताधारी राजद ने 17 (7.83 प्रतिशत) भाजपा ने 9 (8.18 प्रतिशत) समता ने 8 (8.33 प्रतिशत) कांग्रेस ने 24 (10.48 प्रतिशत) भाकपा ने 5 (0.85) और माकपा ने सिर्फ दो महिलाओं को टिकट दिया। वैसे, चुनाव में कुल 189 महिलाएं खड़ी हुई, जो बिहार की महिला आबादी में राजनीति में शामिल होने के प्रति बढ़ी ललक और इच्छा का शुभ संकेत है। उनमें 145 की

जमानत जब्त हो गयी, जो उनके अशक्त होने से ज्यादा उनके प्रति पार्टियों और समाज की प्रचलित दृष्टि और 'ताकत' की पुरुष सोच पर सवालिया निशान है। सन् 2000 के चुनाव में सिर्फ पंद्रह महिलाएं ही जीत सकीं। पंद्रह महिलाओं में कोई मुस्लिम नहीं जीत सकी। अनुसूचित जाति की चार महिलाएं सुरक्षित क्षेत्र से जरूर चुनाव जीतने में सफल हुई।[31]

राज्य में आजादी के बाद हुए 1952-2000 तक के विधानसभा चुनावों में अबतक 180 महिलाएं विधानसभा में पहुंचीं। सबसे अधिक महिलाएं 1957 में (34) और 1962 में (25) विधानसभा में पहुंचीं। इन दो चुनावों को छोड़ कर विधानसभा में महिला सदस्यों की संख्या कभी 20 से अधिक नहीं रही। इनमें सबसे दयनीय स्थिति मुस्लिम महिलाओं की रही है। बिहार विधानसभा के लिए अबतक सिर्फ छह मुस्लिम महिलाएं चुनी गयीं। आरक्षित सीटों से अनुसूचित जाति की 25 महिलाएं चुनी गयीं।

विधानसभा में महिलाएं

वर्ष	कुल संख्या	मुस्लिम	अनुसूचित जाति	अ.जन जाति
2000	15	–	4	2
1995	12	–	3	3
1990	13	–	2	2
1985	15	1	1	1
1980	13	1	–	1
1977	13	–	2	1
1972	13	2	–	–
1969	4	–	1	–
1967	10	–	3	–
1962	25	1	5	–
1957	34	1	3	1
1952	13	–	1	–

बिहार विधान परिषद के लिए निर्वाचित या नामजद महिलाओं की अधिकतम संख्या आठ रही है। 1952 से 1984 तक उनकी संख्या तीन से आठ के बीच रही। 1986 के बाद महिलाओं की संख्या तीन से आगे नहीं बढ़ी।

बिहार में लोकसभा के लिए अब 40 सीटें हैं। अविभाजित बिहार (जब बिहार में झारखंड शामिल था) में 54 सीटें थीं। राज्य में अब सामान्य सीटें 33 और अनुसूचित जाति के लिए सात सीटें आरक्षित हैं। 1952 से 2004 तक बिहार से लोकसभा के लिए सिर्फ 52 महिलाएं ही चुनी जा सकीं। बिहार से लोकसभा के लिए सबसे अधिक

महिलाएं राजीव गांधी के जमाने में चुनी गयीं। तब (1984 में) उनकी संख्या नौ थी। बिहार से लोकसभा में पहुंचने वाली महिलाओं की यही संख्या रिकार्ड है। राज्य सभा के लिए चुनी जाने वाली महिलाओं की अधिकतम संख्या तीन रही है।

आधी आबादी-आधा वोट!

बिहार में महिलाओं की आबादी 3.97 करोड़ है और 2004 की मतदाता सूची के अनुसार महिला मतदाताओं की संख्या 2.80 करोड़ है।[32] राज्य में हिन्दू महिलाओं के बीच साक्षरता दर 33.4 प्रतिशत है और मुस्लिम महिलाओं की साक्षरता दर 31.5 प्रतिशत है। आंकड़े बताते हैं कि आधी आबादी में एक तिहाई ही शिक्षित है।

बिहार में वोट के प्रति जागरूकता के बावजूद महिलाओं की आधी आबादी वोट नहीं डालती है। 1962 के चुनाव में राज्य की सिर्फ 32 प्रतिशत महिलाओं ने वोट डाले थे। 1967 से 1972 तक यह औसत बढ़कर 41 प्रतिशत हुआ। हालांकि 1977 में यह घटकर 38 प्रतिशत हो गया। 1980 और 1985 के चुनावों में क्रमशः 46 व 45 प्रतिशत महिलाओं ने वोट डाले।

बिहार की राजनीति में उस समय नया मोड़ आया, जब 1989 में केन्द्र में विश्वनाथ प्रताप सिंह की सरकार बनी। केन्द्र के साथ बिहार में भी सत्ता का समीकरण बदला। 'मंडल और कमंडल' की राजनीति शुरू हुई। 1990 के विधानसभा चुनाव में कांग्रेस सत्ता से बेदखल हो गयी। बिहार में आरक्षण की राजनीति गरमा गई। सो नब्बे के चुनाव में अचानक महिलाओं के मताधिकार में 1985 की तुलना में आठ प्रतिशत की वृद्धि हुई। 1985 में 9465239 महिलाओं ने वोट डाले थे, जबकि 1990 में 1,29,73,585 महिलाओं ने वोट डाले। यह बताता है कि बिहार के ग्रामांचलों में महिलाएं वोट देने निकलीं। यह पिछड़ों की गोलबंदी का असर था। वोट का प्रतिशत यह भी बताता है कि सत्ता बदलने की चुनावी राजनीति में महिला वोटरों ने सक्रिय भागीदारी निभाई। 1990 में कांग्रेस सत्ता से बाहर हो गयी और लालू प्रसाद सत्ता में आये।

वह पिछड़ों के सामाजिक सशक्तीकरण और लालू प्रसाद के करिश्मे का दौर था। 1990 की तुलना में 1995 में कुछ और अधिक महिला मतदाताओं ने वोट डाले – 53.80 प्रतिशत। सन् 2000 के चुनाव में गिरकर यह 53.28 प्रतिशत हो गया। महिलाओं के मताधिकार का गिरना यह संकेत देता है कि बिहार में महिलाएं वोट देने के प्रति उदासीन हो रही हैं, जबकि सत्ता पर मुख्यमंत्री राबड़ी देवी काबिज हैं।

वैस, सच यही है कि प्रायः हर चुनाव में बिहार की आधी आबादी में से आधी महिलाएं ही अपने मताधिकार का प्रयोग करती हैं। यह बिहार में हुए चुनावों में महिला मतदाताओं की भागीदारी के आंकड़ों को देखने से स्पष्ट हो जाता है।

चुनाव वर्ष	महिला मतदाता	वोट डाले	प्रतिशत	पुरुषों का प्रतिशत
2000	28048589	14943890	53.28	70.71
1995	27237542	15198899	53.80	67.13
1990	24366049	12973585	53.24	69.63
1985	20731655	9465239	45.66	65.85
1980	18740590	8797767	46.82	66.42
1977	16578436	6353395	38.32	61.44
1972	15643715	6460533	41.30	63.06
1969	13752492	5697991	41.43	62.85
1967	13081089	5374404	41.09	60.82
1962	10311504	3348543	32.47	59.64

ये आंकड़े बताते हैं कि महिलाओं की तुलना में पुरुषों की भागीदारी ज्यादा होती है। हालांकि यह भी सच है कि कुल मतदान भी 50 से 60 प्रतिशत के बीच होता है। बिहार के मतदाताओं ने सबसे अधिक सन 2000 के चुनाव में 62.57 वोट डाले। 1990 के बाद वोट डालने के प्रतिशत में वृद्धि हुई है।[33]

महिला मंत्री गिनी-चुनी

बिहार में आजादी के बाद बने 30 मंत्रिमंडलों में महिला मंत्रियों की संख्या उंगली पर गिनी जा सकती है। बिहार में अब तक सिर्फ 25 महिलाएं मंत्री बनी हैं। इन्ही में कुछ महिलाएं राज्यमंत्री और उप मंत्री से लेकर कैबिनेट मंत्री के पद पर दो-तीन बार विराजमान हुईं। उन्हीं में पार्लियामेंट्री सेक्रेट्री बननेवाली 7 महिलाएं भी हैं। बिहार में संविधान सभा के लिए चुने गए 36 प्रतिनिधियों में एक महिला चुनी गयी थीं। वह थी श्रीमती सरोजिनी नायडू।[34]

बिहार में आजादी के बाद गठित श्रीकृष्ण सिंह के पहले मंत्रिमंडल में कोई महिला मंत्री नहीं बन सकी थी। 1957 में गठित दूसरे मंत्रिमंडल में श्रीमती राजेश्वरी सरोज दास और श्रीमती ज्योतिर्मय देवी उपमंत्री बनायी गयी थीं।

राज्य के संसदीय इतिहास में राजेश्वरी सरोज दास एक मात्र महिला सदस्य हैं, जो 7 मई 1976 से 6 मई 1980 तक विधान परिषद की उपाध्यक्ष बनी। श्रीमती दास 18 जनवरी 1985 से 29 जनवरी 1985 तक परिषद की कार्यकारी अध्यक्ष बनी। यों इसके पहले एक मुस्लिम महिला नइमा खातून हैदर परिषद में तीन दिनों के लिए (12 मई से 15 मई 1952) कार्यकारी अध्यक्ष बनायी गयी थीं। रामप्यारी देवी नामक दूसरी महिला

17 मार्च से 6 मई 1972 तक परिषद् में कार्यकारी अध्यक्ष बनायी गयीं।[35] बिहार विधानसभा में अब तक कोई महिला न अध्यक्ष बन सकी, न उपाध्यक्ष और न विरोधी दल की नेता। राबड़ी देवी बिहार की पहली महिला मुख्यमंत्री है। वह 25 जुलाई 1997 को मुख्यमंत्री बनीं।

बिहार के मंत्रिमंडलों में महिलाओं के मंत्री बनाये जाने की दर न्यूनतम है। 1961 के दीपनारायण सिंह मंत्रिमंडल में ज्योर्तिमय देवी और राजेश्वरी सरोज दास उपमंत्री बनायी गयीं। 1961-62 के विनोदानंद झा मंत्रिमंडल में प्रभावती गुप्ता, सुमित्रा देवी और मनोरमा पांडेय संसदीय सचिव बनायी गयीं। 1963 के के.बी. सहाय मंत्रिमंडल में बिहार में एक महिला कैबिनेट मंत्री बनी। वह थीं सुमित्रा देवी। 1967 में गठित महामाया प्रसाद सिन्हा मंत्रिमंडल में प्रेमलता राय को कैबिनेट मंत्री बनाया गया। 1968 के बी.पी. मंडल, भोला पासवान शास्त्री, 1970 के दारोगा प्रसाद राय और कर्पूरी ठाकुर के मंत्रिमंडलों में किसी भी महिला को न कैबिनेट, न राज्य और न उपमंत्री बनाया गया। यों 1969 के सरदार हरिहर सिंह मंत्रिमंडल में शशांक मंजरी देवी को कैबिनेट मंत्री बनाया गया था।

1971 के भोला पासवान शास्त्री मंत्रिमंडल में रामदुलारी सिन्हा को कैबिनेट मंत्री बनाया गया। 1972 के केदार पांडेय मंत्रिमंडल में राम दुलारी सिन्हा को पुनः कैबिनेट और ब्यूला दोजा को उपमंत्री और मनोरमा पांडेय को राज्यमंत्री बनाया गया। 1973 के केदार पांडेय मंत्रिमंडल में भी राम दुलारी सिन्हा कैबिनेट मंत्री बनीं। ब्यूला दोजा और किशोरी देवी राज्यमंत्री बनीं। 1973 के अब्दुल गफूर मंत्रिमंडल में रामदुलारी सिन्हा कैबिनेट मंत्री और राजेश्वरी सरोज दास, मनोरमा पांडेय तथा प्रभावती गुप्ता राज्यमंत्री बनायी गयीं। 1975 के डा. जगन्नाथ मिश्र मंत्रिमंडल में सिर्फ रामदुलारी सिन्हा कैबिनेट मंत्री बनायी गयीं।

जब कर्पूरी ठाकुर दूसरी बार 1977 में बिहार के मुख्यमंत्री बने, तो पांच महिलाएं मंत्री व संसदीय सचिव बनायी गयीं – सुमित्रा देवी कैबिनेट मंत्री, सुशीला सहाय और ललिता राज्यलक्ष्मी राज्यमंत्री तथा सुधा श्रीवास्तव व राधिका देवी संसदीय सचिव बनायी गयीं। 1979 के रामसुंदर दास मंत्रिमंडल में एकमात्र महिला कौशल्या देवी राज्यमंत्री बनी। 1980 के जगन्नाथ मिश्र मंत्रिमंडल में उमा पांडेय और प्रभावती गुप्ता राज्यमंत्री बनायी गयीं। 1983 के चंद्रशेखर सिंह मंत्रिमंडल में प्रभावती गुप्ता कैबिनेट मंत्री और मुक्तिदानी सुम्ब्रई राज्यमंत्री बनी। 1985 के बिंदेश्वरी दुबे मंत्रिमंडल में सुशीला केरकेट्टा राज्यमंत्री, 1988 के भागवत झा आजाद मंत्रिमंडल में उमा पांडेय कैबिनेट व स्टेनशिला हेम्ब्रम राज्यमंत्री बनायी गयीं। 1989 के सत्येंद्रनारायण सिन्हा मंत्रिमंडल में सुमित्रा देवी और सुशीला केरकेट्टा कैबिनेट और श्रीमती ज्योति उपमंत्री बनायी गयीं। 1989 के डा. जगन्नाथ मिश्र मंत्रिमंडल में सुमित्रा देवी और सुशीला केरकेट्टा राज्यमंत्री बनायी गयीं।

लालू प्रसाद के राज में 1990 में 'जम्बो' मंत्रिमंडल बना। इस मंत्रिमंडल में मंत्रियों की संख्या 72 थी। 72 की यह संख्या कई चरणों में हुई। उसमें सुधा श्रीवास्तव और शांति देवी क्रमश: कैबिनेट और राज्यमंत्री बनायी गयीं। 1995 में लालू प्रसाद जब दोबारा मुख्यमत्री बने, तब मंत्रियों की संख्या सिर्फ 22 थी, उसमें एक महिला शांति देवी कैबिनेट मंत्री बनीं। 1997 में श्रीमती राबड़ी देवी मुख्यमंत्री बनी। उनके मंत्रिमंडल में भी मंत्रियों की संख्या 72 तक पहुंची। उसमें शांति देवी कैबिनेट और सीता देवी व आबो देवी राज्य मंत्री बनायी गयीं। सन् 2000 में नीतीश कुमार मंत्रिमंडल के सात दिनों में पतन के बाद बने राबड़ी मंत्रिमंडल में मंत्रियों की संख्या 63 थी। उसमें सिर्फ दो महिलाएं रमा देवी और वीणा शाही कैबिनेट मंत्री बनीं। लेकिन सन् 2004 में संवैधानिक बाध्यताओं के चलते मंत्रिमंडल का आकार छोटा करना पड़ा, तो वीणा शाही को हटना पड़ा। उसके बाद मंत्रियों की संख्या 34 रह गयी, जिसमें सिर्फ एक महिला रमादेवी कैबिनेट मंत्री हैं।[36]

33 प्रतिशत आरक्षण की लड़ाई

बिहार में 73वें और 74वें संविधान संशोधन के आलोक में पंचायतों और नगर निकायों के चुनाव, कोर्ट के निर्देश पर, 2001 और 2002 में कराये गये। बिहार में 1978 के बाद से पंचायतों के चुनाव नहीं हुए थे। पंचायतों के चुनाव ने निचले स्तर पर महिलाओं की सत्ता में भागीदारी का रास्ता खोल दिया। इस चुनाव में महिलाओं के लिए 33 प्रतिशत आरक्षण की व्यवस्था लागू हुई।

राज्य में तीन स्तरीय पंचायती राज संस्थाओं के लिए कुल 1,28,802 सदस्य चुने गये। इसमें महिलाओं के लिए 42934 पद आरक्षित थे, लेकिन 44815 महिलाएं चुनी गयीं। अर्थात 1881 महिलाएं अनराक्षित पदों पर चुनी गयीं। ग्राम पंचायत सदस्य के रूप में 40472 महिलाएं चुनी गयीं, जो आरक्षित एक तिहाई पद यानी 38676 से अधिक हैं।[37] राज्य में पंचायत समिति के लिए 3954 तथा जिला परिषद् के सदस्य के रूप में 389 महिलाएं चुनी गयीं। बिहार विधान परिषद में 24 निकाय सीटों के लिए 28 वर्ष बाद 2003 में हुए चुनाव में तीन महिलाएं – उषा सहनी, मनोरमा देवी और कलावती देवी चुनी गयीं।

पंचायत के चुनावों में एकल पदों पर आरक्षण की व्यवस्था नहीं थी, फिर भी मुखिया के पद पर 78 महिलाएं, प्रमुख के पद पर 54 तथा अध्यक्ष के पद पर नौ महिलाएं चुनी गयीं। इन पदों के लिए 33 प्रतिशत आरक्षण की व्यवस्था लागू होती तो 2824 महिला मुखिया, '176 प्रमुख और 12 अध्यक्ष चुनी जातीं।[38]

पंचायत चुनाव ने महिलाओं के सशक्तीकरण का बंद दरवाजा खोल दिया। चुनाव में तीन स्तरीय निकायों में 10327 दलित महिलाएं चुनी गयीं। ग्रामपंचायत सदस्य के रूप में 1873, पंचायत समिति के सदस्य 1972 और जिला परिषद की 181 सदस्य दलित महिलाएं चुनी गयीं। मुखिया के पद पर सिर्फ एक दलित महिला चुनी गयी।

वर्ष 2002 में हुए नगर निकाय चुनावों में नगर निगमों में 70, नगर परिषद में 292 तथा नगर पंचायतों के लिए 413 महिलाएं चुनी गयीं। नगर निकायों के चुनाव में 119 दलित महिलाएं भी चुनी गयीं।

पंचायत स्तर पर आरक्षण मिलने के कारण महिलाओं की 'ताकत' प्रकट हुई, लेकिन विधानसभा और लोकसभा के लिए 33 प्रतिशत आरक्षण सवाल आज भी अटका हुआ है। बिहार विधानसभा में महिलाओं का प्रतिनिधित्व तीन-चार प्रतिशत से अधिक नहीं होता है। लोकसभा में महिलाओं का प्रतिनिधित्व पांच-सात प्रतिशत ही होता है। बिहार से लोकसभा और राज्यसभा के लिए चुनी जानी वाली महिलाओं की कुल सीट के अनुपात में जीतने की दर एक दो प्रतिशत होती है। बिहार से 1953-2004 के बीच 51 सालों में राज्यसभा के लिए सिर्फ 11 महिलाएं चुनी गयीं।[39] (विधानसभा और लोकसभा में महिलाओं को 33 प्रतिशत आरक्षण के लिए 21 दिसम्बर 1996 को 81वां संशोधन विधेयक पेश किया गया था। इसे आरक्षण विधेयक के नाम से जाना जाता है। संसद में इसे कई बार पेश करने की कोशिश की गयी। लोकसभा में इसकी प्रतियां फाड़ी गयीं-हर बार हंगामा हो जाता है। प्रधानमंत्री एच.डी. देवगौड़ा, इन्द्रकुमार गुजराल और अटल बिहारी वाजपेयी के जमाने में इस आरक्षण विधेयक को पेश करने की कोशिशें हो चुकी हैं, लेकिन 2004 तक कोई फल नहीं निकला।

महिला आरक्षण को लेकर चिंतन की कई धाराएं हैं और पार्टियों के अलग-अलग 'राग'। पिछड़ी जातियों के नेता 33 प्रतिशत आरक्षण के अंदर पिछड़ी जाति की महिलाओं के लिए अलग से आरक्षण की मांग करते हैं। कुछ पार्टियों के नेता 33 प्रतिशत आरक्षण के स्थान पर उसे घटाकर 20 प्रतिशत करने के हिमायती हैं। पुरुषों को लगता है कि महिलाओं को 33 प्रतिशत आरक्षण मिल जायेगा, तो लोकसभा की एक तिहाई सीटें महिलाओं के लिए आरक्षित हो जाएंगी और पुरुषों की सीटें घट जाएंगी। कुछ पुरुष सांसदों का यह भी मत है कि महिलाओं के लिए सीटें आरक्षित की जानी चाहिए लेकिन लोकसभा की सीटें बढ़ा दी जानी चाहिए। यों सभी पार्टियों के नेता महिलाओं को आरक्षण दिए जाने की मांग का समर्थन करते हैं, पर बहस के दौरान 'विवाद' हो जाता है। लोकसभा में आरक्षण के सवाल पर कई बार हंगामा हो चुका है और महिला आरक्षण संबंधित विधेयक लटका हुआ है।

संदर्भ

1. द बिहार हेराल्ड, 8 अक्टूबर 1907 ।
2. द बिहार हेराल्ड, 18 जनवरी 1913, पृष्ठ 5 ।
3. राधा कुमार, स्त्री संघर्ष का इतिहास, पृष्ठ 121-26 ।
4. राधा कृष्ण शर्मा- नेशनिलज्म, सोशल रिफार्म एंड इंडियन वुमन, पृष्ठ 80-81 ।
5. वही, पृष्ठ 108-9
6. के.के दत्त, बिहार में स्वातंत्र्य आंदोलन का इतिहास, खंड-1, पृष्ठ 51-52 ।

7. वही, पृष्ठ 559 ।
8. फ्रीडम मूवमेंट इन बिहार, खंड-1, पृष्ठ 288
9. बंगाल में स्वतंत्रता आंदोलन और महिलाओं में जागृति इतिहास– जनवरी 1992, पृष्ठ 174 ।
10. वही, पृष्ठ 174 ।
11. स्वतंत्रता संग्राम में बिहार की महिलाएं, पृष्ठ 313 ।
12. द सर्च लाइट, 4 दिसम्बर 1920, पृष्ठ 5 ।
13. राधाकृष्ण शर्मा, वही, पृष्ठ 159 ।
14. बिहार एंड उड़ीसा लेजिस्लेटिव कौंसिल, 23 नवम्बर 1921, वाद विवाद ।
15. मेमोरेंडम फार द इंडियन स्टीच्यूटरी कमीशन, पृष्ठ 150 ।
16. भारती राय, पृष्ठ 174 ।
17. बिहार एंड उड़ीसा लेजिस्लेटिव कौंसिल वाद-विवाद, 20-21 मार्च 1925 ।
18. भारती राय, पृष्ठ 174 ।
19. वही।
20. राधाकृष्ण शर्मा, पृष्ठ 85, (यहां यह नोट करना आवश्यक है कि अमेरिका में महिलाओं को मतदान का अधिकार 26 अगस्त 1920, यूनाइटेड किंगडम में सभी महिलाओं को वोट का अधिकार 2 जुलाई 1925 को मिला। 1918 में यह अधिकार सिर्फ 30 वर्ष से ऊपर की महिलाओं को मिला था। फ्रांस में महिलाओं को चुनाव लड़ने का अधिकार 21 अप्रैल 1948 को मिला। कनाडा में यह अधिकार 1920 में मिला। भारतीय संसद के 50 वर्ष, पृष्ठ 620)।
21. 6 फरवरी 1929 को बिहार उड़ीसा लेजिस्लेटिव कौंसिल में श्रीकृष्ण महापात्र का भाषण, 22 वही।
23. राधाकृष्ण शर्मा, पृष्ठ 117 ।
24. वही, पृष्ठ 75, 117-118 ।
25. प्रोसिडिंग आफ सब कमेटी 6, फ्रेंचाइज, अम्बेडकर वांगमय, खंड 5, पृष्ठ 72 ।
26. बिहार में स्वातंत्र्य आंदोलन का इतिहास, पृष्ठ 463 ।
27. वही, पृष्ठ 272 ।
28. रिपोर्ट आन जेनरल इलेक्शन इन बिहार 1937, पृष्ठ 28 ।
29. रिटर्न सोविंग द रिजल्ट आफ इलेक्शन सेंट्रल लेजिस्लेटिव एसेम्बली एंड द प्रोविजनल लेजिस्लेयर–1945-46, पृष्ठ-181
30. चुनाव आयोग की रिपोर्ट, 1998, 1999 ।
31. बिहार विधानसभा चुनाव की रिपोर्ट।
32. 2001 की जनगणना रिपोर्ट तथा राज्य चुनाव कार्यलय की रिपोर्ट
33. 1957 में 40.59, 1962 में 46.98, 1967 में 41.09, 1969 में 52.79, 1972 में 52.79, 1977 में 50.49, 1980 में 57.26, 1985 में 56.31, 1990 में 62.04, 1995 में 61.79 तथा सन 2000 के विधानसभा चुनावों में 62.57 प्रतिशत वोट डाले गये। चुनाव आयोग की विभिन्न रपटों से संकलित। आयोग की रिपोर्ट के अनुसार 1952 में 6633754 और 1957 में 8978794 महिलाएं मतदाता थीं। महिला मतदाताओं का आंकड़ा उपलब्ध नहीं है।
34. राधानन्दन झा, द आरिजीन एंड डेवलपमेंट आफ बिहार लेजिस्लेयर, पृष्ठ 219
35. वही, पृष्ठ 73-76
36. बिहार में कैबिनेट, राज्य, उपमंत्री और संसदीय सचिव बनने वाली महिलाएं– राजेश्वरी सरोज दास, ज्योतिर्मय देवी, सुमित्रा देवी, राम दुलारी सिन्हा, मनोरमा पांडेय, गायत्री देवी, ब्यूला दोजा, सुशीला केरकेट्टा, उमा पांडेय, प्रभावति गुप्ता, प्रेम लता राय, सुशीला सहाय, सुधा श्रीवास्तव, राधिका देवी, ललिता राज्यलछमी, कौशल्या देवी, श्रीमती ज्योति, मुक्तिदानी सुम्ब्रई, स्टेनशीला हेम्ब्रम, शांति देवी, किशोरी देवी, आबोदेवी, सीता सिन्हा, वीणाशाही और रमा देवी।
37. एम. एल. मजुमदार-ग्रासरूट डेमोक्रेसी इन कारनेट, पृष्ठ 95
38. वही, पृष्ठ 34
39. श्रीमती अंजलीना टिग्ग, विजय राजे, लक्ष्मी सर मेनन, जहां आरा जयपाल सिंह, प्रतिभा सिंह, अजिजा इमाम, प्रभावति सिंह, मनोरमा पांडेय, कमला सिंन्हा, सरोज दुबे और कुमकुम राय।

परिशिष्ट

1

चुनाव सुधार की मृगमरीचिका

चुनाव सुधार के मुद्दे पर चार दशकों से मुल्क में बहस जारी है। चुनाव सुधार की बातें प्राय: सभी राजनीतिक पार्टियां करती हैं। लेकिन समग्र सुधार की बात हाशिए पर है।

मुख्य चुनाव आयुक्त टी.एस. कृष्णमूर्ति ने प्रधानमंत्री मनमोहन सिंह को 30 जुलाई, 2004 को चुनाव सुधार संबंधी प्रस्ताव भेजा है। चुनाव को लेकर प्रधानमंत्री को भेजा गया यह न पहला पत्र है और न आखिरी। चुनाव सुधार को लेकर तत्कालीन मुख्य चुनाव आयुक्त एस.पी. सेन वर्मा ने 1972 में, 1977 में एस.एल. शकधर, 1982 में आर. के. त्रिवेदी, 10 फरवरी 1992 को मुख्य चुनाव आयुक्त टी.एन. शेषन ने, 3 दिसम्बर, 1996 से 31 मार्च 1998 तक मुख्य चुनाव आयुक्त एम.एस. गिल ने तत्कालीन प्रधानमंत्री को कई पत्र चुनाव सुधार के संबंध में लिखे।

चुनाव सुधार के लिए पहली बार जगन्नाथ राव संसदीय समिति का गठन किया गया था, जिसने 1971 में अपनी रिपोर्ट पेश की। 1974 से 1994 के बीच तारकुंडे समिति, दिनेश गोस्वामी समिति और बी. आर. कृष्ण अय्यर समिति का गठन किया गया। 1998 में इंद्रजीत गुप्ता समिति का गठन किया गया था, जिसने 1999 में अपना प्रतिवेदन प्रस्तुत किया।

चुनाव सुधार के मसले पर विभिन्न समितियों की अनुशंसाओं पर कुछ-कुछ अमल भी हुआ, लेकिन अब भी चुनाव सुधार की जरूरत बनी हुई है। चुनाव सुधार को लेकर चाहे चुनाव आयोग का सुधार से संबंधित प्रस्ताव हो या समितियों का, उसके कुछ खास बिंदु होते हैं। उसमें राजनीति का अपराधीकरण, चुनावों में धन का उपयोग, महिलाओं को आरक्षण, उम्मीदवारों की फौज को रोकने के उपाय, सत्ताधारी पार्टियों के प्रभाव से मुक्त चुनाव, राजनीतिक दलों का चंदा, बड़ी कम्पनियों द्वारा पार्टियों को दिया जाने वाला चंदा, सरकारी खर्चे से चुनाव कराने के मुद्दे आदि शामिल होते हैं।

बहरहाल, प्रधानमंत्री मनमोहन सिंह को मुख्य चुनाव आयुक्त टी.एस. कृष्णमूर्ति द्वारा भेजे गये चुनाव सुधार से संबंधित प्रस्ताव के दो खंड हैं – एक, जो तात्कालिक समस्याओं और उपायों से संबंधित है और दूसरा, वैसे प्रस्ताव जो लंबे समय से लंबित हैं। हालांकि ये प्रस्ताव भी उतने ही महत्वपूर्ण हैं।

चुनाव सुधार से संबंधित प्रस्ताव का पहला खंड राजनीति के अपराधीकरण से जुड़ा हुआ है। आयोग चाहता है कि फार्म 26 में ऐसा संशोधन किया जाये, जिसके कारण प्रत्याशियों द्वारा एक ही शपथ पत्र में सभी सूचनाएं दी जायें -

1. न्यायालय में लंबित सभी मामले, जिनमें आरोप पत्र दाखिल किये जा चुके हैं और जिनमें दो वर्ष या उससे अधिक सजा का प्रावधान हो।

2. ऐसे सभी मामलों का विवरण, जिसमें एक वर्ष या उससे अधिक की सजा हो चुकी है। इसके अतिरिक्त शपथ पत्र में ऐसे लंबित मामले जिसमें न्यायालय द्वारा संज्ञान लिया गया हो तथा आस्तियों, दायित्वों एवं शैक्षणिक योग्यता का विवरण हो। साथ ही शपथ पत्र में आय के विवरण जो कराधान के उद्देश्य से घोषित किया गया हो एवं व्यवसाय के लिए भी एक कालम जोड़ा जाय। आयोग का मानना है कि मतदाताओं के सूचना के अधिकार के संरक्षण के लिए प्रत्याशियों द्वारा गलत सूचना दिये जाने पर एक वर्ष की न्यूनतम सजा का प्रावधान किया जाय और दंड के वैकल्पिक प्रावधान को निरस्त कर दिया जाय। इसके फलस्वरूप जानबूझ कर गलत सूचना देने या तथ्य छुपाने संबंधी कारगुजारियों में कमी आयेगी। आयोग का मानना है कि राजनीति में बढ़ रहे अपराधीकरण की प्रवृत्ति के कारण ऐसी विषम स्थिति पैदा होती जा रही है कि अपराधी ही कानून के निर्माता के रूप में अवतरित हो रहे हैं। आयोग की नजर में ऐसी स्थिति से निजात पाने के लिए जन प्रतिनिधि कानून में ऐसे संशोधन किये जायें, जिससे ऐसे व्यक्तियों को चुनाव लड़ने से रोका जा सके, जिनके विरुद्ध गंभीर आपराधिक आरोप हों और न्यायालय प्रथम दृष्टया उनके अपराध में शामिल होने के प्रति संतुष्ट हो तथा उनके विरुद्ध आरोप निर्धारित किये जा चुके हैं। इस प्रावधान के पक्ष में दुरुपयोग रोकने के लिए आयोग ने ऐसे मामलों की समय सीमा छह माह पूर्व की निर्धारित करने की अनुशंसा की है।

3. आयोग ने जमानत की राशि पहले की निर्धारित राशि से दुगुना करने की अनुशंसा की है। लोकसभा के लिए 20 हजार तथा विधानसभा के लिए दस हजार रुपये। अनुसूचित जाति एवं जनजाति के प्रत्याशियों के लिए यह राशि आधी होगी। आयोग का मानना है कि इससे अगंभीर प्रत्याशियों की संख्या घटेगी। विधि व्यवस्था के साथ इलेक्ट्रॉनिक वोटिंग मशीन में अतिरिक्त मतपत्र इकाइयों की जरूरत कम होने से मोटे तौर पर चुनाव प्रबंध में सुविधा होगी ही, खर्चे में भी कमी होगी।

4. चुनाव आयोग का विचार है कि एक प्रत्याशी को केवल एक चुनाव क्षेत्र से ही लड़ने की अनुमति दी जाये। यदि दो क्षेत्रों से चुनाव लड़ने के प्रावधान को बरकरार रखना है तो ऐसी व्यवस्था की जाये कि दोनों क्षेत्रों से चुनाव जीतने वाले व्यक्तियों से उपचुनाव में होने वाले खर्चे - लोकसभा के लिए दस लाख और विधानसभा या विधान परिषद के लिए पांच लाख वसूल किए जाएं।

5. चुनाव आयोग ने Opinion Poll व Exit Poll को लेकर राजनैतिक दलों की बैठक की, जिसमें छः राष्ट्रीय दल तथा 45 राज्यस्तरीय दलों में से 18 ने सर्वसम्मति

से इस बात के प्रति सहमति व्यक्त की कि विभिन्न चरणों में पूरा किये जाने वाले मतदान की प्रक्रिया के दौरान Opinion Poll व Exit Poll मतदान को प्रभावित करते हैं। अतः आयोग इन दलों की सहमति से यह अनुशंसा करता है कि जन प्रतिनिधित्व कानून में ऐसे संशोधन किये जायें, जिससे चुनाव के प्रथम चरण की अधिसूचना जारी होने की तिथि से मतदान के विभिन्न चरणों की प्रक्रिया समाप्त होने की तिथि तक Opinion Poll व Exit Poll के प्रकाशन पर रोक लगायी जाय।

6. चुनाव आयोग यह महसूस करता है कि समाचार पत्रों में छद्म रूप से प्रकाशित विज्ञापनों से निबटने के लिए स्पष्ट प्रावधान के लिए जन प्रतिनिधित्व कानून में ऐसे संशोधन किये जायें जिसके अंतर्गत राजनीतिक पार्टियों के पक्ष या विपक्ष में जारी किये गये विज्ञापनों / चुनाव से संबंधित तथ्यों, जो चुनाव के दौरान अखबारों में प्रकाशित किये जाते हैं, उसके प्रकाशकों का नाम एवं पता अनिवार्य कर दिया जाय।

7. आयोग के पास कई प्रस्ताव विभिन्न संगठनों / व्यक्तियों की ओर से आये हैं, जिनमें यह मांग की दर्ज है कि यदि कोई उम्मीदवार उपयुक्त न प्रतीत हो तो अस्वीकृति का प्रावधान होना चाहिए। आयोग का विचार है कि कानून में संशोधन कर मतपत्र में आखिरी कालम 'इनमें से कोई नहीं' को जोड़ा जाये।

8. मतदाता सूची के संबंध में जिला निर्वाचन पदाधिकारी के पास अपील किये जाने का प्रावधान कानून में शामिल किया जाये।

9. राजनैतिक दलों द्वारा चंदा जमा करने के प्रसंग में पारदर्शिता लाने के लिए आयोग का कहना है कि ऐसे प्रावधान किये जायें, जिसके अंतर्गत राजनीतिक दलों के द्वारा 'अंकेक्षित एकाउंट' कम से कम संक्षिप्त रूप से भी हर साल प्रकाशित किया जाए ताकि सामान्य नागरिकों को सभी संबंधित तथ्यों को इसकी जानकारी प्राप्त हो सके।

10. केन्द्र तथा राज्य सरकारों द्वारा चुनाव के दौरान लाभ उठाने के उद्देश्य से अपनी उपलब्धियों से संबंधित विज्ञापनों के साथ-साथ होर्डिंग एवं बैनर्स का भी प्रयोग सरकारी खर्चे पर किया जाता है। अभी चुनाव आयोग द्वारा चुनाव की घोषणा की तिथि से, लागू आचार संहिता के अंतर्गत इस पर रोक का प्रावधान है। आयोग का विचार है कि लोकसभा एवं संबंधित विधानसभाओं की अवधि समाप्त होने के छह महीने पूर्व से ही ऐसे विज्ञापनों एवं होर्डिंग तथा बैनरों जो सरकारी खर्च से जारी किए जाते हैं, के संबंध में प्रतिबंध का प्रावधान किया जाय।

11. टेलीविजन नेटवर्कों एवं केबुल टी.वी. पर राजनीतिक प्रकृति के विज्ञापनों के नियमन के लिए प्रावधान किया जाय।

12. चुनाव आयोग की निष्पक्षता के लिए यह आवश्यक है कि जिस प्रकार मुख्य चुनाव आयुक्त के निर्धारण की अवधि से पूर्व पदमुक्त करने के लिए सर्वोच्च न्यायालय के न्यायाधीश के समान प्रावधान है,वैसा ही अन्य चुनाव आयुक्तों के लिए किया जाए। लोकसभा एवं राज्यसभा सचिवालयों तथा सर्वोच्च न्याय रजिस्ट्रियों की तरह स्वतंत्र सचिवालय का प्रावधान आयोग के लिए भी किया जाय।

13. सर्वोच्च न्यायालय, महालेखाकार एवं संघ लोकसेवा आयोग की तरह ही चुनाव आयोग के खर्चे का प्रावधान भारत के समेकित निधि से किया जाय।

14. चुनाव की निष्पक्षता के लिए लोकसभा या विधानसभा की अवधि समाप्त होने के छह माह पूर्व तथा अवधि पूर्व विघटन की स्थिति में विघटन की तिथि से चुनाव कार्य से जुड़े अधिकारों का स्थानान्तरण आयोग की सहमति के बिना किये जाने पर रोक लगा दी जाय।

लंबित प्रस्ताव

1. दल बदल विरोधी अधिनियम में निर्णय का अधिकार संबंधित सभाध्यक्षों को दिया गया है। कई ऐसे मामलों में उनका निर्णय विवादित रहा है। अतः इसे अपेक्षाकृत अधिक निर्विवादित रूप देने के लिए संसद एवं विधानसभा के सदस्यों की सदस्यता समाप्त करने के लिए दसवीं अनुसूची के तहत दलबदल सहित सभी निर्वाचनोत्तर मामलों में राष्ट्रपति / राज्यपालों को आयोग की अनुशंसा पर निर्णय के अधिकार का प्रावधान किया जाना अधिक विधिसम्मत एवं उचित होगा।

2. राज्य के स्थानीय निकाय के चुनाव में भी लोकसभा एवं विधानसभा चुनाव के लिए आयोग द्वारा तैयार मददाता सूची का ही उपयोग किये जाने का प्रावधान किया जाय, जिससे सभी चुनावों में एकरूपता रहे।

3. चुनाव के दौरान भ्रष्ट आचरण के आधार पर अयोग्यता निर्धारित करने की प्रक्रिया को सरल बनाया जाना चाहिए, जिससे जल्दी कार्रवाई की जा सके। इस मामले में आयोग के सचिव को अधिकार दिया जाए कि उनके द्वारा अयोग्यता के मामले राष्ट्रपति के समक्ष प्रस्तुत किए जायें। अभी के प्रावधान के अनुसार यह लोकसभा के सेक्रेट्री जेनरल एवं संबंधित विधान मंडल के सदनों के सचिवों में निहित है। अब तक का अनुभव यह रहा है कि कम से कम दो वर्ष से लेकर अधिकतम पांच वर्ष तक का समय लगता रहा है।

4. मान्यता प्राप्त राजनैतिक दलों के प्रत्याशियों के लिए एक प्रस्तावक एवं एक समर्थक तथा बिना मान्यता प्राप्त दलों या स्वतंत्र उम्मीदवरों के लिए दस प्रस्तावकों के प्रावधान से कतिपय विसंगतियां पूर्व में देखी गयी है, अतः इन विसंगतियों को दूर करने तथा संबंधित जटिलताओं से मुक्ति के लिए उपरोक्त प्रावधान में एकरूपता लाकर सभी प्रत्याशियों के लिए एक प्रस्तावक/एक समर्थक का ही प्रावधान किया जाय।

5. चुनाव आयोग / मुख्य निर्वाचन पदाधिकारी, जिला निर्वाचन पदाधिकारी या अन्य किसी भी निर्वाचन अधिकारी के समक्ष चुनाव के प्रसंग में गलत बयान देना/या गलत घोषणा करने के अधिनियम के तहत चुनावी अपराध घोषित किया जाना चाहिए।

2

बिहार में सम्पन्न मतदान

बिहार में 1969, 1972, 1977 तथा 1980 में विधानसभाओं का चुनाव राष्ट्रपति शासन में सम्पन्न हुआ। लेकिन राष्ट्रपति शासन के दौरान लोकसभा का चुनाव कभी सम्पन्न नहीं हुआ है। राज्य में 1968 से 1980 तक चार बार कुल 707 दिनों तक राष्ट्रपति शासन रहा।

बिहार में पहले आम चुनाव 1952 के लिए अधिसूचना 15 नवम्बर 1951 को जारी हुई थी और मतदान 4 से 24 जनवरी तक सम्पन्न हुआ। राज्य में पहला चुनाव 21 दिनों में हुआ।

1957 के चुनाव की अधिसूचना 19 जनवरी 1957 को जारी की गयी एवं मतदान 25 फरवरी से 12 मार्च 1957 तक सम्पन्न हुआ और चुनाव की समाप्ति 31 मार्च 1957 को हुई। इस चुनाव में 16 दिन लगे।

1962 में अधिसूचना 13 जनवरी को निर्गत की गयी और मतदान कुल चार दिन 18 फरवरी, 21 फरवरी, 23 फरवरी एवं 25 फरवरी को कराया गया। निर्वाचन प्रक्रिया की समाप्ति 31.3.62 को हुई।

1967 में अधिसूचना 13 जनवरी को जारी की गयी और मतदान चार दिन 15 फरवरी, 17 फरवरी, 19 फरवरी एवं 21 फरवरी को कराया गया और मतदान प्रक्रिया की समाप्ति 1 अप्रैल 1967 को हुई।

चौथे आम चुनाव क़े बाद बिहार विधान सभा के विघटन के फलस्वरूप 1969 में पहली बार मध्यावधि चुनाव सम्पन्न हुआ। इसके लिए एक जनवरी को अधिसूचना जारी हुई और पहली बार भारत निर्वाचन आयोग के परामर्श एवं राजनैतिक दलों की सहमति से केवल एक दिन 14 फरवरी 1969 को पूरे राज्य में चुनाव सम्पन्न हुआ।

1971 में लोकसभा के आम चुनाव के लिए अधिसूचना 27 फरवरी को जारी हुई और मतदान कुल तीन दिन 1 मार्च, 3 मार्च और 5 मार्च को हुआ।

1972 बिहार विधानसभा आम चुनाव के लिए अधिसूचना 1 फरवरी को जारी की गयी। मतदान कुल चार दिन 5 मार्च, 7 मार्च, 9 मार्च एवं 11 मार्च को सम्पन्न हुआ। 17 मार्च 1972 से पहले निर्वाचन प्रक्रिया की समाप्ति हुई।

1971-72 में पहली बार लोकसभा एवं विधानसभाओं के लिए अलग-अलग आम चुनाव कराये गये साथ ही मतदान प्रक्रिया की समाप्ति भी कम अवधि में हुई।

1977 में लोकसभा चुनाव तीन दिनों 16 मार्च, 18 मार्च और 20 मार्च को कराया गया। विधानसभा चुनाव 10 जून, 12 जून, तथा 14 जून को सम्पन्न हुआ।

1980 में लोकसभा का मतदान 6 जनवरी तथा विधानसभा का मतदान 31 मार्च

को सम्पन्न हुआ।

1984 में लोकसभा का चुनाव 24 दिसम्बर को सम्पन्न हुआ और 1985 विधानसभा का चुनाव दो दिन 2 मार्च और 5 मार्च को सम्पन्न हुआ।

1989 में लोकसभा का चुनाव दो दिन 24 नवम्बर एवं 26 नवम्बर को हुआ।

1990 विधानसभा का चुनाव 27 फरवरी को पूरे राज्य में एक ही दिन सम्पन्न हुआ।

1991 लोकसभा का चुनाव 20 मई और 12 जून को सम्पन्न हुआ।

1995 विधानसभा का चुनाव 11, 15, 21, 25 और 28 मार्च को संपन्न हुआ।

1996 लोकसभा का चुनाव 2 मई और 7 मई को सम्पन्न हुआ। 1998 लोकसभा का चुनाव 16 व 22 मई, 1999 लोकसभा का 18 और 25 सितम्बर तथा 3 अक्टूबर को हुआ। सन् 2000 विधानसभा का चुनाव तीन चरणों में 12 व 17 फरवरी तथा 22 फरवरी को हुआ। 2004 में लोकसभा का घुनाव 20 व 26 अप्रैल तथा 5 व 10 मई को सम्पन्न हुआ।

मतदाता और डाले गये मत का प्रतिशत 1952-2000
(विधानसभा चुनाव)

वर्ष	कुल मतदाता	डाले गये कुल मत	प्रतिशत
1952	1,80,80,181	76,03,790	42.05
1957	1,95,14,567	81,42,899	41.72
1962	2,21,15,041	1,03,88,794	46.97
1967	2,77,53,096	1,42,92,094	51.49
1969	2,92,81,772	1,54,55,159	52.78
1972	3,31,64,444	1,71,75,168	52.79
1977	3,48,82,008	1,73,43,402	49.72
1980	3,94,83,399	2,26,33,524	57.33
1985	4,38,54,380	2,46,90,493	54.30
1990	5,24,20,110	3,25,23,089	62.04
1995	5,77,67,738	3,56,93,831	61.79
2000	6,00,91,029	3,75,99,630	62.57

3

निर्वाचन क्षेत्रों का परिसीमन

संसद एवं विधानसभा निर्वाचन क्षेत्रों (बिहार) का परिसीमन आदेश, 1951, राष्ट्रपति के द्वारा जून 1951 में निर्गत किया गया, जिसके अनुसार लोकसभा में बिहार के लिए 55 स्थान तथा बिहार विधानसभा में 330 स्थान निर्धारित किये गये।

लोकसभा के स्थानों का आवंटन तथा विधानसभा में स्थानों की कुल संख्या लोक प्रतिनिधित्व अभिनियम 1950 की प्रथम एवं द्वितीय अनुसूची में क्रमशः दिया गया है। लोकसभा के 55 क्षेत्रों में 11 क्षेत्र दो सदस्यी क्षेत्र थे एवं शेष 33 एक सदस्यीय क्षेत्र। इसी तरह बिहार विधानसभा में 222 एक सदस्यीय निर्वाचन क्षेत्र था एवं 54 दो सदस्यीय क्षेत्र थे। विधान सभा में 44 सीट अनुसूचित जाति के लिए और 35 सीट अनुसूचित जनजाति के लिए आरक्षित थी।

1956 में भाषायी आधार पर राज्यों के पुनर्गठन के कारण बिहार का कुछ क्षेत्र पश्चिम बंगाल में चला गया, जिसके फलस्वरूप विधानसभा क्षेत्रों की कुल संख्या 330 से घटकर 318 तथा लोकसभा 55 से घटकर 53 हो गयी।

1957 में राज्य में 210 एक सदस्यीय विधानसभा क्षेत्र और 54 दो सदस्यीय क्षेत्र और लोकसभा में कुल स्थान 53 जिसमें सामान्य क्षेत्र 41 थे। अनुसूचित जाति के के लिए 7 तथ अनुसूचित जनजताति के लिए 5 सीटें आरक्षित थीं।

1971 तक यही स्थिति बरकरार रही। 1977 में लोकसभा के लिए 54 सीटें निर्धारित की गयीं, इसमें सामान्य क्षेत्र 41, अनुसूचित जाति 8 और अनुसूचित जनजाति के लिए 5 सीटें आरक्षित की गयीं।

1972 में विधानसभा की कुल सीटों की संख्या 318 थी, इसमें अनुसूचित जाति के लिए 45 और अनुसूचित जनजाति के 29 सीटें आरक्षित थीं।

1977 से विधानसभा के लिए कुल 324 सीटें निर्धारित हैं। इसमें अनुसचित जाति के लिए 48 और अनुसूचित जनजाति के लिए 28 सीटें आरक्षित हैं। 1977 में बिहार में लोकसभा के लिए 54 क्षेत्र बने। इसमें अनुसूचित जाति के 8 और अनुसूचित जनजाति के लिए 5 सीटें आरक्षित हैं। 1994 तक यही व्यवस्था लागू है।

रान् 2000 के विधानसभा चुनात के बाद 15 नवम्बर, 2000 को बिहार से झारखंड अलग हुआ। बिहार विधानसभा के लिए 243 सीटें रह गयीं। इनमें 39 सीटें अनुसूचित जाति के लिए आरक्षित हैं। लोकसभा के लिए 40 सीटें निर्धारित हुईं, जिनमें अनुसूचित जाति के लिए सात सीटें आरक्षित हैं। इस बीच परिसीमन आयोग का गठन हुआ। जनगणना 2001 के आधार पर अब लोकसभा और विधानसभा क्षेत्रों का गठन होगा। आयोग के प्रारूप को लेकर गहरा विवाद है। 2010 का विधान सभा का चुनाव नये परिसीमन के आलोक में होगा।

4

बिहार विधानसभा में महिलाएं

वर्ष	कुल सीटों की संख्या	खड़ी हुईं	जीतीं	कुल सीट का प्रतिशत
2000	243	189	15	6.17
1995	324	264	12	3.70
1990	324	147	13	4.01
1985	324	104	15	4.69
1980	324	77	13	4.01
1977	324	96	13	4.01
1972	324	45	12	4.01
1969	318	20	4	1.25
1967	318	29	10	3.14
1962	318	46	25	7.86
1957	318	41	34	10.69
1952	330	19	13	3.93

नोटः सन् 2000 के विधानसभा चुनाव में कुल 19 महिलाएं जीतीं, जिसमें चार झारखंड स्थानान्तरित हो गयीं। 1996 के उप चुनाव में एक, 1991 में तीन, 1985 में एक 1963 में एक, 1957-61 में दो तथा 1952-56 के बीच हुए उपचुनावों में दो महिलाएं जीतीं। उप चुनाव में जीतने वाली महिलाओं की संख्या को आम चुनाव में जीतने वाली महिलाओं के साथ जोड़ दिया गया है।

बिहार से लोकसभा के लिए चुनी गयीं महिलाएं

वर्ष	खड़ी हुईं	जीतीं
2004	12	3
1999	20	5
1998	22	4
1996	19	3
1991	30	2
1989	17	2
1984	16	9
1980	19	5
1977	8	–
1971	17	3
1967	6	2
1962	9	7
1957	7	5
1952	3	2

विधानसभा चुनाव, 2000 में महिलाओं को टिकट

पार्टियां	कुल प्रत्याशी	महिला प्रत्याशी	जीतीं	प्रतिशत
राजद	217	17	7	7.83
भाजपा	110	9	4	8.18
समता	96	8	3	8.33
कांग्रेस	229	24	1	10.48
भाकपा	117	5	0	0.85
माकपा	18	2	0	11.00
माले	107	5	0	4.85
बसपा	187	11	0	5.88

5

बिहार की आबादी का वर्गीकरण–2001

आबादी	धर्म	प्रतिशत
69076919	हिन्दू	83.2
13722048	मुसलमान	16.5
53137	ईसाई	0.1
20780	सिख	0.025
18818	बौद्ध	0.023
16085	जैन	0.019
13048608	अनुसूचित जाति	15.72
758351	अनुसूचित जन जाति	0.914
52905	अन्य	0.1

जिला	कुल आबादी	हिन्दू	मुसलमान	अनुसूचित जाति
पश्चिम चम्पारण	30343044	2373310	646597	434714
पूर्वी चम्पारण	3933636	3181386	755005	514119
शिवहर	514288	435121	80076	74391
सीतामढ़ी	2669887	2111476	568992	315646
मधुबनी	3570651	2930501	641579	481922
सुपौल	1745069	1426108	302120	256444
अररिया	2124831	1263766	887972	293488
किशनगंज	1294063	412995	876105	85833
पूर्णियां	2540788	1584796	935239	312088
कटिहार	2389533	1363523	1017495	208384

जिला	कुल आबादी	हिन्दू	मुसलमान	अनुसूचित जाति
मधेपुरा	1524596	1351978	173605	260461
सहरसा	1506418	1289364	217922	242612
दरभंगा	3285473	2543284	748971	511125
मुजफ्फरपुर	3743836	3168225	573951	594577
गोपालगंज	2149343	1784275	367219	267250
सीवान	2708840	2218632	494176	309013
सारण	3251474	2909213	337767	389933
वैशाली	2712389	2457636	259158	562123
समस्तीपुर	3413413	3035755	355897	628838
बेगूसराय	2342989	2033039	313713	341173
खगड़िया	1276677	1147346	131441	185122
भागलपुर	2430331	1990976	423246	254686
बांका	1608778	1409352	190051	200059
मुंगेर	1135499	1045233	89791	150947
लखीसराय	801173	766232	35378	126575
शेखपुरा	525137	487021	37755	103732
नालंदा	23688327	2191552	176871	473786
पटना	4709851	4333556	366154	729988
भोजपुर	2233415	2076589	163193	343598
बक्सर	1403462	1309181	86382	198014
कैमूर	1284575	1161779	123048	286291
रोहतास	2448762	2199049	246760	444333
जहानाबाद	1511406	1389053	124149	286217
औरंगाबाद	2004960	1814612	196030	472766
गया	3464983	3063841	403439	1029675
नवादा	1809425	1604223	204457	435975
जमुई	1397474	1212941	170334	242710
कुल योग	**82878796**	**69076919**	**13722048**	**13048608**

6

बिहार के मुख्यमंत्री और उनका कार्यकाल

1.	श्रीकृष्ण सिंह	29.4.1952 से 31.1.1961
2.	दीप नारायण सिंह	1.2.1961 से 18.2.1961
3.	विनोदानंद झा	18.2.1961 से 2.10.1961
4.	कृष्ण वल्लभ सहाय	2.10.1963 से 5.3.1967
5.	महामाया प्रसाद सिन्हा	28.1.1968 से 1.2.1968
7.	बिन्देश्वरी प्रसाद मंडल	1.2.1968 से 22.2.1968
8.	भोला प्रसाद शास्त्री	22.2.1968 से 29.6.1968
9.	सरदार हरिहर सिंह	26.2.1969 से 22.6.1969
10.	भोला प्रसाद राय	16.2.1970 से 22.12.1970
11.	दारोगा प्रसाद राय	16.2.1970 से 22.12.1970
12.	कर्पूरी ठाकुर	22.12.1970 से 2.6.1971
13.	भोला पासवान शास्त्री	2.6.1971 से 9.1.1972
14.	केदार पांडेय	19.3.1972 से 9.1.1973
15.	अब्दुल गफूर	2.7.1973 से 11.4.1975
16.	डॉ. जगन्नाथ मिश्र	11.4.1975 से 30.4.1977
17.	कर्पूरी ठाकुर	22.6.1977 से 21.4.1979
18.	रामसुंदर दास	22.4.1979 से 17.2.1980
19.	डॉ. जगन्नाथ मिश्र	8.6.1980 से 14.4.1983
20.	चंन्द्रशेखर सिंह	14.8.1983 से 12.3.1985
21.	बिन्देश्वरी दुबे	12.3.1985 से 13.2.1988
22.	भागवत झा आजाद	14.2.1988 से 10.3.1989
23.	सत्येन्द्र नारायण सिंह	11.3.1989 से 6.12.1989
24.	डॉ. जगन्नाथ मिश्र	6.12.1989 से 10.3.1990
25.	लालू प्रसाद	10.3.1990 से 28.3.1995
26.	लालू प्रसाद	4.4.1995 से 25.7.1997
27.	राबड़ी देवी	25.7.1997 से 12.2.1999
28.	राबड़ी देवी	6.3.1999 से 3.3.2000
29.	नीतीश कुमार	3.3.2000 से 11.3.2000
30.	राबड़ी देवी	11.3.200 से ....

7

चुनाव में हिंसा

वर्ष 2004, लोकसभा चुनाव

कुल घटनाएं - 279
मृत - 15
घायल - 78

प्रथम चरण के मतदान (20 अप्रैल, 2004) के दिन गया लोकसभा क्षेत्र के अतरी विधानसभा क्षेत्र के डिहरी गांव में बूथ नम्बर 89 के निकट एम.सी.सी.आई के हमले में एक पुलिसकर्मी मारा गया।

जहानाबाद लोकसभा क्षेत्र के घोसी विधानसभा हण्डवा गांव के मतदान केन्द्र नम्बर एक के पास माले एवं जनता दल यू समर्थकों के बीच गोलाबारी में सुखदेव शर्मा की मृत्यु हो गयी।

दूसरे चरण के मतदान (26 अप्रैल, 2004) के दिन सीवान लोकसभा क्षेत्र के आकोपुर में मोहम्मद बंटी की लाठी-डंडे से मारकर हत्या कर दी गयी।

छपरा लोकसभा के प्राथमिक विद्यालय मठिया थाना परसा मतदान केन्द्र से करीब 200 गज की दूरी पर नंद नारायण राय, वग बैठा तथा उनके अन्य समर्थकों ने सुदर्शन सिंह को लाठी से मारकर सिर फोड़ दिया, जिससे उनकी मृत्यु हो गयी।

छपरा लोकसभा के मकेर थाना के बूथ नम्बर 28 अंजन टोला मकेर पर दो दलों के बीच हुई गोलीबारी में प्रवीण कुमार गोली लगने से जख्मी हो गये, जिनकी मृत्यु हाजीपुर अस्पताल में हो गयी।

सीतामढ़ी लोकसभा क्षेत्र के गांव मठिया बूथ नम्बर 56, 57 पर दो गुटों के बीच हुई गोलीबारी एवं बम चलने की घटना में पांच व्यक्ति जख्मी हो गये। एक घायल संतोष कुमार की मृत्यु हो गयी।

सीतामढ़ी लोकसभा क्षेत्र के थाना बाजीपट्टी बूथ नम्बर 196 गांव पीपरहर में दो गुटों के बीच हुए गोलीबारी में रहमतुल्ला की मृत्यु हो गयी।

वैशाली लोकसभा क्षेत्र के बूथनम्बर 192 गांव विष्णुदत्तपुर में राकेश कुमार गोली लगने से घायल हो गये, जिनकी मुजफ्फरपुर अस्पताल में ले जाने के दौरान मृत्यु हो गयी।

तीसरे चरण के मतदान 5 अप्रैल, 2004 के दिन मुंगेर लोकसभा क्षेत्र के कोतवाली थाना जमुई के बूथ नम्बर 22 गांव चन्दवा में दो गुटों के बीच गोली-बारी के दौरान अनिक यादव की मृत्यु हो गयी।

मुंगेर लोकसभा क्षेत्र के जमुई थाना के बूथ नम्बर 19, 20, 21 उर्दू प्राथमिक स्कूल नया गांव पर फायरिंग के दौरान मोहम्मद जमीर की मृत्यु हो गयी।

चुनाव के पूर्व तीन मौतें हुई। 10 अप्रैल 2004 को गांधीनगर थाना अगमकुंआ स्थित राजद कार्यालय पर हमले मं राजू यादव की मृत्यु हो गयी।

10 अप्रैल को बांका लोकसभा के राजद काफिले पर हमले के दौरान अवध यादव की गोली मारकर हत्या कर दी गयी।

13 अप्रैल को नवादा लोकसभा के कोटिली श्रीपालपुर थाना अकबरपुर नवादा के पास एम.सी.सी. के सुरंग विस्फोट में तीन व्यक्तियों की मृत्यु हो गयी। इसके अतिरिक्त 2004 लोकसभा चुनाव दौरान कुल तेरह व्यक्तियों- राजेन्द्र महतो (होमगार्ड), राम सुरेश पासवान, दिलीप कुमार, कपिल देव यादव, ब्रह्मदेव प्रसाद (लिपिक) विश्वनाथ झा (होमगार्ड जवान) रामशब्द सिंह, बद्री प्रसाद साह (गृहरक्षक) जयपाल सिंह मुंडा (सिपाही) उदयकांत झा, नागेश्वर प्रसाद यादव, रोहित कुमार तथा किशोरी सिंह की मृत्यु चुनावी ड्यूटी के दौरान हृदयगति रुकने के कारण हुई।

स्रोत : (गृह विशेष) विभाग, बिहार सरकार तथा राज्च चुनाव कार्यालय।

वर्ष 2000, विधानसभा चुनाव

	कुल घटनाएं	मारे गये	घायल
चुनाव से पहले	58	22	20
पहले चरण के मतदान के दिन	179	9	40
दूसरे चरण के मतदान के दिन	230	14	42
तीसरे चरण के मतदान के दिन	136	13	30
पुनर्मतदान के दिन	14	1	2
चुनाव के बाद	16	2	16
कुल	**633**	**61**	**150**

वर्ष 1999, लोकसभा चुनाव

	कुल घटनाएं	मारे गये	घायल
चुनाव से पहले	47	12	14
पहले चरण के मतदान के दिन	150	40	77
दूसरे चरण के मतदान के दिन	176	15	44
तीसरे चरण के मतदान के दिन	61	1	3
चौथे चरण के मतदान के दिन	8	0	5
चुनाव के बाद	10	8	4
कुल	**452**	**76**	**147**

वर्ष 1995, विधानसभा चुनाव
चुनाव प्रक्रिया के दौरान हुई हिंसा

क्र.	जिला	चुनाव पूर्व	चुनाव तिथि	चुनाव बाद
1.	गया	8	1	
2.	जहानाबाद	5	7	
3.	हजारीबाग		2	
4.	सहरसा		1	
5.	सारण		3	
6.	सीवान	2	1	
7.	वैशाली		2	2
8.	गोपालगंज	2		
9.	मुजफ्फरपुर	2		
10.	मुंगेर	1		6
11.	नालंदा	1		
12.	बक्सर	1		
13.	रोहतास	1		
14	चतरा	2		
15.	धनबाद	1		1
16.	कटिहार			1
17.	भोजपुर			1
	कुल	26	17	11

वर्ष 1990, विधानसभा चुनाव
चुनाव प्रक्रिया के दौरान हुई हिंसा

क्र.	जिला	चुनाव पूर्व	चुनाव दिन	चुनाव बाद
1.	नालंदा	2	4	
2.	गया		1	1
3.	औरंगाबाद		4	
4.	नवादा		3	
5.	मुजफ्फरपुर		5	
6.	वैशाली		6	
7.	छपरा	4	3	
8.	सीवान	2	1	
9.	गोपालगंज	1	4	
10.	सीतामढ़ी		3	
11.	बेतिया		1	
12.	मोतिहारी		1	
13.	दरभंगा		2	
14.	मधुबनी		1	5
15.	समस्तीपुर	2	3	
16.	भागलपुर		2	
17.	मुंगेर		1	
18.	पटना		8	2
19.	बेगूसराय		1	
20.	सहरसा	1	4	1
21.	रांची	1	1	
22.	गिरिडीह	1		
23.	धनबाद	1		
24.	जहानाबाद			3
	योग	**15**	**59**	**12**

स्रोत : गृह (विशेष) विभाग, बिहार सरकार।

८

जिलावार कुल आबादी

अनुसूचित जाति एवं जनजाति की आबादी, 1991 की जनगणना के आधार पर तथा पिछड़ी जातियों की आबादी, 1995 में बिहार सरकार द्वारा कराये गये सर्वेक्षण के आधार पर

प्रमंडल	क्र. सं.	जिला	कुल आबादी	पिछड़ी जाति	प्रतिशत	अनुसूचित जाति	प्रतिशत	अनुसूचित जन जाति	प्रतिशत	सामान्य	प्रतिशत
पटना	1.	पटना	3618211	1364000	37.70	560094	15.48	5370	0.15	1688747	46.67
	2.	नालन्दा	1997995	1122204	56.17	387648	19.40	336	0.02	487807	24.41
	3.	भोजपुर	1792771	853161	47.59	266995	14.89	5393	0.30	667222	37.21
	4.	रोहतास	1917416	968052	50.49	331894	17.31	19847	1.04	597623	31.16
	5.	बक्सर	1087676	536004	49.28	145685	13.48	1889	0.17	403198	37.06
	6.	कैमुर (भभुआ)	983269	508348	51.70	213762	21.74	27229	2.77	233930	23.79
		कुल	**11397338**	**5351769**	**46.96**	**1906978**	**16.73**	**60064**		**4078527**	**35.78**
मगध	7.	गया	2664803	182070	40.61	788293	29.58	1468	0.06	792972	29.75
	8.	नवादा	1359694	695790	51.70	331997	24.42	1246	0.09	330661	24.31
	9.	औरंगाबाद	1539988	784799	50.96	38274	23.26	504	0.03	396411	25.74
	10.	जहानाबाद	1174900	673446	57.32	216083	18.39	238	0.02	285133	24.26
		कुल	**6739385**	**3236105**	**48.02**	**6994647**	**25.145**	**3456**		**1805177**	**26.785**

प्रमंडल	क्र. सं.	जिला	कुल आबादी	पिछड़ी जाति	प्रतिशत	अनुसूचित जाति	प्रतिशत	अनुसूचित जन जाति	प्रतिशत	सामान्य	प्रतिशत
सारण	11.	सारण	2572980	1427933	55.50	301306	11.71	3231	0.13	840510	32.66
	12.	सिवान	2170971	1253710	57.75	241867	11.14	12650	0.058	662744	30.52
	13.	गोपालगंज	1704310	945195	55.46	208382	12.23	19167	1.12	531566	31.18
		कुल	**6448261**	**3326838**	**56.24**	**751555**	**11.65**	**35048**		**2034820**	**31.556**
तिरहुत	14.	मुजफ्फरपुर	2953903	1512931	51.22	464362	15.72	1156	0.04	975454	33.02
	15.	वैशाली	2146065	1236539	57.62	425898	19.85	1408	0.07	482220	22.46
	18.	सीतामढ़ी	2391495	1399448	58.52	289834	12.12	394	0.02	701819	29.34
		कुल	**12868910**	**7093701**	**55.125**	**1913057**	**14.86**	**35340**	**3826092**		**29.73**
दरभंगा	19.	दरभंगा	2510959	1186648	47.26	365542	14.65	259	0.1	958510	38.17
	20.	समस्तीपुर	2716929	1538733	56.64	489985	18.03	542	0.02	687669	25.31
	21.	मधुबनी	2832024	1562435	55.17	361687	12.77	597	0.02	907255	32.03
		कुल	**8059912**	**4287866**	**53.199**	**1217214**	**15.10**	**1398**		**2553434**	**31.68**
कोशी	22.	सहरसा	1132413	645696	57.02	175367	15.49	3397	0.30	307953	27.19
	23.	मधुपुरा	1177706	779547	66.19	192443	16.34	8321	0.78	197395	16.76
	24.	सुपौल	1342841	815682	60.74	207782	15.47	3962	0.30	315415	23.48
		कुल	**3652960**	**2240925**	**61.34**	**575592**	**15.75**	**15680**		**820763**	**22.468**
पूर्णिया	25.	पूर्णिया	187885	740450	36.41	234478	12.48	82145	4.37	821812	43.73
	26.	अररिया	1611638	644007	39.96	220148	13.66	20819	1.29	72664	45.08

	27.	किशनगंज	984107	171389	17.42	65157	6.62	34830	3.54	712731	72.42
	28.	कटिहार	1825380	656525	35.97	160046	8.77	101792	5.58	907017	49.68
		कुल	**6300010**	**2212371**	**35.12**	**679829**	**10.79**	**239586**		**3168224**	**50.29**
भागलपुर	29.	भागलपुर	1909967	936648	49.04	183340	9.60	47278	2.48	742701	38.88
	30.	बांका	1292504	769513	59.54	150113	11.61	63457	4.91	309421	23.93
मुंगेर	31.	मुंगेर	2008500	917754	45.69	315315	15.70	19170	0.95	756261	37.65
	32.	जमुई	1051527	545590	51.89	188666	17.94	51490	4.90	265781	25.27
	33.	बेगुसराय	1840773	1016636	56.02	263116	14.50	902	0.05	534119	29.43
	34.	खगड़िया	987227	623137	63.12	3143026	14.49	35	0.00	221029	22.38
		कुल	**5862027**	**3103117**	**52.93**	**910123**	**15.52**	**71597**		**1777190**	**30.317**
संताल परगना	35.	दुमका	1495709	591954	39.58	104094	6.96	621484	41.55	178177	11.91
	36.	गोड्डा	861182	390049	45.29	72893	8.46	216047	25.09	182193	21.15
	37.	देवघर	933113	440790	47.24	115697	12.40	119085	12.76	257541	27.60
	38.	साहेबगंज	736835	226607	30.75	49304	6.69	228990	31.08	231934	31.47
	39.	पाकुड़	564253	110048	19.50	21484	3.81	278331	49.33	154390	27.36
		कुल	**5491092**	**1759448**	**38.32**	**363472**	**7.91**	**1463937**	**31.88**	**1004235**	**21.87**
उत्तरी छोटानागपुर	40.	हजारीबाग	1601567	735912	45.95	234303	14.63	218121	13.62	413231	25.80
	41.	धनबाद	1949526	648647	33.27	312467	16.03	171741	8.81	816671	41.89

प्रमंडल	क्र. सं.	जिला	कुल आबादी	पिछड़ी जाति	प्रतिशत	अनुसूचित जाति	प्रतिशत	अनुसूचित जन जाति	प्रतिशत	सामान्य	प्रतिशत
	42.	गिरिडीह	1496189	869396	58.11	202084	13.51	148342	9.91	276367	18.47
	43.	बोकारो	1454417	442034	30.36	197365	13.57	177123	12.18	637894	43.85
	44.	चतरा	612713	266429	43.48	198668	32.42	23487	3.83	124129	20.25
	45.	कोडराम	629264	372465	59.19	104186	16.56	8978	1.43	143635-	22.82
		कुल	**7743675**	**3334883**	**43.06**	**1249073**	**16.13**	**747792**	**9.65**	**2411927**	**31.147**
दक्षिण छोटानागपुर	46.	राँची	2214048	491013	22.18	123239	5.57	964422	43.56	635374	28.69
	47.	लोहरदगा	288886	68937	23.86	10919	3.78	162964	65.41	46066	15.94
	48.	गुमला	1153976	202508	17.55	61229	5.31	816988	70.80	73181	6.341
	49.	पूर्वी सिंहभूम	1613088	260646	16.16	77194	4.79	466572	28.92	808676	50.13
	50.	पश्चिमी सिंहभूम	1787955	452901	25.33	89496	5.01	978069	54.70	267489	14.96
		कुल	**7057953**	**1476005**	**20.91**	**362147**	**5.13**	**3389015**	**48.01**	**1830786**	**25.94**
पलामू	51.	पलामू	1649841	610836	37.02	423730	25.68	317834	19.26	297441	18.02
	52.	गढ़वा	801350	351538	43.87	190830	23.81	125432	15.65	133550	16.66
		कुल	**2451191**	**962374**	**39.26**	**614560**	**25.07**	**443266**	**18.08**	**430991**	**17.58**
		राज्य में कुल	86374465	40391563	46.76	12571700	14.55	6616914	7.66	26794288	31.02

स्रोत : राज्य चुनाव आयोग, पटना।